論老年

LA VIEILLESSE
Simone de Beauvoir

〔第二部〕

西蒙·德·波娃 著
邱瑞鑾 譯

西蒙波娃繼《第二性》之後
再次打破西方千年沉默的重磅論述

目次

第二部　存在世界之中

編按：

1. 本書內文中的小標題，出自中文版編輯，以利讀者更快掌握段落重點。

2. 本書原於一九七〇年一月出版，書中所陳述的統計數據、事實、現況描述、現象觀察、現下時間用語（如現在、目前、最近、最新、今日等）等，若未特別指明年代，皆以作者寫作此書的一九六〇至七〇年代為時代背景。

3. 本書所提的法國法郎、美元幣值，根據中央銀行「我國與主要貿易對手通貨對美元之匯率年資料」，一九六九年時，一法郎約等於新台幣七・七元，一美元約相當於新台幣四十元。

· 第二部 ·

存在世界之中

L'ÊTRE-DANS-LE-MONDE

我們在第一部從科學、歷史、社會的觀點來考察老年人，也就是從外在的觀點來描述他們。但老年人也是內化他處境的主體，並且是對其處境做出反應的主體。我們應該試著瞭解他們是怎麼經歷自己的老年。困難在於，我們不能以唯名論的觀點，也不能以概念論的觀點來看待老年。老年，是實實在在發生在變老的人身上的事；我們不可能將這種經驗的繁多性封閉在一個概念裡，或甚至是一個想法裡。至少我們可以拿這些經驗來彼此做比較，試著求出一個常數，並對它們的差異做出解釋。這項檢視的缺陷是，提供我例證的主要是特權階級，因為我們在前面已經見到，他們是唯一或幾乎是唯一有辦法、有時間表明自己景況的族群。不過，他們所提供的資料，通常超過了他們自己的境況。

我在使用這些資料時，沒把時間的排序放在心上。我們所見到的大部分關於老年的例子，顯示出這是個超越歷史框架的真實。的確，老年人的景況不是到處都一樣，也不是時時都一樣；但是透過這個多樣性肯定了有所謂常數的存在。請允許我將這些證言集結起來而不考慮日期。

最大的困難在於梳理定義老年人景況之各項因素的相互作用（已經觀察到的），也就是說，各項因素只有在和他項因素的關係中才能找到其真正的意義。所有的切割都是武斷的。讀者必須以綜合的角度來閱讀接下來這些章節。我將分別檢視老年人個人與他的身體、他的形象之間關係的改變，他與時間、歷史、能夠改造自己的行動之間的關係，他與他人、與世界的關係。

第五章　老年的發現與承擔：身體切身的體驗

或是早逝，或是老去——除了這兩者之外，再沒有別的選擇。然而，就像歌德所寫的：「年紀出奇不意地攫住了我們。」每個人對自己都是唯一的主體，而且我們往往很訝異人類共同的命運成了自己的命運，像是疾病、關係破裂、守喪。我還記得我這輩子第一次生重病時感到極度驚愕，對自己說：「被人放上擔架的那個女人，是我。」但偶然的意外很輕易就會融入我們之中，因為它觸及了我們的獨特性。同樣地，老年是一種命運，當它逮住我們自己的人生時，它讓我們訝異不已。阿拉貢[1]寫道：「到底發生了什麼事？人生，而我竟然老了。」當全體通用的時間流逝導致個人起變化時，會使得我們張皇失措。在我已經四十歲時，我站在鏡子前，仍然很懷疑地對自己說：「我四十歲了。」孩童、青少年都是有年紀的；他們被迫要遵守的義務、被禁止去做的事，以及別人對他們的行為，讓他們無法忘記自己的年紀。作為成年人，我們不太想到年紀；年紀這個觀念似乎不適用於我們身上。它假設了我們轉向過去，停止計算自己的歲數，而其實我們是面向未來，不知不覺地一日度過一日、一年度過一年。老年教人特別難以承擔，因為我們向來把老年看作是異種生物；

1 譯注：阿拉貢（Louis Aragon，一八九七—一九八二），法國詩人、小說家，代表作有愛情詩《艾爾莎》等。

因此我在仍是自己的情況下，是不是正在成為另一種人？

有人對我說：「這是個假議題。只要你感覺自己很年輕，你就是年輕的。」這樣的說法，是不瞭解老年問題的複雜性：老年是在「我的為他存有」[2]（一如它所客觀定義的）和「我透過他人而得到自己的意識」之間的辯證關係。在我而言，年紀大的是他人，也就是說，是那個我對於他人而言的他人；而這個他人，就是我。通常，我們的「為他存有」就像他人一樣繁多。所有對我們而發的話語，都可以基於不同的詮釋而遭到否認。但在下述這種情況下，不允許有任何爭議：「一個六十歲的人」這幾個字對每個人來說都只會解讀出相同的意義。它符合經過檢測而查明的生物現象。然而，我們的個人經驗不會向我們指明自己的年紀。沒有任何體感的印象向我們揭露了我們是漸次邁入衰老。就是這一點區別了疾病和老年的不同。疾病會向人提醒它的存在，而且人體會起而抗病。有時抗病會比疾病本身來得更有害；對承受疾病的人來說，疾病的存在是很顯然的，而他周遭的人往往忽略其嚴重性；老年則是本人往往沒別人那麼清楚知道自己變老。變老是一種新的生物平衡狀態；要是順順利利地適應它，變老的人不會注意到自己變老。找到適應之道、養成好習慣，能讓人長久地減緩心理動作（psychomotricité）的機能不全。

老年人經歷老化的態度

即使身體有些變老的徵兆出現，也是含糊不清的。我們可以試著把可治癒的疾病和不可逆轉的衰老看作同一回事。活著只為了勞動和抗爭的托洛斯基[3]，非常畏懼變老。他總記得列寧常引用的一句屠格涅夫的話：「你可知道最大的惡是什麼？就是活過五十五歲以上。」這句話讓他心神不寧。一九三三年，他正好五十五歲那年，在寫給妻子的信上抱怨自己覺得疲憊、失眠、記憶欠佳；他感覺到自己力量衰退了，覺得不安：「這真的是因為年紀到了的關係嗎？或者只是一時的頹陷？雖然來得急促，但我還能恢復嗎？我們等著瞧吧。」他哀傷地提到過去：「我異常懷念妳的老照片、我們的老照片，照片裡我們是那麼年輕。」他後來恢復了健康，重拾他的活動。

反之，因老化而引起的身體不適可能不容易察覺，就此被忽略。一般總以為這只是表面的毛病，是可以治癒的。你必須先意識到自己的年紀，才能在身體裡辨讀。即便如此，身體並不總是能幫我們內化自己的狀態。大家都知道，風濕病、關節炎是因老化而起，但我們感受不到自己已經老了。我們仍然是我們自己，只是多了風濕病。

關於老年人對自己健康的判斷，大家意見分歧，而且這個分歧意味深遠。根據拉厚克的報告：「六十歲以後，有超過一半的人認為自己健康不佳，或是非常差。這種感受不完全符合真實情況，除了那些真正診斷出有疾病的之外，其他覺得自己有病的人比較是因為畏懼自己變老而引起的。」一九五六年在英國由唐布里基和薛菲爾德所做的一項調查，則得到了相反的結果：調查人員詢問老年人的健康狀況，顯示了在男人當中，只有二十六％的人是真的身體健康，卻有六十四％的人認為

2 編注：沙特所稱的「為他存有」（être pour autrui），是指意識到別人在觀看我們時的一種存在。我們因他人的注視而成了客體，成為被「他有化」的自己，把他人的主觀轉嫁，因而感到不自在、失去自由，引起存在不安的感覺。
3 譯注：托洛斯基（Leon Trotsky，一八七九－一九四〇），俄國革命家、軍事家、政治理論家。

自己很健康；在女人當中，有二十三％的人是真的身體健康，卻有四十八％的人認為自己很健康。調查人員做出結論：通常，年紀極大的老年人飲食不良，呼吸不良、行動不良、智能低落，但他們自己沒有意識到。

這個看法似乎呼應了我要指出的這個事實：和年輕的病人比起來，老年病人比較少看醫生、比較少吃藥。不像現在，他們是在一種不太接受治療的社會中長大的。但這項解釋並不夠，因為在很多其他方面，老年人是與時俱進的。在羅馬尼亞布加勒斯特老年醫學學會工作的A・希于薩教授指出，對於保護自己的健康，老年人通常沒有維護自己權利的意識，原因有二：「一是，他們沒意識到自己的毛病已經成了病理性的；即使是很嚴重的毛病，他們都覺得這是自己的年紀本來就會有的。二是，他們往往採取一種放棄自己的消極態度，它比急切擔憂自己健康的態度更常見。這種消極態度源自一種『自己是無用的』感受。」

總之，蓋倫把老年放在介於疾病和健康之間是有道理的。用一種會令人迷惑的話來說，那就是：老年是正常地屬於異常的狀態。岡圭朗[4]寫道：「它是正常的，也就是說它合乎老化的生物法則，逐步降低安全限度會導致降低對環境侵略的抵抗門檻。一個老年人的正常狀態在成年人身上會被視為是機能不全。」當老年人表示自己生病了（即使他們並未生病），會點出這個異常；他們從還年輕的人的觀點出發，對自己有點耳聾、有點老花眼、身上帶病、容易疲倦而感到不安。當他們表明滿意自己的健康狀態，當他們不願去看醫生時，他們就處於老年狀態了：老年帶來了他們身體的毛病。他們的態度取決於個人對老年的看法。他們知道老年人一般都被看成低人一等，而且有很多老年人會把影射他們年紀的話當成辱罵；他們無論如何都要覺得自己很年輕，寧願認為自己是健康狀況不佳，而不是老了。有些人則是覺得說自己老比較便利，即使是太早說自己老也無妨，理由是老年提供了托詞：它可以讓人降低要求。接受老年比拒絕老年來得不費力。另有一些人，雖不樂意接受老年，但老年對他們來說總比生病好，因為生病讓他們害怕，還讓他們不得不採取某些措施。

一位調查人員在問過退休工人退休金管理局一間養老院的老年人後，說到他的印象如下：「整體的身體、器官、功能都不行了……老年以生理上的毛病、疾病、所有機能減緩等方式表現出來。這是每天生活都要面對的真實；不過大家都習慣了，再也不會讓人覺得震驚。大家在談論老年時態度都很疏離、淡然、譏諷……我們就是這樣，我們很清楚這是怎麼來的……我們就是老了，根本沒必要去看醫生。」就健康層面而言，在經歷老年這種正常地屬於異常的狀態時，似乎伴隨著冷漠與不適。我們以年紀為理由，摒除了疾病的想法；我們以疾病為理由，排除了年紀的關係。藉著這種不斷地變換立場，我們既不相信自己老了，也不相信自己病了。

老了以後，我們的身體、面容給了我們更真實的樣貌。現在和二十歲時比起來真是天差地別！只不過這樣的改變是持續不斷的，我們自己幾乎沒察覺。塞維涅夫人就這一點說得極好，她在一六八七年一月二十七日寫道：「上帝以無比的善意在我們幾乎感受不到變化的人生各個不同階段引領著我們。人生這個斜坡緩緩而降，幾乎完全感受不到其傾斜；我們看不到鐘面的指針移動。如

4 譯注：岡圭朗（Georges Canguilhem，一九〇四—一九九五），法國醫生、哲學家。

果在二十歲時，大家說我們是家中年紀最大的，而且有人讓我們在鏡中看到我們六十歲時會有的面貌，再拿它與二十歲時的面貌相比，我們想必會倒頭栽下，並且害怕六十歲時的相貌。但我們是一天一天地往前邁進；我們今天猶似昨日，明天猶似今日。我們就這麼毫無感覺地往前邁進。這是我所愛的上帝行的奇蹟之一。」[5]

猝然的改變，可以破壞這平靜安然的進程。露．安德烈亞斯－莎樂美[6]在六十歲時因為一場病而掉光了頭髮。在這之前，她一直感覺自己是「沒有年紀」的。這時，她承認自己是來到了「梯子下降的一側」。除了發生類似的意外，讓我們停駐在鏡子前見到自己的影像，並發現到自己年事已高，否則我們沒有理由詰問自己鏡中的影像。

至於智能狀態不佳，那些發生智能不佳狀況的人，要是他的要求降低，他的能力也會同時降低，那麼他們並無法意識到自己的情況。七十二歲的拉封丹在一六九三年十月二十六日寫給他朋友默夸的信中，還認為自己無論是身體或智能都處於絕佳的狀態：「我總是身心狀態保持良好，我有胃口，而且有無窮的精力。五、六天以前，我走路到子爵森林去，幾乎一整天都沒吃東西。那裡離這裡有五里，不算太遠。」然而，同一年的六月，妮儂．德．朗克洛寫信給聖－艾弗爾蒙說：「我知道你希望拉封丹到英國去。在巴黎我們很難趁他在場而得益。他的腦力衰弱了。」說不定，拉封丹因為懷疑自己的腦力狀況，所以向默夸誇耀自己的青春活力，選擇不把自己的精神狀況放在心上。在年紀這領域也是一樣，只有在某種背景下，發現自己變老的徵兆才具有價值。

既然在我們自己身上變老的是別人，那麼揭露我們年紀的是來自他人，這件事便顯得很正常了。

我們不會心甘情願地同意這件事。O・W・霍姆斯[7]表示：「當人第一次聽到別人說他老時，他總會驚跳一下。」我五十歲時，一名美國女學生向我說了她從另一位女同學那裡聽到的一句話：「喔，那個西蒙・德・波娃是個老婦人了！」這句話不禁讓我發起顫來。一整個傳統都讓「老」這個字具有貶意，使它聽來像是辱罵一般。同樣地，當人聽到自己被當作是老人時，往往會憤怒以對。塞維涅夫人收到拉斐特夫人一封要說服她回巴黎的信。她在信中讀到「您老了」，這幾個字深深地刺激了她。她在一六八九年十一月三十日一封寫給女兒的信中抱怨道：「因為就我記憶所及，我並沒感覺到自己衰老了。然而，我常常反省估量，覺得生活極其艱苦。我覺得我不由自主被扯進了必須忍受老年的那個致命點。我見到了老年。就在這一點上，我想要至少不再走得更遠，不再往衰殘、疼痛、失去記憶、面容改變等等，這些幾乎要冒犯我的那條路上走。我聽見一個聲音對我說：『儘管您不願意，您還是要往前走，必須死去。』死亡是最後的解決方式，但為自然所厭惡。這就是往前走得太過的一切事物的命運。」

5 狄德羅還年輕的時候，在他的《達朗貝爾之夢》裡表達了類似的想法：「要是你在一眨眼之間就從年輕來到衰老，你就會像是在出生的那一刻一樣被拋進這個世界中！你不會再是你，不管是對別人來說，或是對你自己來說，對其他人你也會不把他們當作他們自己……你怎麼可能知道這個彎腰扶著一根棍子、眼睛無光、走起路來困難無比的人（他的內在比外在還要不同），是和前一天走起路來敏捷無比、搬動沉重的擔子，還能夠沉思默想並從事最溫和、最激烈的運動的人是同一個人呢？」

6 這個出色的女人深深為尼采、里爾克和許多人所愛。她是佛洛伊德的門生和朋友，佛洛伊德很讚賞她對精神分析的貢獻。

7 譯注：霍姆斯（O. W. Holmes，一八〇九—一八九四），美國醫生，著名作家、詩人。

卡薩諾瓦[8]在六十八歲時，粗暴地回應了某個寫信給他、稱呼他是「可敬的老人」的人：「我可還沒到那個再也無法享受人生的可憐年紀。」

我認識好幾個女性，她們都有類似瑪麗．多爾摩[9]被揭露自己年紀的不愉快經驗。瑪麗．多爾摩曾經告訴雷奧多[10]，有一次，有個男人看到她年輕的背影而被吸引，便在街上尾隨她，但是當他走到她面前、看到她的臉孔時，卻沒跟她搭訕，反而加快腳步離去。

我們也都是「從永恆的觀點」（sub specie aeternitatis）來看身邊的人；發現他們老了，也會讓我們深受衝擊。我們還記得普魯斯特所受的衝擊：他出其不意地走進一間房間，突然察覺他不是見到向來對他來說沒有年紀的祖母，而是見到一位非常老的老婦。二次大戰前，和我們一起旅行的一位沙特的朋友，他在走進旅館餐廳時對我們說：「我剛剛遇見了你們的朋友帕聶茲，有個老太太陪著他。」我們聽到都愣住了，因為我們從來沒把勒梅爾太太看作是老太太。那人是勒梅爾太太沒錯。外人的目光將她化成了另一個人。我自己也有預感時間會戲弄我。當對方是和我們同齡的時候，這個衝擊會更難受。每個人都有這樣的經驗：遇見一個不太熟的人，而他看著我們的時候，眼裡帶著困惑。我們不禁對自己說：他變了！我自己應該也變了！雷奧多在一九四五年二月二十七日從一場葬禮回來時，寫到了最可怕的是「看到我們已經有五、六年沒見的認識的人。我們沒見到他們一天又一天老去——儘管我們幾乎無法察覺這種變化——等到再見到他時，他一下子老了五、六歲。這一幕真是驚心動魄。然而，我們自己在他人眼中其實也是如此。」還有在看某些照片時，也真的會讓人感到驚異！我以前在德希學校的一位老同學，她高爾夫冠軍的頭銜、灑脫大方的態度都曾令我讚嘆不已。我很難說服自己照片裡的她已不是那位年輕的體育健將，而是成了頭髮花白的老婦人——現在輪到另一位少女是高爾夫冠軍，我的老同學是這位少女的母親。

我們必須重讀普魯斯特《重現的時光》中一個長長的段落。在這段落中，他提到在多年之後，他又回到蓋爾芒特親王夫人的沙龍：

「在第一時間，我不明白為什麼我遲疑不敢認出這家的主人和賓客，不明白為什麼每個人好像全都『化了妝』；那普遍撲了粉的腦袋使他們的模樣全變了。親王〔……〕給自己裝上了白色鬍子，他雙腳似乎穿著沉重的鉛鞋，步履遲緩，彷彿承擔起表現某個『人生時期』的任務。」敘事者往往很難在眼前所見之中找到合乎他記憶的影像。又例如布洛克，敘事者無法將布洛克老年時「虛弱搖晃的神色」和他青少年時充滿活力的影像疊合在一起。「有人對我提到一個名字，我愣住了，因為我想到，這個名字既是指我從前認識的那位跳華爾滋舞的金髮女郎，也是指步履沉重地從我身邊走過的這位臃腫白髮婦人。」有些人的面貌幾乎沒什麼改變，但是「我們一開始以為他們雙腳患有痼疾，直到後來才恍然大悟，原來是高齡給他們繫上了鉛鑄的鞋子」。還有一些人「並沒有變老，還是一副十八歲年輕人的模樣；他們不是老頭，只是憔悴至極的十八歲小伙子」。普魯斯特感覺自己

8 編注：卡薩諾瓦（Giacomo Casanova，一七二五—一七九八），義大利冒險家、作家，以「追尋美色的風流才子」名聞歐洲。

9 譯注：瑪麗．多爾摩（Marie Dormoy，一八八六—一九七四），法國作家、藝術評論家、翻譯家。

10 編注：雷奧多（Paul Léautaud，一八七二—一九五六），法國作家、劇評家。

像是「見到了一場變裝舞會，看見浸泡在歲月非物質色彩的玩具娃娃。他們是使時光顯形外露的玩具娃娃」。最讓他吃驚的是，我們彷彿肉眼可見到時光。「一個像達爾讓庫爾先生這種人的全新面貌對我是個深刻的啟示，啟迪我認明鑄造年分的現實，它通常對我們是抽象的〔……〕我們感到自己也是遵循著和這些變化這麼大的人一樣的法則〔……〕從這些變化，我頭一次發現時光的流逝，從對他們而言的時光流逝聯想到我的似水年華，我不禁大驚失色。」然而蓋爾芒特親王夫人稱呼他「我的老朋友」，也有人對他說：「你是老巴黎了。」在這場晚宴上，他接受了自己的年齡：「我們看不到自己的外貌、年齡，然而我們卻又像一面背對著自己的鏡子，照著別人，看到別人的外貌。」

有一天，我在羅馬見到了反向的變化：一位六十幾歲的高大美國婦人和我坐在同一個露天咖啡座。她正在和一名女性朋友談話，突然間，她笑了起來，像個年輕女子一樣燦爛地笑開來，這讓她面貌起了變化，並將我帶回了二十年前，帶我回到在加州認識這名婦人的時候。這件事也是，時間突然收縮，令人痛苦地向我揭露了時間具有摧殘力量的明顯事實。一些和我同一時代上了年紀的名人，我很習慣在電視上或在雜誌裡看到他們今日的面貌，但我從過去的影片或報紙看到他們被遺忘的青春面容時，總是忍不住打哆嗦。

不管願意不願意，我們最後總會接受他人的觀點。茹昂多[11]在七十歲時自我訓斥：「半世紀以來，我一直都只有二十歲。現在是到了放棄這個僭越的時候了。」但是要「放棄」並不容易。我們陷入了一種智性上的醜事：我們得承擔毫無疑問是我們自己的這項真實性，還有這項真實性從外在觸及了我們，而這項真實性在我們是不可捉摸的。在「保證我們恆常性的私密事實」和「我們會有變化的客觀確定性」之間，有一種無法超越的矛盾。我們只能在這兩者之間擺盪，這兩者永遠無法並存。

老年是屬於沙特[12]所謂「無法成為真實的」這個範疇。無法成為真實的事物有無限多，因為它們代表了所有我們不是的處境。我們對他人而言是什麼，我們是不可能以「為己」（pour soi）的模式來經歷。「無法成為真實的」就是「在距離之外的我的存在，它限制了我所有的選擇，並且構成了所有我們沒選擇的」。身為法國人、女性作家、六十歲的人：我所「經歷」的這個處境是在這世界之內的一種客觀形式，它是我無法改變的。但是「無法成為真實的」只有在要去實現這個「無法成為真實的」之時，它才揭露出它無法實現的面貌。身為法國人，並且身在法國，沒什麼會促發我去質疑這個身分的意義；但在異國，或是在具有敵意的國家，我的國籍對我而言是存在的，我得對它採取一種態度：或者是聲明自己是法國人，或者是隱藏它，或者是忘記它等等。在我們這個社會中，老年人被認為是老年人，是被老年人道德風俗、被其他人的行為，甚至被詞彙本身指定為如此。老年人只能承擔這個現實。承擔這個現實有無限多種方式，但沒有任何方式真正符合我所承擔的這個現實。老年是我人生的彼岸；對於這個老年，我無法有全然的內在經驗。一般而言，我的「自我」是個超越之物，它不駐居在我的意識中，「自我」只能在距離之外受到觀察。

觀察這個「自我」只透過形象實現。也就是說，我們試著透過他人對我們的看法來呈現我們自

11 譯注：茹昂多（Marcel Jouhandeau，一八八八—一九七九），法國作家。

12 參見《存在與虛無》。

己是誰。「自我」的形象本身並未顯現在意識中：這是一組意向性（intentionnalité）透過「類比物」被引導指向一個缺席的物件。形象是共通的、矛盾的、含糊的。然而有些時期，形象足以確保我們的身分：這就是孩子的情況，要是他們感受到被愛的話。他們滿意從身邊人的言行中所反映出來的他們自己的形象。他們接受這個形象，拿來當作是自己的。跨入青少年期時，這個形象破滅了；青春期的笨拙，來自於當下不知道該拿什麼來取代這個破滅了的形象。跨入老年時，也有類似躊躇不定的情況。精神科醫生在談到青少年和老年時，會提到「認同的危機」。不過這兩者之間有很大的差異。青少年明白自己正在經歷過渡時期；他的身體起變化，而且這讓他覺得不舒服。老年人透過他人覺得自己老了，但並不感覺到自己正在經歷重大的變化[13]；就內在而言，他不接受貼在他身上的標籤：他再也不知道自己是誰。阿拉貢的小說《處死》中，他象徵化了由此而產生的無知與不安：主角再也看不見自己反映在鏡中的影像。他再也沒有能力看見自己。

老年人和青少年間這種不對稱的深層原因，必須在當事人的無意識中尋找。佛洛伊德說過：無意識不對真與假做出區別。這是結構化的慾望；無意識不是自省的。但是，無意識可以或是不會對思考造成阻礙。無意識不會干擾從青少年到成年期的過渡。事實上，在青少年甚至是兒童的性慾中已經能預感到成年人的性慾。他們的身分在他們來說通常是令人想望的，因為可以滿足他們的慾望：男孩幻想著自己的男子氣概，女孩幻想著未來具有女性特質。在遊戲中、在他們對自己講的故事中，他們高高興興地期待著這樣的未來。相反地，成年人則將老年與閹割聯想在一起。而且就如精神分析學家馬丁・格羅蒂揚指出的：我們的無意識忽視老年。這樣的無意識讓人保持著永恆青春的幻想。

當這個幻想受到撼動時，會導致許多人的自戀心理受創，引發憂鬱症。

我們知道怎麼解釋老年人在自己的年紀被揭露時往往會有的這份「驚訝」、懷疑、憤慨。在我們周遭不可實現的事物中，當中有一件就是我們得接受自己的年紀。社會以緊急的方式強迫我們接受，但我們在意識和無意識中最厭惡接受這件事。正是這個事實，讓我們明白了老年人在面對自己景況時的態度乍看之下往往令人困惑的原因。

這是因為年紀並沒有以「為己」的模式來經歷，因為我們並沒有像「我思」（cogito）這樣顯而易見的經驗，所以不可能及早就宣稱自己老了，或是到暮年還自以為年輕。在這兩者之間做選擇顯示了我們與世界的整體關係。波特萊爾年輕時，在寫到「我若千歲也沒有這麼多回憶」時，表現了他對世界的厭惡。福樓拜因為家庭景況的關係，活著對他而言始終是件讓人疲累不已的事；他在還小的時候，就表示自己「老了」。他五十四歲時，外甥女的丈夫面臨破產的威脅，他擔心自己在克瓦塞的家會被賣掉，絕望至極：「我受不了了！我感覺自己已經到了盡頭。忍住的眼淚讓我窒息，我觸及了深淵。我可憐的卡蘿，讓我傷心的是你的破產，你這時和未來的破產。『失去』一點也不有趣。」這裡說的，是讓他焦慮、讓他覺得受到羞辱的經濟上的失勢。他立刻將此和因為年紀而引發的生理衰頹連結起來：「人生一點也不有趣，我開始了我悽慘的老年。」後來克瓦塞的住家雖然不必賣掉，但他得依賴和他關係不好的侄子過日子，並且總是擔心破產。他再也無法寫作，他生了

13 女人身體上經歷了更年期，但這是發生在老化之前。

病，他哭泣、顫抖：「我當我自己是個死了的人。」「我希望盡早死了，因為我完蛋了，被淘空了，我像是比一百歲還要老。」還有：「在我這把年紀，是不可能重新開始的：我們結束，或者應該說我們迅速衰邁。」結果他又開始寫作了，但他還是覺得年紀重壓在自己身上，覺得自己會早死。

要是對自己的職業、自己的生活感到疲累，有人會說自己老了，雖然他們的表現並非老年人的表現。布里耶赫教授的團隊，調查了年紀略低於五十五歲的一百零七名老師（五十二名女士、五十五名男士），其中有四十%顯得比他們實際年齡年輕，只有三%的人顯得年紀較大。他們心理測量的表現很傑出。他們有大量的社會活動、智力活動，但他們的體能低於平均值。他們抱怨自己在精神上很疲勞；他們以悲觀的態度看待自己，認為自己已經老了。事實上，老師這一行在精神上是令人難以忍受的。工作過勞、緊張，這些人很有理由認為自己精力衰竭，而且精力耗損會引發人覺得自己老了。

常常，人會利用「在己」（en-soi）與「為己」（pour-soi）的落差，好認為自己處於他的無意識所覬覦的永恆青春。一九五四年在美國，一個由圖克曼和洛吉領導的團隊調查了一千零三十二名老年人，想知道他們覺得自己是年輕或年老。六十歲左右的人，只有一小部分人覺得自己老了；八十歲以上的人，有五十三%的人覺得自己老了，有三十六%覺得自己是中年，有十一%覺得自己年輕。最近，在退休工人退休金管理局所建的養老院裡問他們同樣這個問題時，大部分的人都回答：「我一點也不覺得自己老了……我從來沒想過老這件事……我從來不去看醫生……我仍是二十歲。」像某些心理學家一樣把這些說法當作「心理盲目」、「感知防衛」都是不足的。再者，還得這樣的盲目是有可能的。這種盲目之所以可能，是因為所有「無法成為真實的」都唆使他做出這樣的斷言：「對我，這不是同一回事。」

面對和自己同齡的人，我們總試著讓自己不和他們屬於同一範疇，因為我們只從外部看他們，因為我們不認為他們會像我們一樣有自己是獨特存在的感受。退休工人退休金管理局所建的養老院裡，有一名院友說：「我一點也不覺得自己老了。有時候，我會幫助其他的老太太，然後我會對自己說：但妳自己也是啊，妳也是老太太了。」在自發地面對其他老婦人時，她感受不到自己的年紀；她必須具有一種自省的力量，好將自己等同於其他老太太。在意識到這件事時，她用「妳」來稱呼自己，這一點饒富意義：她談話的對象是在她之內的其他人；對這個其他人，她自己並沒有立即意識到。

一個對自己感覺良好、滿意自己景況、並且和周遭的人維持良好關係的人，年紀對他來說是抽象的。這也是聖─瓊．佩斯[14]在寫他最後的其中一首詩時所說的：「老年，你撒謊……衡量一年的時間一點也不是用來衡量我們的年歲。」體力和智力都維持良好的紀德，在一九三〇年六月十九日寫道：「我得使盡全力來說服自己我今日已經到了我在年輕時覺得他們很老的那些老年人的年紀。」

由他人提供給我們的讓我們害怕的形象，並沒有什麼能從內在迫使我們由這形象認出自己。這也就是為什麼我們可能在口頭上否認它，也可能以自己的行為來拒絕它。拒絕本身就是承擔的一種

14 編注：聖─瓊．佩斯（Saint-John Perse，一八八七─一九七五），法國詩人，一九六〇年獲諾貝爾文學獎。

形式[15]。在某些全仰賴女性特質的女人身上這是常見的選擇，對她們來說，年紀是一種徹底的失格。她們藉著衣衫、化妝、模仿，試著要騙過其他人，但尤其是試著說服自己她們躲過了一般的法則。她們緊緊抓著「這事只會發生在別人身上」的想法，覺得她們自己並不是別人：「這不是同一回事」。

意識突然清明的人會捨棄這個「自己並不是別人」的幻覺，但是這幻覺會不斷再產生，必須不斷地與它爭戰。塞維涅夫人的信中便可見到這種爭戰。年紀尚輕的她，提到了「可怕的老年」。後來，因為見到別人的衰老，讓她深陷憂傷中。她在一六八五年四月十五日寫道：「啊，我的朋友，心靈與身體的傾頹都是難以承受，要是我們能選擇的話，比較愉快的是留給其他人較值得保存的記憶，而不是我們被老年糟蹋、被老年毀了面容以後的形象！我倒是喜歡那些出於友善而殺了自己老父母的國家，要是這能夠合乎基督教律法的話。」

五年後，她知道自己不再年輕，但是她必須聽從理智，才能讓自己相信這一點。在讓她開心的一個晴和春日，於一次散步後，她在一六九〇年四月二十日寫道：「真是可惜，在這種讓人強烈感覺青春的時刻，什麼都沒留下：

但是，唉呀！當年紀讓我們失去活力時
我們美好的日子一去不返！

「這真是悲哀，但是我喜歡有時候挖苦自己一下，以折磨我仍充滿瑣事、充滿樂趣的想像力，而我卻應該放棄這些瑣事和樂趣，儘管它們是無害的。」

還有在一六九五年四月二十六日，她寫道：「對我來說，沒有什麼能提醒我的年歲，我有時會對自己的健康感到訝異。我從過去種種的微恙中復原了過來；我像隻烏龜一樣緩緩前行，但我準備好要相信自己是像小龍蝦一樣前進；然而，我竭力不讓自己被這欺人的外表所迷惑。」

這個在我們內在信念和客觀認知之間的游移不定，紀德在他的日記中常常談起。他在一九三五年三月寫道：「要是我不常常提醒自己我的年紀，我想必不太能感覺得到。甚至，即使我不斷地像是要把一門功課謹記在心一樣，告訴自己我已經六十五歲了，我還是很難說服自己已經到了這個年紀，而且我只相信這一點：我的慾望、我的歡樂、我的美德、我的意志所剩的時間已不多，很難期望它們再延展下去，但是它們對一切的要求卻從未如此高。」

一九四三年一月十七日，他寫道：「我不太感覺得到我的年紀，儘管我無時無刻都在告訴自己，我可憐的老頭，你已經過了七十三歲了，卻還是無法真正說服自己到了這把年紀。」

只要內在依然強烈感覺自己很年輕，客觀事實的年紀就像只是表面現象；我們感覺自己戴上了一個奇怪的面具。茱麗葉・德魯埃[16]寫信給雨果，向他保證她的愛情經得起時間的考驗：「景況變

---

15 在某些病態的案例中，拒絕會到一種知覺反常和記憶反常的程度。這就是德雷教授所提出的諾埃米的例子。諾埃米六十四歲，她堅信這是事實地說：「我是個小女孩，我八歲」，或是「十歲」，或有時是「十六歲」。有人提出異議說：「但是您有白頭髮。」她回答：「有人很早頭髮就白了。」她認為自己回到了童年，並且把過去的景象當作現在來活。這是「近事遺忘」現象。

16 編注：茱麗葉・德魯埃（Juliette Drouet，一八〇六－一八八三），法國女演員，雨果的情人，陪伴他近五十年。

了，我喬裝改扮老年。」紀德也常談到角色、服裝。他在一九四一年三月六日寫道：「我的靈魂保持年輕，以致讓毫無疑問已經是七十幾歲的我，常常感覺自己得擔起這個角色。讓我想起我的年紀的衰殘、虛弱，就像提詞人一樣在我遺忘之時喚醒我的記憶。於是，就像我要當個好演員一樣，我進入我的角色裡，自炫於我能好好地演出。」

「但對我來說，沉醉於即將到來的春天是很自然的事；只是，我感覺我不再有為此的衣裝。」

他真的假意扮演了社會要求於他的角色嗎？抑或是出於對老年的嫌惡，他把七十幾歲的人的行為看作是遊戲？總之，老年「無法成為真實的」這項特性重新在這段落裡證實了。

說喬裝改扮，說衣裝、遊戲，這是一種逃避問題的方式。為了從「認同的危機」裡走出來，必須明確地賦予自己一種新形象。也有這樣的例子是，成年人事先擬定自己老年頗為可怕或是頗為得意的形象。像是斯威夫特，當他在描寫斯楚德布拉格（長生不死之人）時；又像是雨果，當他提起衛戍官、艾維哈德努斯、波阿斯時。時候到了，他們就選定形象，或至少是利用形象。但是通常，我們猝不及防，而且為了找回自己的形象，我們不得不透過別人的看法：他是怎麼看我的？我對著鏡子問這個問題。回答則是不確定的：每個人自有他們自己的方式看我們，我們自己的覺知必然和他們每個人不同。所有人都承認在我們臉上顯現的是一張老年人的臉，但是對那些我們在幾年之後才又見面的人，他改變了，他變蒼老了；而對我們周遭的人來說，他們看到的總是我們原來的臉：身分勝過了改變。對外人來說，這是一張正常的六十幾歲、七十幾歲的人的臉。但是對我們自己呢？依照我們對老年抱持的一般態度，我們以或好或壞的心情，或是漠不關心的心態，詮釋我們反映出來的形象。頗能接受自己邁入老年的伏爾泰，同意讓畢嘉勒來雕塑自己的裸身像。過去別人為他做的畫像他沒一幅喜歡，再來一座半身像的想法開始讓他不高興。他寫信給內克爾夫人說：「畢嘉勒先生得來雕塑我的臉，但是，夫人，那也得要我有一張臉才行：我的五官幾乎都不在其位了。我的眼睛凹陷了三吋，我的臉頰是古老的羊皮紙黏不住骨頭，就連骨頭也支撐不住。我僅剩的幾顆牙也脫落了……從來沒人雕塑過處在這種狀況下的可憐男人。」不過，他最後還是接受了讓畢嘉勒來雕塑自己。他雖然嚴厲地評斷自己的外表，但他還是配合了，因為他接受了自己的景況。

不管是在文學中，或是在實際的生活中，我都不曾見到有任何一個女人對自己的老年感到得意。況且，我們從不會說「美麗的老太婆」（belle vieillarde）；至多，我們只會說「有魅力的老女人」[17]（charmante vieille femme），但我們會讚賞某些「俊美的老頭」。男性不是獵物，我們不會要求他清新、溫柔、優雅，而是讚賞他作為一個征服者的力量與智慧；白頭髮、皺紋可以與男子漢的典型並存。米開朗基羅的摩西、雨果的沉睡中的波阿斯，他們讓老年人從中得到認同。就像沙特在他的自傳《詞語》裡所描寫的，他的祖父類似於有權勢又有智慧的父權社會家長。他向來總是對自己非常滿意，他的身體非常健朗。他很得意自己是受人尊重的主人、受孫子敬愛的祖父、富有魅力的老年人。沙特說，他總是給人隨時在為一名看不見的攝影師擺姿勢的印象，也就是說，他扮演了一個自己深陷其中而又迫使別人接受的形象。

---

17 「致美麗的老女人」這樣詩意的主題往往出現在不同世紀、不同國家，也就是描寫一個曾經美麗，並在老了之後美麗不再的老女人的主題。我只知道一個例外，就是梅納爾的《老婦頌》。

老年人自戀最有趣的一個例子，是雷奧多在他的《日記》中所提到的。我會在稍後談到和性慾的關係時提到他。

茹昂多在八十歲左右，一面感覺到自己即將邁入衰頽，一面以帶著善意的目光看自己的身體。在他的《對老年與死亡的沉思》中，他寫道：「當然，我還不是個被厭惡的對象。儘管我年事已高，我仍相對地年輕，因為我很瘦，或者說很苗條。但無疑地，我懷疑在我的身體裡有了屬於老化跡象的裂隙、乾萎，我開始恭恭謹謹地陷入衰老中。我再也無法不憂鬱地看自己。在我的目光中，屍體防腐者的裹屍布條已經佔有了我的外表，我出於一種尊重向我自己掩飾了自己。」

上了年紀的葉慈，對自己的看法則是擺盪在兩種不同的態度之間。在他榮耀的高峰時（他五十七歲時剛獲頒諾貝爾文學獎），他卻對自己邁入老年感到苦澀不已。他只有一隻眼睛看得到，並且害怕自己重聽，不過，年紀這件事本身更是就能激怒他：「我對自己老了既感疲倦又憤怒。我是我自己所有的一切，甚至比一切更多，但是一個敵人將我扭曲綁住手腳，以致我可以做些計畫、想得比過去更周全，卻無法讓我去做我所計畫的、我所想的。」然而，他依然有能力寫些極美的詩句。在他許多首詩中，流露了對老年的怒氣：「我能拿這個荒謬怎麼辦？喔我的心，我的心紊亂／像狗尾巴一樣附在我身上的這個歪曲、這個衰老。」激怒他的是，這個不可避免的衰老的偶然面向。他也是，他也受挫於這個「無法成為真實的」事實之醜事，他仍然是他自己，但是別人讓他承受了一次可憎的治療。他最後期的詩篇之一，提到了他過去所愛的女人，並描寫了他們現在是一對夫妻。他形容他們像是兩個老稻草人，這和他們年輕時的形象形成可怕的對比。這景象是如此的可怕，以致如果一個女人看到她自己的孩子六十歲時的樣子，她打從一開始就會放棄生產。然而，葉慈樂得扮演怪誕老頭的角色。他在愛爾蘭皇家科學院宣讀的一篇講詞震驚了許多人。他在講詞中說，他將幻化為蝴蝶，「飛呀飛呀飛」。他描繪自己是個「六十歲微笑的公眾人物」（60 years old smiling public man）；後來，他又承認他就是自己詩作〈狂野邪惡的老人〉（The Wild Old Wicked Man）中的那個人物。

要是一個老年人憎惡自己的老年，他在見到自己的影像時會覺得反感。在政治上失勢以致名聲也黯淡下來的夏多布里昂痛恨自己的老年。他表示：「老年是遭難。」他倨傲地回答一位想為他畫像的畫家：「到我這年紀，臉上再也沒剩太多生命，以致不敢讓人以畫筆來表現這廢墟。」華格納也憎惡變老。有一天他在商店的鏡子裡看見自己的影像，生氣地說：「我不認得這顆灰色的頭，我真的可能已經六十八歲了嗎？」他認為他的天才讓自己超脫了時間和空間，在鏡子裡見到的這不可改變、明確的影像在他看來是件醜事。七十歲時仍覺得自己年輕的紀德，後來也很難適應自己的晚年。八十歲時，他在《誠心所願》中寫道：「啊，例如，應該別讓我在鏡子裡見到自己：兩只帶著眼袋的眼睛、凹陷的雙頰、無神的雙眼。我看了讓人害怕，這讓我沮喪得要命。」梵樂希[18]在雷奧多跟他談起「老這件可怕的事」時，他回答：「別跟我說這件事，除了要刮鬍子以外，我是從不看鏡子的。」事實上，梵樂希和紀德的臉在年紀的印記下仍然顯得好看。他們在鏡中看到自己身上的

18 譯注：梵樂希（Paul Valéry，一八七一—一九四五），法國詩人，為法國象徵主義後期詩人的主要代表。

變化所顯示出來的老年，他們不喜歡的是這個。同樣地，當阿拉貢寫道：「我心懷恐懼地看著我的雙手顯現了年紀的銅斑。」他嫌惡的不是色斑本身，而是它所透露的年紀。

洪薩表達了他枯槁的身體讓自己反感。我們已經見到他向來是厭惡老年的。他去世的前一年（他只活了六十歲，但是在他那個時代，這已經是高壽），他生了病，而且患了失眠症。他在好幾首詩中都抱怨這件事。其中一首是：

「我只剩下骨頭，我活像一具骷髏。
瘦削、乾癟、去了神經、去了肌肉，
只有死神的武器毫無憐憫地擊打了我：
我不敢看我的手臂，怕見了我會打哆嗦。」

老年人對自己的老年描繪得最殘酷的是米開朗基羅。他深受肉體痛楚和煩心事所苦，苦澀地寫道：

「長期的工作讓我累壞了，還將我挖穿、拆解了，我去的地方和我吃飯的地方就是死亡……在我裝滿骨頭和神經的皮囊裡，有一隻嗡嗡叫的胡蜂，而且在泌尿管裡，我有三塊瀝青。我的臉就像個稻草人。我像一塊在乾旱日子裡曬在田裡的抹布，足以嚇跑烏鴉。我的一隻耳朵裡藏著一隻蜘蛛，另一隻耳朵裡則躲著一隻整夜鳴唱的蟋蟀。患有粘膜炎讓我氣悶，我無法睡覺、無法打呼。」

他也寫了一首詩：

「從前我的眼睛是完整的
在每一個鏡面中反映光輝。
現在它們是虛空的、模糊的、漆黑的。
這些都是隨著時間而來。」

在寫給瓦薩里[19]的一封信中，米開朗基羅提到：「我的臉有某種讓人害怕的東西。」在他傳世的自畫像中，也就是他在《最後的審判》那幅壁畫中所描繪的那個聖巴多羅買，他畫了一個好似死氣沉沉的陰鬱面具，簡直像是受到圍捕，受到他難以承受的憂愁所苦。

察看年老畫家所做的自畫像很有意思。當他們不再數算自己年歲時，他們透過自己的臉表達了與自己人生、世界的關係。

達文西六十歲時，將自己的臉描繪為一幅出色的老年寓意畫；一大把鬍子、頭髮，還有濃眉，

19 譯注：瓦薩里（Giorgio Vasari，一五一一－一五七四），義大利文藝復興時期畫家與建築師。

顯示了他充沛、甚至是狂熱的生命活力；經驗與理解力雕鑿了他的五官。這是一個到達他智力頂峰的人，而且超脫了歡喜與悲傷；他是醒悟了的人，人雖處在苦澀之邊陲，但不陷落到苦澀中。一輩子致力於在畫布上表現自己各種面容的林布蘭，最後一幅自畫像則像是某種遺囑一樣。他知道，他已達自己藝術的頂峰。他已經畫出足以讓他自傲的作品；他做了他想做的，他贏了。但是他明白包藏在成功裡的失敗滋味，他看著鏡子似乎問著自己的影像：然後呢？丁托列托在一五八八年逾七十歲時畫了一幅自畫像。沙特在一篇未曾刊行的文章中分析了這幅畫。他表示，丁托列托讓我們知道他很絕望。他在畫布上畫了一個「精疲力竭的驚呆老人，他像他的人生一樣僵固了，像他的動脈一樣硬化了……他在畫布上將自己表現為一具孤寂的屍體……他認了自己有罪：要不然，他會有這種老殺人犯受到糾擾的眼神嗎？他自問：『我是個大畫家，是我所處時代最偉大的畫家，我該拿繪畫來做什麼？……』然而那神情真是怨恨！在要認罪的時候，他卻指控。指控誰？當然是指控人……我們好似聽見了他不斷地複述：『我不明白。』」然而，「在他身上還剩點什麼東西讓我們不得不跟他保持距離，這點東西就是他因絕望而保有的嚴峻自傲。」在提香於八十或九十歲（這要看哪年才是他的出生年）做的自畫像中，他凝重、安然的表情頗為傳統。

就我所知，只有一幅老年人的自畫像是明明白白顯得快樂的，那就是莫內獻給克里蒙梭[20]作為禮物的那幅畫。雖然有段時間，莫內的視力模糊，再也無法明確地辨別顏色，但他從未停止作畫；他靠著記憶來補足感官知覺的不足。後來他的視力恢復，高齡時創作了多幅讓人驚艷的傑作。他曾經懷疑過自己繪畫的價值；但這個問題是次要的，因為繪畫的樂趣壓過了一切。驚人的創作力、健壯的身體、親友圍繞、熱愛人生，莫內便是以這樣的形象表現在畫中，我們可以稱之為感情飽滿的老年：率直、含笑、臉色紅潤、銀鬍滿腮，目光裡充滿了光彩與歡樂。

這裡也要提一提哥雅[21]七十歲時做的自畫像。他否認了自己的年紀。他以一個五十歲男人的樣貌來畫自己。

❖

老年人對健康的焦慮與奮戰

我們找回了我們自己多少具有說服力、多少讓人滿意的形象，儘管如此，我們無法「真實化」這個老年，而是我們「經歷」它。而且，我們首先是在自己的身體裡經歷它。並不是身體向我們揭露年紀，但是一旦我們知道年紀駐在身體裡，身體便讓我們感覺不安。老年人對自己健康的漠不在乎其實只是表象，而非真實。要是我們細察，會發現他們很焦慮。這從他們對墨跡測驗的反應便看得出來。通常，受測者會在墨跡上看到許多人體的圖像，但是老年人卻很少從墨跡上看出人形，即

20 譯注：克里蒙梭（Georges Clemenceau，一八四一－一九二九），法國政治家，曾兩次出任總理。

21 譯注：哥雅（Francisco de Goya，一七四六－一八二八），被視為十八世紀末、十九世紀初最重要的西班牙畫家，深深影響了後世的寫實主義、浪漫派、印象派繪畫。

使有也很貧乏。他們看到的圖像都是病態的，像是X光下的肺、胃。他們往往會看見變形的圖像，像是骷髏、怪物、可怕的臉孔。這份焦慮有時甚至會到神經衰弱的地步。退休人士往往將工作不再需要的注意力加諸身體上。他們抱怨身體上的疼痛以掩飾他們因失勢而感到痛苦。對許多人來說，疾病是自卑的藉口，自卑從此即是他們所要承受的。疾病也可能讓他們的自我中心主義具有正當性，也就是說，他們從此要求自己的身體要得到照護。不過，這樣的行為是建立在非常真實的焦慮之上。

我們看到幾位老年作家承認自己這份焦慮。愛德蒙·德·龔固爾[22]在他的《日記》中於一八九二年六月十日提到：「經年害怕、鎮日焦慮，一個小傷或一個不適就立刻讓我們想到死亡。」老年人知道自己比較經受不起外來的刺激，也比較脆弱。就像雷奧多在他的《日記》裡所寫的：「到了某個年紀之後讓人不快的是，一有點小病痛我們就疑心會有大病上身。」我們看到的變質本身很讓人難過，而且這些變質預示了更決定性的嚴重後果。雷奧多還寫道：「這是只會越來越嚴重的耗損、毀壞、陷落。」衰老最讓人痛心的，可能就是那種不可逆反的感覺。生了病，我們有機會痊癒，或者至少是讓病不會再更嚴重。由意外導致的殘障就只會是它造成的樣子。因衰老而引起的退化是無可挽回的，而且我們知道退化只會一年比一年嚴重。

這個退化是注定的，誰也逃不了。但是這有賴於許多種因素，退化或快或慢、或部分或全體，而且它或多或少對生命整體有重大的影響。對仍擁有某種自由的特權人士而言，這很大程度上取決於當事人怎麼將他的命運掌握在自己手中[23]。

身體的負荷往往比不上對其所採取的態度重要。懷著樂觀態度的克勞岱爾[24]在他的《日記》裡寫道：「八十歲了！沒視力、沒耳力、沒牙齒、沒腳力、沒氣力！這真是令人訝異，我們竟然可以都不用這些！」像伏爾泰這樣病痛纏身，一輩子身體都是他的負擔，並且自年輕時便宣告自己是垂死之人，卻把自己照顧得比其他人都好。他在七十歲時和七十歲以後說自己是「老病號」，又稱自己是「八十歲的病號」，採取的是別人對他自己的觀點，其中不無對自己角色感到滿意。當他在家時，說話的人是「我」，他習慣說自己的狀況是：「我已經受苦了八十年，我在我周遭見到了這麼多人受苦、這麼多人死去。」他寫道：「心並沒變老，但是它為自己駐留在身體的廢墟中而感到悲傷。」他指出：「我歷經了衰老帶來的所有災難。」但是有錢財、有名聲、受崇敬，比以往任何時候都更活躍並且熱愛自己所寫的他，安然地接受了自己的景況：「我的確是有點耳背、有點眼盲、有點衰殘。這一切還得加上三、四種令人難以忍受的殘疾，但是什麼都不能奪去我的希望。」

相反地，其他人卻因心懷怨恨而使得他們的殘疾變得更嚴重，像是夏多布里昂便寫道：「在破舊的物質身體中卻禁閉著仍完好的智力，這真是苦刑。」這個抱怨和伏爾泰的抱怨相呼應。只是伏

22 編注：愛德蒙．德．龔固爾（Edmond de Goncourt，一八二二—一八九六），法國作家及文學評論家。

23 有時候並不允許任何選擇，譬如當事人是一次嚴重發病的受害者，或是身體漸次崩壞而導致衰頹。就像七十七歲過世的羅丹，從六十七歲起，他的身體就開始變衰弱；他歷經了數次體力衰竭。第一次嚴重發作是在他七十二歲時，這次發病讓他變陰沉、脾氣變壞，甚至智力都受損。在第二次發作以後，他變得愚痴，再也不知道自己身在何處，再也不認得他此生的伴侶蘿絲．博賀。此類病例屬於老年醫學的範圍，無法讓我們從內在經驗的觀點得到任何訊息。

24 編注：克勞岱爾（Paul Claudel，一八六八—一九五五），法國詩人、劇作家、外交官，雕塑家卡蜜兒．克勞岱爾是他的姊姊。

爾泰有好運道與他的時代互通聲息，甚至體現了他的時代，使得他的態度傾向樂觀。夏多布里昂則是聲望掃地、孤立，他所處的時代忽略他，使他心中常懷怨恨。儘管直到一八四一年，他能夠寫作他的《墓畔回憶錄》，而且直到一八四七年（去世的前一年），他能重讀、重修他的大作，他還是任由自己的身體落入衰殘。

精神病專家將因為害怕老年、反而投身其中的態度稱之為「格里布伊」[25]。我們「誇大」了自己的處境。因為我們有點拖著腳走路，就自以為癱瘓；因為我們有點耳背，就不再聽人說話。我們不再使用的功能會漸次失去它的作用，而且我們假裝衰殘，就真的會變衰殘。這是一種普遍的反應，因為許多老年人都有理由是個怨恨者、索求權利者、絕望者。他們藉由誇大自己的衰殘，來報復別人。安養院裡經常可見這樣的例子，因為別人拋棄了他們，他們便放棄了自己，拒絕盡自己的一點力量。正因為不和這樣的傾向奮戰（而且沒人照應老年人），許多老年人最後都以長期臥病不起作結。

對那些不願沉陷的人來說，邁入老年即是要和老年奮戰。這是他們景況的艱難新情勢，活著不再是自然而然的事。一個身體健康的四十歲人，就生物自然上看他是不受拘束的。他可以發揮體能的極限，他知道能很快恢復精神。疾病或是意外並不會過度讓他害怕，除非是極為嚴重的病症，否則他總會痊癒。他的狀況會如以往一樣。老年人則不得不照應自己的身體：過度費勁有可能讓他心臟停止跳動，生一場病會從此讓他變衰弱，出了意外也會在身體上造成再也無法彌補的傷害，或是要花很長時間才能慢慢恢復，傷口則總要很長時間才能癒合。他再也不能和人打架，因為他確定會處於下風，去挑釁別人只會讓他顯得愚蠢。參加示威遊行，他跑得再也不夠快，他會是較年輕夥伴的負擔。智力工作、體力勞動、運動，甚至是娛樂都讓他覺得疲累。老年人往往經受明確或不明確的病痛，這奪去了他們生存的所有樂趣。柯蕾特[26]深受風濕症折磨。她對一位稱頌她名聲、豔羨她看似幸福的仰慕者說：「是啊，孩子，但我已經有了年紀。」「但除了年紀以外呢？」「年紀以外還是年紀。」我母親在她生命最後幾年深受關節炎之苦，雖然她每天吞下十顆阿斯匹靈，仍無法解除痛苦。沙特的母親則因深受風濕病的折磨，使她幾乎喪失活下去的慾望。即使老年人逆來順受地承受，這些病痛仍然橫亙在他和世界之間。這些病痛是他為自己大部分的活動所該付出的代價，因此他不能聽憑自己隨興行事，不能聽從自己一時的衝動，也就是說他會先問問自己後果會如何，他被迫做出選擇。他要是為了享受美好的一天而出門散步，回到了家後他會雙腿疼痛；要是他洗個澡，他的關節炎會折磨他。為了走走路、為了梳洗，他往往需要人幫他。要人幫忙讓他很猶豫，他寧願自己來。困難的事情越來越多，像是樓梯難爬、長路難走、包裹太重難扛、過馬路危險。世界隨地是陷阱，處處帶威脅。他再也不能四下遊蕩。時時刻刻都會產生問題，一旦出錯就會有大麻煩。為了維持日常的活動，他需要輔助器，像是假牙、眼鏡、助聽器、枴杖。雷奧多寫道：「擺在我書桌上的成套眼鏡，這也是老年的徵兆。」不幸的是，大部分的老年人都太窮，買不起一副好眼鏡、好

25 譯注：格里布伊（gribouillisme），指的是一個人因為怕被雨水淋濕而跳進了河裡。

26 譯注：柯蕾特（Colette，一八七三—一九五四），法國女作家，創作了許多取材自童年的作品，有《克羅迪娜》系列作品等。

助聽器——這些都很貴。他們被迫處在半盲、全聾的境地。他們自我封閉起來，陷入消沉之中，使他們無心力抗衰退。部分的衰退往往會引發對自己的放棄，而這更會使得此人全面迅速惡化。

對經濟狀況為他們開啟許多可能的老年人來說，如何應對年紀帶來的不適取決於他之前所做的選擇。那些向來採取中庸之道的人，在照應自己、縮減開支時不會有太多困難。我認識一位完全適應年紀的老年人，也就是我的祖父。他自私、淺薄，他盛年時從事的空洞活動和他生命最後幾年的不活動之間，兩者並沒有很大差別。他不會過度勞累，他也沒煩惱，因為他對什麼都不在意，而且他身子非常健朗。漸漸地，他散步沒走那麼久，他更常看著看著《中部郵報》就睡著了。直到他去世，他都擁有大家口中所稱的「美好的老年」。

只有某種情感和智力貧乏的人，才能接受這種死氣沉沉的平衡。有人花了一輩子的時間來準備維持這種平衡，並把它看作是他們的高峰。十六世紀，威尼斯的一位貴族柯爾納侯，在八十五歲時身體仍很健朗。他當時寫了一篇《論樸實、節制的生活》以作為後人的典範。他強調他享樂時是有分寸的、他的時間安排是很明智的，尤其他在飲食上很節制：超過半世紀的時間，他每天只吃三百四十公克的固體食物，只喝四百公克的葡萄酒。他寫到自己身邊總是圍繞著朋友、子女、孫子，視力和聽力都還非常好，閱讀、寫作、騎馬、狩獵、旅遊樣樣都來。「雖然年事已高，我覺得在我這年紀是我這輩子最愉快、最美麗的時光。我不會把我的年紀和我的人生拿去交換花樣年華的青春。」他認為這是對他謹慎使用這世界的資源的回報。事實上，他的優點沒有他自己所稱的那麼多，因為他的情況對他非常有利。他擁有大筆財富，住在花園大別墅中。他幾乎活了一百歲，而且他的一名姪女表示，他直到生命末期仍然非常健康，甚至精力充沛。

各方面生活過得非常謹慎、均衡、適度的豐特奈爾，他幾乎活到了一百歲。死前他喃喃地說：「我只覺得存在有一定的困難。」他也是過著一種能讓自己晚年身體健朗的日子。他生來孱弱，為了顧及健康，「他謹慎小心地讓自己免除一切的情緒」，他的一位傳記作者這麼說。他以冷漠著稱，堂珊夫人有一天指著他的心對他說：「在你這裡頭還是大腦。」聰明、睿智、熱愛科學的他，寫作那部讓他享盛名的書《關於宇宙多樣性的對話》時，才只有二十九歲，後來更出版了許多作品。他沒發明什麼，只是致力於推廣他那時代的科學知識，但他把這件事做得很有技巧。他獲選為法蘭西學院、法國科學院成員。他對什麼都很好奇，他的書也觸及各種題材。他不怕選邊站，他在「古今之爭」中，護衛現代派，反對古代派；他也起而攻訐宗教。但是他總是讓自己頭腦冷靜，避免過度操勞。他到了老年時健康極佳，並為此感到高興。根據他的說法，最快樂的年紀是「介於六十到八十歲之間。到這個年紀，我們的社會地位已定。我們再也沒有野心；我們對什麼都沒有了慾望，而且享受自己從前所播種的成果。這是收穫的年紀。」他八十二歲時，根據傑歐凡夫人的說法，他還是非常健談。不過，到了八十八歲，他耳聾了；到了九十四歲，他的視力衰退許多。他到別人家裡作客時，人家毋寧覺得他討人厭。

斯威夫特在生理上患有疾病（他死時，醫生發現他頭顱裡有水），而且是愛爾蘭處境的受害者，以及他對人類悲觀想法的受害者。他向來很有野心，對錢財很貪婪；他事業上的成就和他微薄的財產都讓他覺得不滿足。他很在意旁人的閒言閒語，覺得自己很容易受到迫害——事情也確實如此發生在他身上。儘管他為自己寫了辯護詞，他還是不喜歡自己。基於所有這些理由，他不喜歡人；他在寫犽猢、寫斯楚德布拉格（長生不死之人）時，就表達了他對人的恨意。他透過對斯楚德布拉格的描寫，對老年做了可怕的描述。在他邁入老年時，他激烈地與之搏鬥。五十九歲時，他心愛的絲特拉去世，他的狀況就已經非常不好：他聽不清、會暈眩：「我一直都病得很重，會打顫，而且耳聾……要是上帝召喚我，我會十分高興。」在親近輝格黨、又親近了托利黨，然後又是輝格黨之後，他期待卡羅琳王后讓他在英國有個重要職位；但是他卻失了寵，從此離開倫敦，回到了都柏林。他比以往任何時候都更不喜歡都柏林這個城市，「這是歐洲最不堪的地方」。眼見愛爾蘭的貧窮和污穢，他既覺得傷心又覺得憤慨。六十一歲時，他針對愛爾蘭窮人家的孩子寫了一篇最辛辣的論戰文章。他對世界、對人生的反感如此強烈，以致他感覺到比以往任何時候都更需要透過書寫來抒發。想必就是為了這緣故，他如此猛烈地和老年衰退搏鬥。為了對抗耳聾和暈眩，他強迫自己做些運動，像是走長長的路，或是長途騎馬。下雨的時候，他就發狂似地上樓梯、下樓梯。他對人體的厭惡表現在他粗俗的詩中。雖然他身邊不乏成熟的女人，而且他深受年輕女子的吸引，他卻越來越厭惡女人。他滿心怨恨。安妮女王去世後，他在一則筆記上寫道：「教會最高的職位落到了最愚昧的人身上，狂熱分子被安撫了，愛爾蘭完全破產，被貶抑為奴隸，而在這時候各個部會首長卻積攢了數百萬。」他的健康惡化了。一七三三年四月三日，他六十五歲時，他寫道：「暈眩的老毛病從一個月以來就讓我病得很嚴重，我把自己交給戴利醫生診治，我每天吃藥。我在黑暗中蹣跚前行。不過，我奮戰，我每個星期至少騎三次馬。在數算我的衰殘時，我只再加上兩樁事，就是我的記憶力喪失了一半，還喪失了我全部的創造力。」在一七三三年十月九日，他寫道：「我很消沉。」他唯一的慰藉是寫越來越尖銳的論戰文章；這甚至似乎是他頑強活下去的理由。他不願停止怨恨，也不願停止吶喊他的怨恨。他針對「患不治之症者的安養院」寫了一篇論戰文章。在這安養院裡，住著一些無法醫治的蠢人、無法醫治的惡棍、無法醫治的潑婦、無法醫治的各式各樣的人，也就是說其中包含了全國半數人口，還包括了他自己。說不定這篇文章反映了他個人的不安；說不定他擔心自己變成瘋子。總之他感覺到自己和瘋子很親近，因為他將他所有的財產都遺贈給都柏林的精神病院。他所有的朋友都死了。他寫信給波普，表示：「我現在只剩下您，您要繼我之後好好地活下去。」年輕的謝里丹描寫他：「他的記憶力減弱，而且他其他能力的衰退也很明顯；他的性格，不穩定、憂悒、消沉，而且很容易暴怒。」他的貪婪越顯嚴重。他和拉封丹輕率的樂觀態度很不同，他很清楚地意識到自己智力上的衰退。在大家為他七十歲生日慶生時，他苦澀地說：「我只不過是我自己的影子。」痛風讓他受折磨。他受不了自己越來越衰殘，怨恨之心更是強硬，而且猜疑別人都對他沒安好心眼。英國對愛爾蘭在政治上採取的政策仍然讓他心懷憤懣。他止不住心中的怒氣。當倫敦減低了愛爾蘭金幣的成色，他跑到聖派翠克教堂的鐘樓上豎起黑旗。在一七四二年，他和一位議事司鐸動手打了起來，這時法庭宣告：「他精神再也不正常，記憶力也是。」他又拖了三年才去世。

和愛默生是同時代人也是朋友的美國詩人惠特曼，他的詩受到了生機論者樂觀主義的啟迪。他以各種形式來歌頌生命。他盛年時，以很抒情的方式讚美老年，詩集《草葉集》中就有這麼一首：

〈致老年〉

「從你，我看到了逐漸擴大的河口，宏偉地注入大海。」[27]

在另外一首詩中：

「強大、健壯、貪婪的青年，充滿優雅、力量、魅力的青年，
你可知道在你之後來到的老年也有同樣的優雅、力量與魅力嗎？
光明燦爛的白天，充滿太陽、行動、野心、無盡歡笑的白天
在你後面緊跟著充滿千千萬萬的太陽、安睡，和使人恢復精力的幽暗黑夜。」

原本精力充沛、熱愛大自然的他，五十四歲時受到一次嚴重疾病侵襲，讓他坐上了輪椅，人半癱瘓。他決意平靜地接受考驗。靠著堅定的意志力，三年後他又學會了走路。這時他住在弟弟家，位於康登小鎮；六十五歲時，他的健康恢復良好，已能獨立住在屬於自己的小屋中。一年後，他因為中暑，又一次疾病發作讓他雙腿和骨頭「化為明膠狀」。他試著保持好心情，但被迫禁閉在一個地方對他來說其實是酷刑。他的朋友（為數眾多，而且都很喜歡他）給了他一輛馬車；他喜極而泣，當天便到街上漫遊；他覺得馬太老了，於是拿牠換了另一匹更矯健的馬。接下來幾年，他就這樣時時到鄉間漫步。他每天可以工作兩、三個小時，讀讀報刊，接待朋友，每個星期天晚上到朋友家用餐。

他話不多，但他懂得聆聽，大家都喜歡與他為伴。有時，為了賺一點錢，他會公開朗讀。他以洗浴和按摩來照顧自己的身體。他時時擺出好臉色，但是他在詩中顯露了他的抑鬱：

「當我坐在這裡寫作，多病而衰老，
我不算輕的負擔是那種老年的遲鈍、多疑，
任性的憂鬱、疼痛、嗜睡、便祕、唉聲嘆氣的厭倦
都可能滲入我每天的歌裡。」

還有：

「一艘老的、卸下了船桅的、灰暗而破舊的船，不能再用了，完了。在自由地航行過全世界所有的海洋之後，終於被拖到這裡，用粗繩緊緊地拴著，躺在那兒生鏽、腐朽。」

他在和許多朋友一起慶祝他六十九歲生日，然後寫下了這些詩句：

「致我自己——這顆仍在胸膛裡搏跳的歡快的心，

27　參見呂贊特的詩：「老年是聚集所有污穢之水的水潭，它只會流向死亡。」

這個被損害的老朽、窮困而癱瘓的軀體，
這像棺罩般籠蓋在我周圍的奇怪的遲鈍，
這仍在我緩緩的血脈中熊熊燃燒的烈火，
這毫未減損的信念，那一群群摯愛的友人。」

詩歌、友誼、大自然，這些仍給他足夠的理由活下去，儘管他明白自己日漸衰殘，他的心仍然是歡快的。但是兩天後，他疾病發作，隔天，又發作了兩次。他全身打哆嗦，胡言亂語，結結巴巴地呼叫那些已經不在他身邊的朋友。有一個星期的時間，他拒絕看醫生。最後醫生還是來了，而且幫他治癒了。他寫道：「老船的大小不再適合旅行，但旗幟仍高掛船桅上，我仍掌舵。」他康復得很慢；他覺得很疲累，落入昏睡中。但他很高興自己頭腦清晰，而且右手還很靈便。「現在我縮減到只剩這兩件事，這是多麼地好！」他患了糖尿病，前列腺和膀胱也出了毛病，讓他深受其苦。他不得不賣掉他的馬車和馬。他的小房間裡充塞了廢紙，但他總是開著窗戶，艱難地從他的床移動到他的椅子上去。他的朋友幫他買了一台輪椅，年輕的陶貝勒帶他到德拉瓦河河邊去。雖然他的視力衰微，他還是很喜歡凝視河川。在陶貝勒的幫助下，他修改了他最後的詩《十一月枝枒》，收入他的作品全集裡。有時，他潛存的樂觀主義會再次甦醒過來。他寫道：

「但是當人生傾頹，所有激狂的熱情和緩下來……

這時便有了豐足的日子，最平靜、最快樂的日子。」

他也提到了「老年光芒四射的頂峰」。無疑地，他想要說服自己接受老年，但他依然在七十歲時沉重地描寫自己：「沮喪、囉唆、衰老，嘶啞著嗓子一直說，還尖聲叫吼。」他七十歲時大家為他盛大慶生，七十一歲時則只有親密友人為他慶生。他又拖了兩年才過世。

斯威夫特、惠特曼都深受身體嚴重的毛病所苦。但老年人即使擁有健康的身體，還是會感受到身體是個重擔。和歌德同時代的人，非常讚嘆他深具青春活力。他到六十歲時仍保有優雅的身形。六十四歲時，他可以連續騎六小時的馬；八十歲時，他沒有任何衰殘的跡象，尤其是他的智力、記憶都十分完好。不過，他的密友索赫在他一八三一年（此時歌德八十二歲）的日記中寫道：「我今天在歌德家過了痛苦的十五分鐘。他似乎心情不佳；他給了我東西看，然後就回他房間。不久，他回到客廳，試圖掩飾自己的焦躁不安，他滿臉通紅，不時嘆著氣低聲說話。我聽見他喊著兩次：喔，年紀！喔，年紀！（O das Alter! O das Alter!）好像在指責他的年紀帶來的衰微。」有一天，在演講時，他突然記憶一片空白；有二十分鐘時間，他默默看著因對他敬重有加而愣在那裡的聽眾，然後他又像什麼事都沒發生一樣地說起話來。這顯示，他表面所維持的平衡，是克服了許多小小的身體失靈。到後來，他很容易感到疲倦，而且從此只在早上寫作。他也不再旅遊了。在白天，他往往陷入昏睡。

人人皆知托爾斯泰是個精力旺盛的人。這歸功於他很懂得保養自己。他六十七歲時，學會了騎腳踏車，接下來幾年，他或是騎腳踏車出遊、騎馬出遊，或是走路健行。他也打網球，會到冰冷的溪流裡游泳。夏天時，他會割草，有時一做就是連續三小時。他投入小說《復活》的創作中，寫日記，寫許多的信，接待訪客，閱讀，關心天下事。當沙皇派遣哥薩克騎兵攻打杜霍波爾派教徒時，托爾斯泰在一八九五年於倫敦刊行了一篇關於這次鎮壓的激烈文章。他簽署了一份揭露這場迫害的宣言，並將之廣為流傳。他在國外進行新聞宣傳，求助於公共慈善機構，並且接受支領版稅，以將它交給「救濟委員會」。他開開心心地為七十歲生日慶生。被俄國東正教的神聖教務會議開除教籍，許許多多人表示支持他。然而，到了一九〇一年，他的健康衰退：他深受風濕病、胃灼痛、頭痛之苦。他瘦了很多。後來他又染患瘧疾，使他不得不臥床。他接受了死亡的想法。他出發到克里米亞去休養。他坐馬車去散步，並開始撰寫一部論述：《宗教是什麼？》。契訶夫見到蒼老的他很是訝異，寫信給一位朋友說：「他主要的病，是奪去了他一切的蒼老。」一九〇二年，他患了肺炎，大家擔心這會讓他喪命，然而他在床上讓女兒瑪夏聽寫他許多的思維、信件。痊癒以後，他很在意自己的健康，這讓他的妻子宋妮雅很惱火。她寫道：「從早到晚，時時刻刻，他只擔心自己的身體，成天照應它。」五月時，他患了傷寒，這次他仍然挺了過來。但是根據宋妮雅的說法，他成了「一個瘦巴巴的可憐小老頭」。他仍不放棄搏鬥。他又開始走頗長的路散步；他開始做體操、騎馬，而且他也開始寫作。他創作了一部文選：《智者思想》、幾篇短篇小說、兩部劇本，以及一部和他討厭的莎士比亞算總帳的論述。他繼續創作他在一八九〇年開始執筆的一部小說《哈吉．穆拉特》，在這部小說中，他嚴厲批評君主專制政體。一九〇五年，他寫了公開信，一方面給尼古拉二世，另一方面給革命分子：他拒絕採取立場。他準備了兒童朗讀會，寫了《解釋給兒童聽的耶穌教誨》，並且為農民的孩子辦了夜間學校，但孩子們不太來上課。然而，他滿心內疚，因為雖然他把自己的財產都給了家人，他還是個地主，靠著地產過活，而這違反了他的理念。他和宋妮雅之間的衝突加劇，讓他深受苦楚。一九〇七年到一九〇八年之間的冬天，他數次短暫昏厥，並伴隨著記憶力缺失。他很憤慨俄國政府對革命分子的連串鎮壓，他寫信給大臣斯托雷平，表達自己的抗議，並且告誡他。他寫了一篇《我再也不能緘口不言》以號召大眾。處決叛變的農民讓他異常絕望。他哭著表示：「我再也不能像這樣活著！」他又染患了靜脈炎，這一次大家以為他就要去世了，但他又痊癒了，並且在一本筆記本裡寫下七部小說的主題。他八十歲的生日，可說是他生命非凡的頂峰。他激動地雙眼含淚。他回到家時筋疲力竭，在上床睡覺時對女兒瑪夏說：「我的靈魂很沉重！」不過他睡得很安穩。接下來幾個月，和宋妮雅爭吵不休讓他疲累不堪。一九〇九年九月，他到莫斯科去。當他要離開時，大批群眾圍繞著他馬車行經的路上，對他熱烈歡呼。當他在庫斯克車站下車，他又被群眾包圍，半被壓擠著，警察應付不來這些群眾。他受到了驚嚇，走路蹣跚，下顎哆嗦打個不停，但是他還是成功地爬進車廂，癱坐在長椅上，閉上眼睛，內心高興，人很疲憊。幾個小時後，他昏厥了過去，口出譫言，嘟嘟噥噥地說話。大家以為他就要去世了。但不馴服的他，第二天，又騎馬出遊。他開始寫文章、寫信。他寫了一篇短篇故事《寇丁卡》，以及《生命之道》的前言。他和蕭伯納、甘地通信。他人生中的矛盾，以及和宋妮雅的爭執越來越讓人難以忍受，於是他逃避開來。長久以來，他夢想著拋棄自己的家人、自己的財產，去過符合他自己道德要求的清苦、貧困的生活。以他這把年紀還決定離開，意味著他還有年輕人的熱情與靈魂力量。但他的身體已經是個老年人：他受不了旅途的勞頓，死在火車站長的家中。他也是，他靠著不斷與疾病、年紀的衰頹爭戰，從而保持了健康，並且把他從事的活動做到底。

畫家雷諾瓦從六十歲開始人就半癱瘓了。他再也不能走路，他的手僵硬，但他在七十八歲去世前一直都在作畫。有人幫他把顏料擠在調色板上，幫他手綁上畫筆，用指套固定住。他用他的手臂來指揮手指：「我們不需要手指作畫。」他坐在輪椅上到鄉間散步；如果斜坡太陡，他就讓人抬著他到他喜歡的地方去。他工作量很大，保有他全部的創作力；他感覺自己一直在進步，這讓他滿心歡喜。他唯一的遺憾是，時間豐富了他藝術家的生命，但同時也讓他進一步走向墳墓。

喬凡尼·帕皮尼[28]在七十歲時身體還很健康。他在一九五〇年一月九日寫信給一位朋友：「我還見不到自己老年的衰頹。我的學習慾望、工作慾望一直非常強烈。」長久以來，他全心投入兩本書的創作，把這兩本書看作他最重要的作品，那就是，直到一九四五年他已經寫了六千頁篇幅的《普遍的審判》，以及另一本《與人相關的事》。他寫了一本關於米開朗基羅的書，也開始撰寫《魔鬼》一書，但他這時患了肌萎縮性脊髓側索硬化，這病最終必然使他（但他想必不知情）延髓麻痺。身為虔誠基督徒的他，將肉體上的痛苦賦予靈性的價值，並順從上帝的旨意。然而，他未完成的兩本鉅著讓他憂心：「我需要重讀再重讀我所寫的，也需要一雙新的眼睛和無眠的日子，還需要眼前有半世紀的光陰。但我卻近乎兩眼瞎盲，幾乎算是垂死之人。」

他幾乎無法走路，而且動不動就累。他的病越來越嚴重。「我越來越盲，越來越動彈不得，越來越沉默……我一天比一天多死一點點，慢慢死去，像稀釋一般漸漸地消失。」他的左腳失去了作用，手指頭也無法運用了。他說：「一想到我無法完成我的作品，我就感到悲傷。」事實上，他那兩本大作都沒完成。他的作品規模太過龐大，以致無法用請人聽寫的方式來完成。只有《魔鬼》的末尾，還有他名之為〈碎片〉的文章，他請人來聽寫（〈碎片〉刊登在《晚間郵報》）。他有一篇文章名為〈不幸之人的幸福〉，描寫了他的健康狀況，並且羅列他可以承受自己健康狀況的理由。他表示：「我向來喜歡受苦甚於陷於愚蠢。」他與人對話時應答仍很機敏，但是漸漸地別人再也無法理解他說的話。他發明了一套代碼：他以拳頭拍擊桌子，拍幾下就對應於某一個字母。就這樣，他以無比的耐心，一個字母又一個字母地表達心聲。他請人朗讀書籍給他聽，直到他的智力完全衰退為止。

雷諾瓦、帕皮尼的執拗，是建立在投注全部心力於他們熱愛的事物上。其他沒投注這麼多心力在自己活動上的人，還是會出於尊嚴，竭力不使自己邁入衰頹。他們像是面對挑戰一樣地面對自己的晚年。這就是海明威〔 篇短篇故事《老人與海》的主題。一位老漁夫獨自出海去捕一條大魚，要把魚拉上船讓他精疲力竭。他成功地將魚帶到了岸上，但是無法對抗鯊魚群咬食這條魚，最後他棄置在岸上的是一副沒有魚肉的骨骸。但這不要緊。這場冒險還是完成了，也就是說這個老人拒絕過單調呆板的生活，不像他身邊大部分的老人那樣，而且他將勇氣、耐力等男性價值堅持到了最後。

28 譯注：喬凡尼・帕皮尼（Giovanni Papini，一八八一－一九五六），義大利作家，作品多帶諷刺。

老漁夫說：「人可以被毀滅，但不能被打敗。」海明威試著藉這個寓言（雖然不太有說服力）來驅除纏繞他不散的困擾。寫作對他成了難事，他再也無法維繫這輩子一直堅持要給人的印象：精力旺盛、生氣勃勃、充滿雄風；他想到要自殺，最後果真一槍了結自己。

老漁夫的執拗在許多老年人身上也可見到，雖然沒這麼具有史詩的面貌。一些老運動員，有些甚至是九十二高齡，仍繼續從事田徑運動、打網球、踢足球、騎自行車。通常，他們的成績很平庸，沒想到要取得出色的表現，但他們還是想要保持自己的紀錄。一旦他們退休了，很多人會比以往更加頻繁到運動場去。從六十歲開始，從事運動會使三分之二的人處於危險中[29]，雖然他們沒有任何機能上的不適。運動不能減緩器官的老化。不過，運動有助於器官順利運作。就精神上而言，老運動員對運動的執拗是有益的，他身邊那些常常想阻止他們的人其實應該尊重他們。過度減少活動會讓整個人都萎縮。峇里島的老婦人都明白這件事，所以她們繼續在頭上頂著重物。老年男性知道和衰頹搏鬥，會減緩衰頹。他也知道自己肉體上的衰弱，對帶著冷酷目光看他的旁人而言，是他邁入老年的證明。他打算向別人、向自己證明他仍是個男人。

心理和生理緊密相關。為了讓邁入衰頹的身體重新適應這個世界，我們必須保有生存的慾望。反之亦然：健康的身體有助於維繫智力與情感。大部分的時候，身和心是結合在一起的，「一起增長，或一起消亡」。但情況不總是這樣。拉封丹健康的身體並沒有制止他心智衰頹；也有時在傾頹的身體裡仍保有完好的心智能力。又或者是，身體和心智兩者以不同的速度衰微，心智試圖頂住衰頹，卻受到機能退化的牽連，就像斯威夫特的例子一樣。老年人悲傷地經歷了身體再也不適應心理的狀態。阿蘭[30]表示：我們只想要可能的東西，但這是一種過於簡單化的理性主義。老年人的悲劇往往是，他再也不能得到他想要的。他構思、他規劃，在要執行的時候，他的身體機能卻拋下了他。疲勞打斷了他想激切行動的動力；他的記憶變得迷濛不清；他的思想遠離了它設定的目標。老年被認為是一種心理疾病（即使沒有病理上的毛病），在這樣的疾病中，老年人會為了不再能把握自己而焦慮。

道德家基於政治或意識型態的理由盛讚老年，認為老年讓人擺脫他的身體。像是一種平衡的遊戲一樣，從身體上失去的，會從心智上贏回來。柏拉圖表示：「只有當身體的眼睛衰微時，心智的眼睛才開始變得銳利。」我引用過塞內卡的一句話：「靈魂還很青嫩，它在和身體再也沒有太多關聯時獲得了充分的發展。」朱貝爾[31]寫道：「那些經歷很長老年期的人，身體對他們不再是

---

29 第三齡運動員研究組的醫生隆格維爾（Longueville）提到，一名六十三歲的泳者，每天從三公尺高的跳板跳水六十次，儘管他患有心房顫動和左血管肥大的毛病；一名六十歲的跳傘員患有冠狀動脈硬化的毛病；一名八十五歲的自行車運動員每天騎三十公里的車，儘管他表現出了心肌梗塞的後遺症，等等。

30 譯注：阿蘭（Alain，一八六八－一九五一），法國哲學家、人道主義者，著有《論幸福》等書。

31 譯注：朱貝爾（Joseph Joubert，一七五四－一八二四），法國文人，生前並未出版任何作品，在他去世後，友人整理他生前的筆記，結集為《隨思錄》一書而廣為人知。

重擔。」[32]在托爾斯泰失去了他的活力之時，他以說反話來安慰自己：「人類道德的進展應歸功於老年人。老年人變成了更好的人，更有智慧。」可憐的茱麗葉·德魯埃在七十一歲時寫信給雨果試著說服他愛的力量：「所有老年強行從我身體上取走的，我的靈魂以不朽的年輕、輝煌的愛來征服它。」但是從一八七八年以後，身患癌症的德魯埃只感覺老年是衰頽：「我就算是緊緊巴著我的愛也是徒勞，我感覺一切都棄我而去，一切都塌陷了：生命、記憶、力量、勇氣、活力。」

茹昂多吹噓伴隨身體傾頽而來的內在豐足。「隨著身體落入衰頽，靈魂高揚，邁向高峰。」怎麼高揚？邁向什麼高峰？他並沒有明說。他奉某種我們也不知道是什麼的美學之名，鼓吹逆來順受：「目光所及之處越來越縮減。死亡逐步進駐在我們身上，我們處在這個世界上就好像已經與這個世界分離了一樣。我們不要為此生氣，而讓我們顯得不優雅。」

如果我們想到大部分老年人的真實處境——挨餓、受凍、生病並未伴隨著任何精神上的好處——這些唯靈論者的無聊話語是很不恰當的。總之，這些無聊話語就像是沒有任何依據的妄言。即使是對讓老年成為聖潔之必要條件的新道家來說，光靠老年也不夠，還必須靠禁慾苦行和出神狀態才能擺脫肉體，成為不死之人。年紀會帶來肉體的解脫，這並不符合我們的實際經驗。在老年初期，身體能保有它原先的活力，或是找到新的平衡。但是隨著年紀漸增，身體會毀損，造成不便，還會妨礙心智活動。一六七一年，聖—艾弗爾蒙只有六十一歲時便寫下了：「今天我的心智歸到了身體上，兩者更加結合。事實上，這種聯繫並不是出於樂趣，而是出於互相幫助的需要，出於兩者互相支持的需要。」紀德在一九四三年三月十九日抱怨：「年紀大以後的種種小殘疾，讓老年人成了可憐的受造物。我的心智幾乎從來無法讓我遺忘我的肉體，這對工作傷害之深真是不知該怎麼說。」事實上，身體這項工具，成了障礙；「美好的老年」並非理所當然的，從來都不是；它們代表了不斷地勝利，以及不斷地克服失敗。

❖

老年人的性慾與性活動

道德家所談的淨化主要在於性慾的滅絕：他們慶賀老年人能避開這個受奴役的狀況，從而得到平靜。在著名的哀歌《約翰．安德森，我的約》中，蘇格蘭詩人羅伯特．伯恩斯描寫了一對理想的老夫婦，他們肉體的熱情已然熄滅。這對夫婦「曾肩並肩地攀爬人生的高嶺，品嘗美好的歲月」，現在他們必須「腳步雖蹣跚，但兩人雙手緊握，一起邁向通往旅途終站之路」。這個陳腐的說法深深地烙印在年輕人、中年人的心中，因為他們在童年時期的書本中大量見到這樣的說法，而且他們對祖父母的尊重使他們相信了這件事。想到老年人之間有性關係，或是有粗暴的行徑，不免讓人反感。然而，還有另外一種極為不同的傳統。「好色的老頭」是個流傳廣泛的陳腔濫調。透過文學，

32 身為唯靈論者、道德家、傳統主義者的朱貝爾信仰上帝；夏斯特奈夫人曾說「在他一切都是靈魂」。但這並不妨礙他為金錢而結婚，成為大學裡的大教授，死時富有，並獲頒勳章。他也曾說：「生命的晚期會隨之帶來燈光。」

尤其是繪畫，蘇撒拿和兩個老頭的故事有了神話的色調。喜劇也總是不斷搬演陷入情愛中的老頭。我們之後會看到，比起喜歡描述老年應有樣貌的理想主義者教化人心的說詞，這個諷刺的傳統更接近真實景況。

在男女兩性，性衝動是位於心與身的邊界。我們並不明確知道身體機能是如何調節性衝動的。我們觀察到的是（前面已經說過），由衰老引起的性腺退化會引發生殖器官功能的消退，或甚至完全消失。對色情刺激的反應會越來越少、越來越慢，或是根本沒反應；當事人會越來越難達到高潮，或是沒辦法有高潮；男人的勃起程度減低，或是不再勃起。

但是佛洛伊德認為性慾不只限於生殖器官：原慾並不是本能，也就是說，不是預先制訂好的行為，有一個對象和明確目標。對於它的對象、目標來說，還有對於興奮的泉源來說，這是一股轉化性衝動的能量。原慾是可以提高、減少、移位的。童年時，性慾有多種型態，不只限於發生在生殖器官。「只有經過複雜而隨機的演變，性衝動才集中在以生殖性（génitalité）至上而組織起來，這時便得到了本能的固定性與目的性。」[33]我們可以立刻下結論說，一個生殖器官功能減低或消失的人，不會因此就成為無性的人：他是個有性的人——即使是閹人、性無能的人也是——儘管他們有某些殘缺，仍然必須實現自己的性慾。沙特[34]表示，有一種性慾是建立在不滿足之上，就像有一種是建立在滿足之上：只有死亡，性慾才會消失。性慾不只是產生感覺與影像之組合的反射作用，也是完全另外一回事。這是身體所經歷的意向性，它瞄準其他的身體，並符合存在的一般運作。這個意向性將自己投注於世界中，賦予了這個世界情色的維度。詰問老年人的性慾，就等於在問當生殖性至上在性的結構中已經消失時，老年人與他自己、與他人、與世界的關係成了什麼樣子。去假設老年人的性慾只是單純退化為兒童的性慾，顯然是荒謬的。不管就哪個層面來說，老年人從來不會「回到童年」，因為童年是被定義為往上升的。另一方面，孩童的性慾是還在尋找中的，老年人的性慾則保有他在成年時的性慾的回憶。最後，在童年和在老年階段，社會的因素徹底不同。

性活動有多種目的。它力求解決性衝動所引起的壓力，而且這個性衝動是極其猛烈的一種需求——尤其是在年輕時。後來，他尋找的與其說是解脫，不如說是正面的歡愉，除非他在性上受到了嚴重挫敗。他藉由高潮達到了目的；在高潮之前是伴隨了一連串的感覺、影像、迷思。這些讓當事人得到「初步的歡愉」，這是根植於童年期的「部分衝動」解放的結果。對當事人來說，這個初步的歡愉會和高潮本身有一樣的價值或是更有價值。這種對歡愉的追求，很少被簡化為性功能的簡單運用。它通常是一場冒險，每個參與其中的人都以獨特的方式意識到自己的存在，以及他人的存在；在慾望中、在騷動中，意識落實為身體，用吸引、用佔有的方式，好觸及他人身體；有一種相互性的雙重體現，並改變世界使之成為慾望的世界。想要擁有對方的企圖不免要失敗，因為對方維持了主體的身分；但在做結論之前，這場相互性的好戲是在交歡中經歷的，以其最極端、最具有啟發性的方式之一。要是它採取爭鬥的形式，便會產生敵意。往往，它意味著一種傾向於溫柔的默契。一對相愛的人，這愛會消弭我和對方之間的距離，就連失敗都會被克服。

33 參見《精神分析的字彙》，J．拉布朗辞和J．B．彭達利斯。
34 參見《存在與虛無》。

因為在交歡中，當事人以迷人的身體而存在，他就和自己有一定的自戀關係。他的男性或女性特質會受到確認、肯定：他會感覺自己變得有價值。有時候，對這個價值的關注會左右整個情愛生活。它成了一件不斷誘惑的活動，經常要肯定自己的男性活力、女性魅力；我們將自己選擇扮演的角色提升到了極致。

我們看到，一個人從他的性活動中得到的滿足感極具多樣性和豐富性。不管他尋找的是歡愉，或是藉由慾望來改變世界面貌，或是某種自我的表現，或是同時尋找所有這些目的，我們都可明白男人或女人都是厭惡放棄性活動的。某些認為老年人就該守貞潔的道德家表示，我們是不可能為我們不再想要的歡愉而感到遺憾的。這種看法實在是目光短淺。確實，慾望不會為自己而設立：它是對某個人肉體的慾望，或是對歡愉的慾望。但是當它不再即時冒出來，我們會出於本能地遺憾它的消失。老年人常常希望自己能夠保有慾望，因為他保有那不可替換的經驗之記憶，因為他仍緊緊依戀著構成他年輕時、盛年時的愛慾世界：他是藉著慾望，復甦他愛慾世界那漸漸黯淡的色彩。而且，他也是藉著慾望感受到他自己的完整性。我們都希望能擁有永恆的青春，青春即意味著原慾繼續存在。有些人試著藉由一些藥方來克服生殖器官的退化[35]，另有一些人則在忍受生殖器官退化之餘，努力以某種方式來肯定自己是個有性慾之人。

這種執拗只存在於對性慾抱持著正面看法的人身上。那些基於童年時的情結而對性慾感到厭惡的人，他們會急於提起自己的年紀，以便避開性慾。我認識一位老太太，她在年輕時請醫生開了證明，以避免「盡夫妻不得不盡的義務」。老了以後，她的年紀對她是最方便的托詞。一個人要是半性無能、對性無感，或者是性行為讓他焦慮，他會以能夠躲避到守貞潔當中而得到解脫，從此守貞潔對他來說是正常的。

有愉快性生活的人可以有理由不想延展性生活，其中之一就是他們和自己的自戀關係。在男人和女人身上，對自己身體的厭惡以各種不同面貌呈現，但不管是男人或女人，年紀可以激發這種對身體的厭惡，而且他們拒絕讓自己的身體為他人而存在[36]。然而，自我形象和性活動是互相影響的：當一個人被愛的時候，他感覺自己是令人愛慕的，會毫無保留地付出自己的愛；但往往只有在他想誘惑人的時候，他才有可能被愛，而不良的自我形象會使他無意再誘惑。這時便開啟了惡性循環，使得他無法有性關係。

另外一個阻礙是來自於輿論的壓力。老年人屈服於旁人向他提出的傳統典範。他害怕造成醜聞，或只是害怕自己變得很可笑。他讓自己成了流言蜚語的奴隸。他內化了社會強制人要守體統、守貞潔的律令。就連有慾望本身都讓他覺得羞恥，他會否定自己的慾望。他拒絕自己在自己眼中是個荒淫、放蕩的老頭。他否認性衝動的存在，以致將性衝動壓抑在無意識中[37]。

---

35 尤其是男人，他們為了維持勃起的能力，會求助於「藥劑」、「大力士丸」、荷爾蒙療法。目前也有女人為了延緩更年期而求助於某些療法。不過，當更年期來臨時，即使她仍想保持年輕，她並不掛心要保有旺盛的性活力。

36 我們前面已經看到聖─艾弗爾蒙抱持著相反的看法；彼此性關係越少，就愛得越深，但他提的純然是精神上的愛戀。

37 呂希曼醫生在一九六八年十二月於第二十二屆美國醫學會大會中，提出他針對兩百名四十到八十九歲的人所做的調查結果。他的結論是，老年人停止性活動是出於「心理障礙」。他們（尤其是女人）是維多利亞時代道德之禁忌和禁制的受害人。

基於男人、女人生理上受制於自然法則的差異，以及基於他們社會身分上的差異，我們可以想像男人的情況和女人有很大的不同。就生物學來說，男人最為不利；就社會身分來說，女人作為色慾對象使女人處於不利的地位。

我們對男人、女人的行為所知不多。它已經成為許多調查的對象，這些調查可以作為某些統計的基礎。調查人員得到的答覆總是受到質疑，而且在性慾這個領域裡，平均值是沒有意義的。不過，我還是在附錄裡指出了我所參考的調查，以及我從中得到的幾個訊息[38]。

就男人而言，統計往往不過是確認大家所知道的事，也就是隨著年齡的增加，交合的頻率會降低。這件事是和性機能的退化有關。性機能退化引發了原慾減弱。但是，生理因素不是唯一有影響的。不同人之間，他們的行為有極大的差異；有人在六十歲就性無能，有人則八十多歲在性方面仍然很活躍。我們必須試著看看怎麼解釋這些差異。

第一個因素的重要性不言自明，也就是當事人的婚姻狀況。已婚男人[39]比單身漢、鰥夫更常性交。對已婚男人來說，與妻子近距離相處會激起他的情色慾望；習慣、默契都有利於性的滿足。「心理上的障礙」比較容易克服。私人生活的圍牆保護了老夫妻不受輿論的侵擾，這對合法的情愛關係比對不合法的情愛關係更有利。和單身漢或鰥夫比起來，已婚男人會感覺自己男性雄風的形象比較沒有危險。必須明白「形象」這個詞在這裡意味著什麼。「作為物的女人」從童年時期開始就認同她整個身體的形象，小男孩則在他的陰莖中找到「另一個自我」（alter ego）：男人終其一生都在他的陰莖中辨認自己，而且他感覺自己有危險。他恐懼的自戀創傷，是性能力衰頹：無法勃起、無法維持勃起、無法滿足他的性伴侶。這種害怕的心理在夫妻生活中比較沒那麼讓人焦慮。當事人可以自由地選擇做愛的時機。不成功的嘗試很容易被忽略，和另一半的熟稔會使對方的評斷沒那麼可怕。比較不焦慮的已婚男人比他人更不會抑制自己。這也是為什麼很多年紀很大的夫妻仍保有性生活的原因。這個由社工人員、社會學家觀察到的現象，證實了我所引用的調查。

然而，有頗多已婚男人的性活動減緩下來，甚至是沒有性生活。如果說他們的性機能退化過早發生，個中原因往往和性無關，而是和身或心的疲憊、煩惱、虛弱有關，或在某些人身上，是因為吃、喝過度。就性來說，我們知道年輕男人有變換性伴侶的需要；只有一個伴侶會扼殺他的慾望。年紀大了以後，他會對一個太熟悉的伴侶感到厭倦，再者她也老了，他對她再也沒有慾望。要是有可能，很多上了年紀的男人在有新的性伴侶時——他通常挑年輕的——會重拾雄風。

鰥居往往會讓鰥夫心理受創，而且會在一段或多或少算長的時間內打斷他所有的性活動，甚至永遠轉移了他對性生活的興趣。老鰥夫或老年單身漢，比已婚男人更難為他們的原慾找到發洩的出口。他們大部分人都失去他們誘惑人的能力：要是他們想找豔遇，他們的企圖往往會失敗。他們會猶豫著不敢去冒險。一般的社會道德認為老年的放蕩是可恥的，或可笑的。什麼都不能保護他們免於失敗的焦慮。這時就只剩下以金錢做交易的情愛關係，但有很多人一輩子都厭惡這種交易；它

38　參見〈第二部〉附錄四，三八〇頁。

39　必須把和婚姻關係一樣穩定的情侶關係也考慮在內。

在他們看來如同棄權，彷彿他們接受了老年衰頹。不過，也有些人會以金錢交易作為解決手段，也許是去找妓女，也許是以金錢支助和他們維持性關係的女人。他們的選擇——禁戒性活動或是不禁戒——有賴於他們性衝動的強烈和他們抗拒力量之間的平衡。

有一個解決辦法是許多人都支持的，那就是手淫。根據《性學》的調查，有四分之一的受訪者表示，他們很久以來或是從六十歲以來就會手淫：也就是說，後者是因為老化才這麼做。統計顯示，即使是已婚男人也有很多會手淫。交合是比手淫來得更複雜、更困難的事，因為它牽涉到和另一個人的關係。想必有很多老年男人比較喜歡自己的幻想，甚於他們伴侶衰老的身體。也有或是因為古老的情結，或是因為意識到自己的年紀轉移了情愛，他的伴侶會拒絕他。所以手淫是最方便的發洩出口。

要是能知道哪個年紀的女人對老男人來說最有誘惑力會很有意思。很多男人都希望越年輕越好：這個願望是可能如願的——除開金錢的考量——因為一些年輕女人喜歡親近老年人。某些男人則只對有生活歷練的女人感興趣。對這樣的男人來說，年輕女人毫無可取之處。還有些人在過於年輕的伴侶身邊會感覺尷尬、有失體面，或是可笑；這會讓他們很不樂意地意識到自己的年紀。他們的選擇，一來有賴於他們對愛情的期待是什麼，再者有賴於他們對自己抱持什麼樣的看法。

一個人的社會身分會影響他的性活動。體力勞動者的性活動和知識分子的比起來、生活水準低者的性活動和富裕階級的人比起來，前者都來得更長久。跟中產階級相較之下，工人、農人的慾望來得更直接，比較不受性迷思的控制。他們的妻子身體衰老得很快，但他們仍然和她們做愛；她們在老了以後，地位似乎不像特權階級的女人那樣下降得那麼快。另一方面，他們比「白領階級」較不意識到自我的形象，而且他們比較不在乎社會道德的審查。社會階級越低，對輿論也就越加不在意。活在社會道德邊緣的老年人——流浪漢、女流浪漢、養老院裡的院民——會不知羞地睡在一起，甚至就在別人面前。

性生活越是豐富、快樂，它就越會延長。如果一個人賦予性生活價值是出於自戀的自滿情緒，他會在無法於伴侶眼中見到滿足時中止性生活；要是他想確認自己的男性雄風，或自己高超的技巧，或他誘惑的能力，或是戰勝情敵，他有時會很高興能夠因為年紀而找到放棄尋歡作樂的理由。但如果他的性活動是自發且快樂的，那麼他就會持續地做，直到他力量的極限。

然而，老年男性在交合時得的歡愉並沒有年輕男子來得強烈，因為射精從兩個階段縮減為一個階段。他沒有標誌了從第一階段邁向第二階段、那種即將爆發的尖銳感覺；他也沒有噴發、爆裂的那種勝利感。這個爆裂、勝利的迷思，賦予了男性性行為某種價值。即使是還能有正常性生活的老年人，往往會尋求間接的滿足；尤其是當他性無能的時候。他會從色情讀物、情色藝術作品、粗俗的話語，以及和年輕女人交往、偷瞄偷摸中得到歡愉；他會沉溺在戀物癖中，沉溺在自虐－被虐癖中，沉溺在各式各樣的性倒錯中，尤其是到了八十歲以後，更會沉溺在窺淫癖中。我們很容易瞭解為什麼會出現這種偏差的行為。說真的，佛洛伊德表示，沒有所謂「正常的」性慾，性慾總是「倒錯的」[40]，因為性慾脫離不了它在孩童時的起源，這個起源讓他尋找滿足，但不是在特殊的性活動中尋找，而是在「得到歡愉」中尋找滿足，「得到歡愉」則是和依存於其他衝動的生理功能連結在一起。兒童的性慾是多型態的倒錯。當部分性活動只是為交合而做準備，我們認為這是「正常的」性行為。但一個人只要過分地執著於預備性的歡愉，就會逐漸轉變到性倒錯的領域。通常，視覺和愛撫在交合中扮演了重要的角色。它們會伴隨著幻想而來；自虐－被虐癖的元素會介入其中。戀物癖往往會出現，服裝、飾物會讓人意會到身體的存在。當性器官的歡愉減弱或是不存在時，所有這些因子便會佔重要地位。老年人往往非常看重這些因子，因為它們表現了情色世界的存在，這對他們很珍貴。他仍然生存在某種情色的氛圍中，他的身體持續存在於充滿著身體的世界裡。在這一點上也是，往往是羞怯、恥辱，或是外在的困難，讓他無法投入這些我們所謂的「邪惡之事」中。

精神分析學家表示，減少投注心力在性器官上往往會引發老年性慾衰退，回到口腔期和肛門期。的確有某些老年人患有貪食症；大概是為了補償他們在情慾上所受的挫敗，他們才瘋狂地投入吃喝的歡愉中。但是我們可以把這看作是和性慾有關嗎？老年人「肛門期」的問題也是一樣；事實上，有很多老年人對他們的排泄機能非常焦慮。不過，把人和他所有器官機能的關係都看作和性有關，這不是太過不妥當嗎？

即使我們拒絕這樣的詮釋，老年人的原慾有許多情況仍然很常見；它表現在某些病態的案例中。在腦力受損再也無法控制自己的老年失智中，我們可看到他會發展出情色的妄想。原本行為無可指責的七十歲老人，腦中長瘤之後會在言語和行為上騷擾他身邊的女人。有些社會新聞能說明很多事，我只想提一九六九年三月發生的一件社會新聞。一位七十歲的公司總裁，蠻橫地在晚上九點召來了他的三名女祕書。這三名女祕書以為他有緊急的事要交代她們，便上門到他家去。她們發現他人在自己別墅的花園裡，赤身裸體，手裡拿著警示槍。他見她們來了，急忙跑到她們身邊，大聲喊著說：「我是天神潘、潘、潘。」並且每喊一聲「潘」就開一槍。她們紛紛跑走。他後來說，他吞服了一種藥，這藥讓他性慾大發，但不幸的是，藥效很快就過了。槍聲代表的意義很明顯。還有另一點很明顯的是，如果說他吃了藥，這表示情色的幻想纏繞他不休，而他卻不可能實現它。可惜，報紙上沒說他後來發生了什麼事。

一個有爭議的問題是，老年人的性倒錯是否經常會引發不法行為。金賽博士接受了一個頗為普遍的看法：性無能的老年人有時會犯下侵犯兒童的罪行。這也是德坦醫生論文的主題。他說，老人的情慾類似於病理性衝動。他們會犯下妨礙風化罪，像是暴露自己的性器官、親撫孩子等。對於上述的說法，有人斷然持反對的態度。根據伊薩多爾・盧班醫生[41]的說法，調查顯示最容易犯下妨礙風化罪的關鍵期，是青少年期、三十五到四十歲之間，還有在接近五十歲時。育兒專家唐納德・穆勒寇克將某些侵犯兒童的罪行做出了統計：侵犯男童的男人主要是三十九到五十歲的人，侵犯女童的男人主要是三十三歲到四十四歲的人，而女童從來沒有被超過六十三歲的男人侵擾過；在這個年

40　當然這個詞在這裡沒有任何道德上的判斷。
41　參見《六十歲以後的愛》。

紀，也極少有老年人被男童吸引。不過，愛伊醫生表示[42]，根據法醫的報告，大部分對兒童犯下性侵犯罪行的是老年人。大家往往指控他們是暴露狂，輿論對此也莫衷一是。很多精神病專家認為暴露狂起源於青少年期，到二十五歲左右達到高峰期，而且這種純然的暴露狂幾乎不會發生在四十歲之後。戴納爾—圖雷醫生表示，暴露狂只發生在青年時期；它有可能殘存在老年人身上；但作為一種嚴重精神官能症的暴露狂是活不長的。有一種虐待癖似的暴露狂，以露出自己勃起的性器官騷擾女人為傲，但在這樣的人當中不太可能有老年人。不過，典型的暴露狂是患有受虐癖的人，他沒有任何挑釁的心理，會展露自己鬆軟的性器官。有些醫生表示（特別是愛伊醫生），這樣的人當中包含了老年人。

一九四四年，在英國察看了監獄的紀錄後，伊斯特發現一九二九到一九三八年期間，受到懲處的性犯罪只有八·〇四％是六十歲以上的老年人犯下的。在美國有個統計，顯示了在一九四六年犯罪的百分比，並根據年齡的不同來分類：在十萬名居民中，犯輕罪的老年人比例極低；就性犯罪而言，老年犯罪的比例稍高，但和成年人犯下的性侵罪相較，比例仍是很低。

老年男人性生活的見證例子

我個人知道有個例子是在老年仍保有性生活，而且他們的孩子對此覺得反感。杜杭先生過去是位歷史教授，已婚，有好幾個孩子，也有了孫子。他年輕的時候長得很帥，對自己的外貌很驕傲，也很受女人歡迎，尤其是他的女學生。他的妻子出於冷漠，對他在外和女人的關係總是睜一隻眼閉一隻眼。他六十五歲時，過去的一位女學生G小姐成了他的情婦；他過去這位女學生，現在是教師，而且單身。在他家中，大家紛紛私下議論看見他們一起進旅館。G小姐被調派到阿爾及利亞教書。等她從阿爾及利亞回來後，杜杭先生已經八十五歲了。這時他的妻子剛去世，而因為家中大小事一向由妻子打理，所以杜杭先生茫然不知所措。他五十多歲的女兒很愛父親，天天到他家中看他，也幫他找到一名對他盡心盡力的女幫傭。她女兒認識這名幫傭很久了，就讓她住在父親的家中。他仍然頭腦清明，時常召集從前的學生到家裡聚會，聚會上他也總是表現得很出色。生理上，他一點也沒有老態，只是雙腿有點虛弱；走在路上，他害怕自己會跌倒，所以必須有人攙扶著他走。從前他是個很慷慨的人，很少擔心錢的問題。老了以後，他成了吝嗇的人，而且很容易陷入焦慮。他著有幾本教科書，書賣得還不錯，但他懷疑出版社偷了他的版稅。他領有退休金，但是他無法理解什麼是規律的收入，他抱怨有些月分「景況困難」，在「景況好」的月分他則很高興，但其實他每個月的收入是一樣的。他深受便祕之苦，因此非常在意他的腸道功能。他很樂意談這件事。當他八十五歲左右，他晚上常會說：「今天是美好的一天。」或是相反地，嘆著氣說：「今天是空白的一天。」就看他是不是有排便。從前，他會和妻子到親友家度假，去他兄弟家，或是去他表兄弟家。他總是表現得很獨斷。現在，夏天時節，他其中一個兒子會接他到家裡去住，他感覺自己是他們的負擔。這種依賴性讓他覺得受辱。他對長子亨利和長媳抱著恨意。

G小姐回到法國以後，大部分時間都陪在他的身邊，只除了他女兒來看他的時間之外。我們從

42　參見《精神病學手冊》

幫傭那裡得知，G小姐常常幫他手淫，他則不碰她。晚上，她將他安置在床上後，會在他屁股上拍一下道晚安。

事情就這麼持續了好幾年。老先生對兒子們的怨恨日益加深。有一年夏天，當他在大兒子家中時，他故意將灌腸後的排泄物塗抹在牆上。另一次，他假裝弄錯地方，在衣櫃裡解手。在巴黎，當他九十歲時，他變得煩躁不安。有兩、三次，他試圖跳窗自殺。他的家人認為他的煩躁不安是性活動過度引起的。幫傭不是說了G小姐會幫他手淫直到「見血」嗎？他的家人開了家庭會議。根據幫傭的說法，G小姐似乎有意將老先生帶到她家。大兒子決定綁架父親，把父親安置在他妹妹家，關在面對花園的一樓房間裡，幫傭會照顧他。在他被迫和舊有的生活分離、移居到女兒家後，他又活了一年。

這一年當中，他喪失了記憶力，真的成了老糊塗。對子女的暴力對待，他從來沒有直接地表示憤慨，有時甚至假裝驚嘆道：「昨天晚上我做了一趟旅行。真是奇怪……我離開了我的房間，但到了別處也是同一個樣子……」他對女兒說：「謝謝妳把我安置在和我從前的房間幾乎一樣的房間裡。」（其實兩個房間根本完全不一樣）。他小心翼翼地試著再和G小姐見面。有一天，他給了幫傭的兒子一千法郎，並問他：「去年有個很親切的女士。你不知道她叫什麼名字嗎？」還有，他偷偷報復他身邊的人。越來越在意自己腸道功能的他，有一天問（當然是帶著惡意）他五十幾歲的表妹：「那麼，小妞，當妳到廁所時，妳都做什麼？妳會坐下來嗎？」「是啊。」他表妹滿臉脹紅地回答。「好，那然後呢，妳用力痾……然後呢，妳會擦乾淨……然後妳拿起枴杖，攪拌攪拌它？」

他以性的眼光來看待這件事。他說，他女兒會接待她的情夫。有一天，他假裝不認識自己的女兒，還邀請她到家裡來，他說：「喂，小妞，我們兩個人可以一起樂一樂。」他利用年老的身心遲鈍來報復他的家人，但事實上他已經有點精神失常了。他再也不知道自己是誰，並以幻想來彌補失憶。他會說起他在昨天晚上或大前天晚上所做的旅行。一年後，他摔斷了股骨頸，四十八小時後便去世。

G小姐好不容易才知道他葬在哪裡。她到村裡的墓園去，在他墳上躺了二十四小時。

對於老年人的性生活，我們擁有足夠的見證。它有賴於他們過去的生活，也有賴於他們對整體老年的態度，尤其是對他們自己形象的態度。前面已經看到夏多布里昂痛恨他自己老年時的臉，所以不准人為他畫像。在《愛與老年》的第一部中——也就是「悲傷之歌」，寫於他六十一歲時，想必是為了那位奧克西塔尼女性而寫的——他拒絕了一位年輕女子對他的青睞，他表示：「要是妳跟我說妳愛我就像愛個父親，我會嫌惡不已；如果妳說妳愛我就像愛個情人，我不會相信妳。每個年輕男子在我眼中都是情敵。妳對我的敬重，會讓我感覺到自己的年歲，妳的愛撫會讓我心懷強烈的嫉妒……老年就連幸福都會將它醜化。要是不幸不被愛，這還更糟糕……」「沒有丟失自己的夢想，瘋狂、隱隱的悲傷地在這塵世老去，總是尋找著他找也找不到的東西，在從前的不幸之上加上對體驗的失望、慾望的孤寂、內心的煩厭、年歲的醜態。妳說，難道不是我給予了我自己心中的惡魔深沉的苦惱，而惡魔並未在永恆痛苦的境域中發明這個苦惱。」對「年歲的醜態」要命的敏感，某種倒置的自戀心理讓他拒絕了女方。

相反地，歌德在六十五歲時很滿意自己在這世界的處境，看自己時是帶著自滿的心理。當他到他年少時的故鄉威斯巴登旅行時，他在路上看到了彩虹。彩虹被一層薄霧遮住，成了白色。他寫道：

「由此提醒老年人
你別因此而憂傷；
儘管滿頭白髮
你還是能夠愛。」

雖然他天性冷淡——加上一點同性戀的傾向——但他向來留給愛情一個重要的位置。在《浮士德》中，主角部分變年輕了，以便能夠重新去愛；相反地，歌德期待愛情能像蛇蛻去老皮一樣得到更新。「提醒老年人」，他需要青春熱情好暖暖他的血液。他在威斯巴登遇見了這青春熱情——一位銀行家朋友威勒美向他介紹了他的新婚妻子瑪麗安娜。她三十歲，漂亮、聰明，非常欽佩歌德，而且她在歌德身邊寫下了美麗的詩篇，要他簽名。他聽任她這麼做，然後掉進陷阱裡，一如他自己所願，因為他以為他會找回青春之愛。一年後，他又回到威勒美家，但瑪麗安娜的熱情讓他害怕。他離開了她，再也不想見她。他們久久地維持筆友的關係。這次事件啟發了他寫了〈蘇萊卡之書〉——《西東詩集》中的重要篇章。

七十二歲時，歌德前往捷克馬倫巴，迷上了年僅十七歲迷人的烏爾麗克。這次他的行為顯得比較不謹慎。第一年，也就是一八二一年，他只是和烏爾麗克閒聊，帶鮮花給她。接下來幾年，他幾乎整天都耗在她身邊，想辦法迎合她所有的慾望。他總是不安地問：「我的小女孩，妳滿意嗎？」他也愛上一位波蘭女鋼琴家齊瑪諾夫斯卡，她享有盛名，優雅，美麗，但歌德很快地又回到烏爾麗克的身邊。他寫信給小女孩的母親說：「她以一百種不同的態度向我顯現，每一回對我來說都是新的樂趣。」

漸漸地，他的熱情越來越強；他想要娶她。他去看醫生，想知道醫生會不會因為他的年紀而不建議他結婚。查理—奧古斯特大公爵替歌德向烏爾麗克求婚。歌德並未立刻得到她的答覆。他陪著她的一家人到捷克卡爾斯巴德去，並和她一起慶祝生日。但在離開她一家人以後幾天，他知道這次分手是永遠的訣別了。在載他離開的車子上，他寫了一首絕望的詩。他說，不管是他的朋友或他的研究都再也安慰不了他：「在我而言，宇宙崩毀了，我自己也失迷了。直到這時為止，我是諸神的寵兒。祂們測試了我，送給了我潘朵拉，其中有非常豐富的寶藏，尤其更豐富的是危險。諸神把我推向她豐潤的嘴唇，現在卻分開了我們，讓我頹喪已極。」他的兒子和媳婦在他面前大吵大鬧，擔心自己的繼承財產。

齊瑪諾夫斯卡來威瑪開演奏會時，歌德有機會和她再見面，這使他得到了安慰。到了她要離開的那一天，馬車正要遠去時，他大聲叫喊：「快追著車跑啊，把她帶回來給我！」她回頭了，他緊緊把她抱在懷中，淚流滿面，一句話都說不出來。他和他的愛情、他的青春訣別。他生了病，至少他臥床在家，說不定是為了迴避家中的煩擾，因為他從此放棄了結婚的念頭。他的朋友策爾特來看他，並高聲讀了烏爾麗克拒絕他時他所寫的哀歌，連著讀了三次。他這時才同意起床，而且很快地病就好了。他把這首詩收入他所稱的《熱情三部曲》作品中。從這時開始，女人對他再也不存在。他直到死時，都頑固地抱著怨恨之心。

老年人的愛情並非總是注定失敗，事實遠非如此。許多老年人的性生活持續到年紀很大以後。布伊雍公爵在六十六歲時生下了兒子杜倫尼。著名的黎希留公爵的父親，在一七〇二年七十歲時結第三次婚。黎希留公爵自己在六十二歲時擔任奎恩總督，生活放蕩，老年時引誘了許許多多的年輕女性。七十八歲時，他頭戴假髮、臉上撲粉，人非常瘦。據說，他就像一隻頭伸出龜殼的烏龜。這並不妨礙他和法蘭西劇院的數名女演員有染。他有個正式的情婦，晚上則會去找妓女；他有時會把妓女帶到自己家，樂得聽她們的知心話。他在八十四歲結了婚，但得求助於壯陽藥；他讓妻子懷了孕。此外，他還出軌。他直到九十二歲死去之前，都還保有性生活。作家馬里沃在七十七歲結婚，還生下了一個女兒。拉卡納[43]在七十七歲結婚，生了一個兒子。

有個性活力十足的著名例子，就是托爾斯泰。在他生命晚期，他鼓吹男人和女人都要完全守貞潔。然而在他六十九、七十歲時，在騎馬騎了好長一段路回家後，他和妻子上床。之後那一整天，他神情愉快地在家中踱著步。

雨果年輕時和盛年時，性佔有非常重要的地位。他有點窺淫癖。在他的詩作中，他樂得提到一隻野獸偷窺裸著身子的小仙子、一名中學生透過隔板偷窺一個輕佻的年輕女工睡覺、見到一個脫掉鞋子的浴女打赤腳、見到揭開來的頭巾和撩起來的洋裝。在格恩西島時，在妻子的默許下，雨果藉口自己夜間會有呼吸困難的毛病，安排一位女僕（通常是年輕貌美的女僕）睡在他隔壁的房間。有時他會和這女僕做愛，有時他似乎只是（根據他筆記的記載）在她不知情的情況下偷窺她寬衣。他六十三歲出版《街道與樹林之歌》時，憤慨的弗約[44]把它拿來和偷窺蘇撒拿洗浴的老頭相比。

雨果的筆記提供了許多關於他老年情慾的資訊。在他六十三到六十八歲之間，他在性愛上沒有太多表現，平均一年只做愛六、七次，但是這個數字隨後卻增加了。他和茱麗葉再也沒有任何性關係；他偷偷去找別的女人，而且往往找的是妓女。住在格恩西島時，他常為了私底下的歡情，到他歐特維爾居所附近的費爾曼灣去。

在他的筆記裡，一八六七年六月十四日到十七日記錄了這個地方四次，另外在一八六八年的筆記裡也提到此地。居勒曼出版了他一八七〇年和一八七一年的筆記。雨果為了避免茱麗葉嫉妒，在筆記中使用了暗號。Poële 指的是體毛；Suisses 和 saints 指乳房；n 是裸體；toda 是完全佔有；osc 是做愛；Genua 是膝蓋；pros 是妓女。從他的筆記中，可見到他極少完整地做一場愛。他往往只滿足於看著完全裸身或部分裸身的女人，愛撫她們，親吻她們。下面就是他在一八七〇年夏天性事的細節。

---

43 譯注：拉卡納（Joseph Lakanal，一七六二—一八四五），法國政治人物。

44 譯注：弗約（Louis Veuillot，一八一三—一八八三），法國記者、文人。

七月二十九日　費爾曼灣。楊格[45]、愛麗斯．柯爾[46]之夜。Poële 和 Charbon。

七月三十一日　Patte，Poële。Suisses

八月一日　費爾曼灣。楊格。Suisse。Patte。Les saints。

八月三日　費爾曼灣。

八月四日　今天早上離開。L.Y.[47]。

九月十日　救助美哈（為了瑪麗）弗修路，三，N。五法郎。

九月十三日　見了安佐勒哈絲[48]。n。

九月十七日　救助貝爾特（貝爾絲）pros。9b 畢加勒 n 兩法郎。

九月十九日　見了高德夫人。Poële。

救助 C. 蒙陶邦。Hébé n 十法郎。

九月二十二日　救助美哈（瑪麗）襯衫，兩法郎。

九月二十三日　愛蜜（愛蜜莉）塔發希，西爾格路 21，六樓 n。　1. Osc。

九月二十七日　二十年後再見 A. 畢多。Toda。

救助茲黛（佐埃）多羅茲，五十生丁。

救助路易（路易絲）拉里耶 n 兩法郎。

九月二十八日　埃拉博．多羅茲 n. 救助五法郎。

九月三十日	尤金，奈夫—德—瑪爾提街九之二號。n. 救助三法郎。
十月十一日	A. C. 蒙陶邦。救助十法郎。
十月五日	奧蘭比．奧多瓦夫人。乳頭。Osc.。

記錄就這樣繼續下去。幾乎每一天（有時是一天兩次），記下了一個名字、一個地址，或是n，或是osc，或是suisse，或是poële，或是genua。「救助」的金額不同，想必是看他買到什麼樣的服務。

一八七一年夏天，他有了個情婦：瑪麗．梅西耶。她是一名受到槍殺的巴黎公社社員的妻子，由雨果的媳婦雇來幫傭。他在盧森堡定居下來時，她會到他家來。她只有十八歲，他喜歡看她在烏爾河中裸身洗浴。他常在晚上到她房間。他的筆記裡填滿了勝利的紀錄。九月十日：「misma. Pecho（胸脯）. Toda.」十一日：「Misma；se ha dicho toma y tomo.」[49]十二日：「Ahora todos los días et a toda hora, misma Maria.」[50]在他二十三日去巴黎以前，每天晚上都和她見面。一年後

45 楊格是個女傭，在雨果一八六七年和一八六八年的筆記裡暗暗提到她。
46 在一八七〇年三月二十三日和三十日的筆記中提到她。
47 路易絲．楊格。
48 路易絲．米謝爾。
49 意即「她說，要我。我就要了她」。
50 意即「現在，每一天每一刻都是同一個瑪麗。」

（他七十歲了），他告訴畢爾提（Burty），現在要他發表談話對他來說有困難：「說話，讓我疲累，就像做三次愛。」而且他想了想之後，又更正說：「甚至是四次。」這一年，有許多仰慕他的女人主動獻身於他。當時年輕漂亮、人人向她獻殷勤的莎拉．伯恩哈特[51]投向他的懷抱。她似乎是想要一個他的孩子，因為他在筆記裡寫道：「孩子不會有了。」他又去尋求當時只有二十二歲、以美貌著稱的茱蒂絲．高提耶[52]的青睞。茱蒂絲對他獻了身。他在筆記裡寫下：「toda」。但他們的關係很短暫，因為雨果出發到格恩西島去，在那裡愛上了布朗琪。布朗琪是個二十二歲的可愛洗衣工，是茱麗葉在不慎之下雇用了她。他起先有點和自己的慾望對抗，隨後便為布朗琪寫了詩。她獻身於他。茱麗葉起了疑心，讓布朗琪招認了，並要她離開格恩西島。但是在巴黎，雨果又和她見了面：「toda」。他搬到杜赫奈爾河堤路，幾乎每天都去和她見面。他喜歡凝視著裸體的她。他在《海洋》中就寫到：

「她對我說：『你要我穿著襯衫嗎？』
我回答：『女人最好的衣裝是裸體』〔……〕
太好了。她說：『那麼，看吧。』
在阿多尼斯面前，維納斯就是如此。」

他們兩人一起散長長的步。雨果不僅是在性上依戀她，也在感情上依戀她；她也非常愛他。有時，他覺得內疚。在《海洋》中，他還寫到：

「啊，可悲的人類精神被肉體所支配！」

茱麗葉猜疑到了什麼，請私家偵探跟蹤他，並在一八七三年九月十九日發現了她所謂「可恥的豔遇」。她遠離巴黎，然後又回來。雨果向她發誓他會斷絕這關係，從此不再犯。然而，他越來越內疚。他起草了一齣喜劇《墮落的費萊蒙》（一八七七年左右），當中他指責自己只顧自身的歡愉，而不在乎可憐的鮑西絲的眼淚：

「與其要我們已有的老婦人，不如要一個年輕女人！

我覺得我會成為一個可怕的惡棍。」

回到家中以後，費萊蒙發現鮑西絲因痛苦而亡。當他在陣陣咳嗽中表白他的情愛之時，年輕的艾格蕾嘲笑他。他下結論道，費萊蒙是受到魔鬼的愚弄，而鮑西絲是天使的化身。但雨果還是繼續

51 譯注：莎拉・伯恩哈特（Sarah Bernhardt，一八四四－一九二三），法國舞台劇演員、電影演員，有「神選的莎拉」封號。

52 編注：茱蒂絲・高提耶（Judith Gauthier，一八四五－一九一七），法國詩人、小說家。

去找妓女。一八七八年六月二十八日，他七十六歲時，有輕微的腦充血現象，醫生囑咐他要減少性活動。他回答醫生：「但是，醫生，您應該也同意自然法則會提醒我們。」一直到最後，他的性事始終一樣活躍。他一八八五年的筆記還記錄了五次他的性行為，最後一次是在四月五日，他死前的幾個星期。然而，自從他有腦充血現象之後，他的健康便有些走了下坡。

他向來維持的老年形象，讓他直到年紀很大以後仍可以承擔他的性慾望。當年輕女人獻身於他時，他想必想到了波阿斯。他為了茱蒂絲．高提耶寫了這首十四行詩：〈我向您致敬，死之女神〉（Ave, dea, moriturus te salutat），在詩中對她說：

「夫人，我們兩人在天上是鄰居，
因為您如此貌美，因為我如此衰老。」

老年在他眼中遠遠不是瑕疵，而是榮譽。它接近於上帝，並伴隨著崇高的一切，像是天真無邪，與美。老年雨果一點也沒有自卑感，但也不盲目。他是帶著嘲諷的態度，拿自己和布朗琪這一對來和阿多尼斯、維納斯這一對相比較。還有，老費萊蒙在陣陣咳嗽之間表白自己的心時，他是可笑的。儘管如此，雨果還是很自豪。「我像是被砍伐好幾次的森林，新長出的年輕枝枒越來越強壯、越來越有生命力。」再者，很多年輕貌美的女人愛著他：這就足夠讓他認為自己也有愛人的權利。我們不太明白他是怎麼調和令人敬畏的老年形象和偷偷尋歡。茱麗葉疑心他有這種行為，並且因此受苦。

有時候，他也會自責，但他還是繼續這麼做，就算後來有醫生的叮囑，他還是照樣。結婚以後，鑒於他賦予性慾的重要性，他要是放棄性，就會覺得自己變衰弱；他「可恥的豔遇」，其實是他為護衛自己的衰頹而戰。尤其，他表示他只需對自己負責：他這一生從未因輿論而動搖。要是他有慾望，他就去滿足它。

很多例子表明了老年人無法抗拒性的慾望。愛德蒙・德・龔固爾在他的《日記》裡寫道：「一八八年九月二十八日。搭火車時，我為想要交合的慾望所糾擾，我想到所有人家說的、寫的、印出來的『老豬玀』，這可憐的老豬玀還嚴重地被性慾所纏。要是自然天性讓我們如此迫切、如此持久、如此頑固地有想要和女性接近的慾望，這難道是我們的錯嗎？」這時他六十六歲。

一八九二年七月八日，他七十歲時，寫道：「這時女人的頸背，不管是渾圓的頸背、瘦弱的頸背，在肉體的光輝下，微微彎曲的頭髮露出飾帶之外，在我身上產生了春藥的效果。我突然發現自己尾隨著她，只為了看她，看她的頸背，就像其他人會尾隨女人的腿一樣。」

一八九三年四月五日：「以我這把年紀，還被精蟲這動物咬了一下，很蠢嗎？十五天來我的思維，我想將它完全保留給我的創作，而十五天來，它卻在閉下眼皮時給我製造了情色的景象，這些景象比阿雷蒂諾[53]筆下的還來得更大膽。」

---

53 編注：阿雷蒂諾（Pierre Arétin，一四九二－一五五六），文藝復興時期義大利詩人、劇作家，曾寫作一系列情色十四行詩，露骨描繪性活動與慾望。

H．G．威爾斯[54]六十歲時，在一連串的信件往來之後，愛上了朵洛赫絲。他熱愛她，並且發現了自己從未見識過的性能力。他開心地寫道：「這是我這輩子第一次表現出我是個令人驚訝的傢伙，一個卓越的男子漢，一個非凡的能手。卡薩諾瓦當然只及於我的腳踝。」但事情後來變糟了，有些令人難以忍受的情況，他變得再也不能忍受朵洛赫絲，便在他六十六歲時和她分手。他後來認識了他稱之為碧勒伊的一個女人。和她在一起，他經歷了他此生最激烈的愛。他們彼此相愛，而且愛情長存。

在我們的同代人之間，有很多老年人和年輕女人結婚，或是有情愛關係的例子。卓別林在和烏娜結婚時已經不年輕，他們後來有好幾個孩子。當畢卡索和法蘭絲華．吉洛生了兩個孩子時，他已經超過六十歲。法蘭絲華離開他以後，他愛上了賈克琳．侯格，並和她結婚（這時期，他畫了很棒的素描，畫中是一個美麗的裸體女人面對著一個矮小的老頭，甚至是面對一隻猴子），而這時他的照片呈現的是一個充滿青春活力與生命力的人。有賈克琳愛的支持，他想必很喜歡自己這樣的形象。這是某種迂迴不直接的自戀心態，促使他這樣醜化自己：以他自己的獨特性，他對自己有信心到能以嘲笑一般在戀愛中的老年人為樂。在他揭露老年人希冀被年輕女人所愛的自滿時，他自己則避開了老年人的可笑和可鄙。

帕布羅．卡薩爾斯[55]九十歲時仍然很健朗。亨利．米勒說：「他每天清晨便起床，到波多黎各的海灘上散步。他散步回來，會在鋼琴上彈奏半個小時的巴哈，然後拉三小時的大提琴。他會到處旅行，並舉辦講座。」他八十歲時，娶了他的學生，她只有二十歲。他們這一對感情甚篤。至於米勒自己，有位記者將他描繪為「有皺紋的年輕人，但是性格急躁，活力充沛，常累壞了他周遭的人。他曬得黝黑，人很快活、輕鬆自在。」他七十五歲時，娶了一位二十九歲的日本女人。性慾、健康、活動是彼此關聯的。一個人的人生似乎是從一開始就安排好的；除非遇上外來的意外事件，否則一個人是否長壽、是否有活力，是註記在他的身體機能裡的。

上述這些例子肯定了：如果性生活很豐富，是可以持續長久的。但是也有人本來頗不在乎女人，直到晚年才發現性的樂趣。以九十四歲高齡去世的貝杭森[56]，寫道：「我只到了可以稱為老年的時期，才認識了性，以及女人動物性的性慾。」

在年輕時和蘿絲．博赫同居的羅丹，後來愛上他的學生卡蜜兒．克勞岱爾，但是他在盛年時，不太把時間耗在女人身上，直到七十歲左右才對女人殷勤起來。他說：「我在二十歲時鄙夷女人，但到七十歲時她們讓我陶醉。」他對女人的誘惑越來越敏感，並且對所有的女性仰慕者一律來者不拒。有好幾年的時間，他著迷於一名美國女人。根據羅丹朋友的說法，她已經和一位公爵結婚，年紀頗大、長得不美、驕傲，而且可笑。羅丹從前的祕書里爾克[57]哀嘆道：「他讓他的老年每天都成為怪誕而可笑的事。」他和美國女人交往六年便斷絕了關係，之後回到蘿絲的身邊。

---

54 譯注：H．G．威爾斯（H. G. Wells，一八六六－一九四六），英國著名科幻小說家、歷史學家、社會學家。

55 譯注：帕布羅．卡薩爾斯（Pablo Casals，一八七六－一九七三），西班牙著名大提琴家、作曲家、指揮家。

56 譯注：貝杭森（Bernard Berenson，一八六五－一九五九），美國著名的藝術評論家，特別專研義大利文藝復興時期。

57 譯注：里爾克（Rainer Maria Rilke，一八七五－一九二六），重要的德語詩人，作品亦有小說、劇本、書信集等多種。

五十五歲時就認為自己老了的托洛斯基，很奇怪地在五十八歲時性慾突然高漲。多伊徹[58]在寫給妻子的信中說：「托洛斯基突然充滿了活力，對娜妲麗亞的性慾也旺盛了起來。他對她說，他剛剛重讀了托爾斯泰《回憶錄》中的一個段落，當中敘述了托爾斯泰在七十歲時，剛騎完馬回來後，對他的妻子滿是慾念。而他，時年五十八歲的托洛斯基，他疲憊地騎完馬回來，也對妻子滿是慾念。他對她的慾望讓他用了俚俗的用語來談性，而且這是他生平第一次要把這樣的字眼寫在紙上時卻愣住了。他的行為表現得像個軍隊中的年輕士兵一樣。」

關於老年性慾，更激動人心的一個例子是谷崎潤一郎[59]，在他兩部帶有自傳性質的小說《鑰匙》和《瘋癲老人日記》中尤其可以看到。日本的情色以一種奇怪的方式夾雜著羞恥心與無羞恥心。他們脫下衣服不是為了做愛，但一些銅版畫、書籍卻很露骨地描繪了不同的做愛體位。谷崎潤一郎的作品便屬於這樣的傳統。《鑰匙》這部小說寫於一九五六年。主角五十六歲（作者當時年紀更大）。他是位教授。他每十天和妻子做一次愛，但他做完愛後會持續好幾個小時非常疲累，累到無法思考。他對女人有戀足癖，但他妻子常惹惱他，因為在做愛時她只允許他採取很傳統的做法，而且拒絕寬衣。有一天晚上，她因為喝了太多白蘭地而昏過去，他趁此機會拿一盞燈來照亮裸露的她，仔細察看身體各部位的細節。他舔了她的腳趾頭。接下來幾天，他設法灌醉她，拿拍立得照相機拍了她身體各部位，把照片貼在他的日記裡。他這行為帶有虐待狂成分，因為他故意把自己的日記亂擺，好讓妻子看到；但是他懷疑妻子其實是暗中允許他這麼做的，懷疑妻子玩弄他，就像他玩弄她一樣：

他從中感受到的歡愉其實是帶有被虐待狂的意味。出於這種心態，他請他的學生木村沖洗妻子的這些照片。木村想必對她有慾望，她想必也對這名學生有慾望。他請人幫他注射男性荷爾蒙，而且暗中自己注射腦垂腺荷爾蒙。靠著這樣的治療，他越來越淫蕩，但是他擔心自己的健康。他會暈眩，儘管沒有記憶力缺失的毛病，血壓也異常的高。他很狡詐地促使木村和他妻子有親密的情慾關係，儘管沒越過最後一道防線：嫉妒會激化他的歡愉。他的妻子知道過度的性生活會使他生命有危險，但還是鼓勵他這麼做，而他自己也知道她明知結果卻仍誘使他這麼做。對他而言，這種被虐待狂、對危險的喜好使得情境更為美妙。一天晚上，他任由妻子將他帶到歡愉的極點。他和她做愛，熱烈程度前所未有，最後他因為發病而死在她懷裡。

我們在《瘋癲老人日記》中也見到了下述各主題的關係：情色、死亡、危險激化歡愉。這本小說中的主角是七十七歲老翁，作者也幾乎是同齡。這名老翁的性生活非常豐富。他感覺自己有點受到扮演女人角色的年輕男演員的吸引時，寫道：「即使您是性無能，性生活似乎還是會繼續。」早幾年前，老翁有點腦充血的問題。他得撐著護理師或是他的媳婦才能走路。他樂得想像自己死了，想像葬禮、親友的眼淚。「我問自己當我死去的時候，我的臉會是怎樣。」這個念頭一直纏繞著他。還有，他對女人很癡迷：「我沒有活著的慾望，然而，只要我活著，我就無法不被女性吸引……我

58 譯注：多伊徹（Isaac Deutscher，一九〇七－一九六七），出身波蘭的新聞工作者、政治活躍分子。他所著的托洛斯基傳記《先知三部曲》是研究托洛斯基的權威著作。

59 譯注：谷崎潤一郎（Tanizaki，一八八六－一九六五），日本著名小說家，耽美派大師，著有《細雪》、《春琴抄》等。

完全成了性無能，但是我藉由各種不自然、間接的方式感受到性的激盪歡愉。」他總是在生病，並樂於描繪自己的種種缺陷，即使是最讓人厭惡的缺陷，就像他喜歡描繪自己醜陋的臉。他的血壓很高。他吃很多，睡很多。他拉筋，伸展自己的身體，因為他變形的骨頭讓他痛苦；他在手、手臂、大腿上感受到尖銳的疼痛，這刺激了他的性慾：「這真是奇怪，但是在我疼痛時，我會有性慾，甚至就在我疼痛難當的時候……這其中有受虐癖的傾向……這傾向是在我老年以後才發展出來[60]。」他喜歡那些讓他覺得殘酷的女人。他的媳婦（有一天他送給她一個很昂貴的漂亮手提袋當禮物）允許他在她洗澡時進入浴室，而且允許他吻她的小腿。有一天，他舔著她的小腿，從膝蓋舔到腳後跟，並把她的腳趾頭放進他嘴巴裡。他的眼睛充血，血壓上飆。「我整個臉發燙，血液直往腦門上衝，好像這一刻我就會中風而死。我真的想像我就要死去。」他越是害怕，就越亢奮。另一天，他又這麼做了，但這次他的血壓沒上升，他的歡愉也就沒那麼強。他也會為別人的情愛關係而亢奮，特別是當他媳婦帶情夫到家裡來時。

浴室裡的色情遊戲繼續進行著。有一次，老人吻了媳婦的脖子，長達二十分鐘之久。他給了媳婦一顆價值三百萬日圓的鑽戒，卻拒絕將一筆小錢借給向他告貸的女兒。他很喜歡在他媳婦颯子面前不帶假牙，他說：「黑猩猩都不會這麼醜陋。」他又說：「我在鏡子裡所反映的影像越是醜陋，在我看來颯子的影像就越光彩奪目。」在這裡，醜陋的影像遠不是障礙，而是興奮劑，理由在於老翁的受虐癖。有一天，他的骨頭讓他痛苦難當，他哀嘆道：「颯子，我好痛！」他嚎啕大哭，他流口水，他叫嚷。颯子見他失態，便責罵他。他想吻她；她拒絕了，只讓他把一滴口水落進她口中。

他安眠藥越吃越多，護理師也會幫他打針。他決定選擇以後人家要埋葬他的地方，便和護理師、颯子一起出發到京都去。他想要在他的墳上雕塑颯子扮裝成觀音菩薩的塑像：他很想在她腳底下安息。他還有另外一個想法，就是在他的墓碑上雋刻他媳婦的腳印，並讓人以為這是佛陀的腳印。他自己負責執行拓印的工作；為了拓印，他在颯子的腳上抹上墨水，而這讓他亢奮到了極點。他的血壓上飆，直到危險的地步。一整天陪著他做這做那的颯子厭煩已極，便在第二天早上逃走了。他疾病發作，但康復了過來，只是從此以後變得極為衰弱。

這兩部小說最奇特之處在於性慾和死亡的關係。文學中，這兩項元素常互為對照：死亡的念頭在反射作用下會引發生存的慾望。厄洛斯和桑納托斯[61]在傳統上便是連結在一起的。但是，這種為了達到歡愉的顛峰而致自己性命於不顧，我倒是沒見過其他的例子。

這些見證的例子和之前我們所談到的是一致的。性無能並不代表沒慾望。慾望的滿足常常是藉由反常之道而得到，這些反常之道顯露了此人在盛年時期的性幻想，就像雨果的偷窺癖、谷崎潤一郎的受虐癖。許多老年人都想要比他們年輕的性伴侶。那些性慾在他們生命中仍扮演重要角色的人，他們通常身體健朗，並保有日常的活動。

---

60 在谷崎潤一郎之前的每部小說中，我們都可見到受虐癖這個徵象。

61 譯注：厄洛斯和桑納托斯（Éros et Thanatos），在希臘神話中，厄洛斯是愛與情慾之神，桑納托斯為死神。有一說是，桑納托斯是厄洛斯的分身。

身體、形象、性的連帶關係

關於老年人和他的身體、他的形象、他的性，我們擁有一份很棒的資料：雷奧多的《日記》。這份日記鮮活地提供了我們各式觀點的綜述，這些觀點正是我們在這一章所考察的。

雷奧多總是帶著沾沾自喜的心情看自己。他在四十一歲時，寫道：「我不覺得自己很醜。我有一張富於表情的臉，並不是那麼平庸。」他承認這是張四十一歲男人的臉，「一張已經有生命印記的臉」。接下來，他常說他感覺自己比實際年齡年輕。是從別人那裡，他才意識到自己的老化，而且為此雷霆大發。他五十三歲時，一位車站的員工形容他像是「一位小老先生」。雷奧多很生氣地在他的《日記》裡寫道：「小老頭！老先生？這到底是什麼跟什麼，我難道是如此眼花，看不清真實情況？我一點也不覺得自己小，也不是老先生。沒錯，我是看起來像五十歲，但是以這年紀來說，我還好得很。我很瘦，我很靈活。像這種狀況的老先生，你找來給我看看！」他五十九歲時，以批判的眼光看自己：「我身體狀況和精神狀況像是四十歲，可惜我的臉無法將這表現出來！尤其是我缺了牙。就我的年紀來說，我很瘦、很靈活、很敏捷，我的步態優雅，我很出色。但缺牙糟蹋了一切。我再也不敢向女人獻殷勤。」但他還是再一次發起脾氣來，因為在他六十多歲時，有個年輕男人在地鐵裡讓座給他。「啊！老年見鬼去吧，老年真是可怕的事！」我們在他身上特別明顯見到了老年人不肯承認自己已邁入老年。有一天，在他生日時，他寫下：「今天我六十四歲了。我一點也不覺得自己是老先生。」老先生，是另外一個人，是客觀定義下的某個範疇裡的人：他在他內在體驗裡並沒感受到自己是老先生這號人物。不過，有時候，年紀讓他感到不適。一九三六年四月十二日，他寫道：「我對我的健康狀況、心理狀況感到不開心；我也對擔心老去不開心。尤其是擔心老去！」但在他六十九歲時，他寫道：「七十歲時也要盡可能地保持靈敏、輕盈、靈活、活力充沛。」

他應該對自己滿意的：他自己維持家居整潔，照顧他養的動物，走路去買菜，提著很重的菜籃，寫日記，從不知疲倦。「我只有視力變差了。我和我二十歲時幾乎毫無二致。我記憶力良好，頭腦機靈。」

當別人的反應將他喚回現實時，他總是很惱怒。他七十歲時，地鐵裡一位因為車子發動而站不穩腳步的年輕女人大聲地對他說：「啊，對不起，老爺爺！我差點跌到您身上了。」他憤怒地寫道：「天殺的！我的年紀真的那麼明顯顯露在我臉上嗎！我自己是看不到這一點的！」

矛盾的是，他並不痛恨自己老了。他代表了我在前面說過的那種老年和童年的幻想相吻合的例外情況：他向來對老年人感興趣。一九四二年三月七日，他在七十二歲時寫道：「當我們成為老人以後，會有某種作態，好讓自己狀況良好，保持苗條身材，身段靈活，活力充沛，臉色還是一樣青春，關節無損，不生病，身體、智力都沒有衰頹之勢。」

但是這種作態需要別人看不出他的年紀：讓他高興的是，儘管年事已高，他還能想像自己保持年輕。

也有些時候，他受不了自己老了。一九四二年七月二日，他寫道：「七十二歲半。雖然我身體健朗，但老年深深影響了我，而且我會想到死亡這件事。我的視力變得很差。」他很擔心支撐著他假牙的牙齒有一天會掉了：「到時候我可好看了！……到了那天，我想我可以把自己禁閉在家中。」

他在另一天又寫道：「我真想只有五十歲，而且伴隨著我現在的成熟和從那時以來累積的知識。」「逆來順受、滿足於現有的——可惡的老年。這些用語道盡了老年。」

然後他又對自己的狀況滿意起來：「我都老在臉上。我下巴的皮膚有了許多小皺紋。唉！我再也不年輕了。一月十八日快到了，到時我就七十四歲了。我成了（我今天下午在巴黎街上時看了鏡子裡的自己）在我是個孩子時、在我年輕時，或者其實是我這一輩子都讓我感興趣的人，那就是：一個古怪的老人，獨特的外觀、相貌，表情豐富，穿著古老樣式的服裝。別人一看，應該會把我當作是一個不成功的老演員。」

他很有理由為自己的健康感到驕傲：「當我們到達某個年紀（就像我再過幾天就要邁進七十五歲），而且當我們健康良好時（就像我從不感到疲累）——可惜，除了性愛活動以外——我們會把老而彌堅視為某種虛榮。我們幾乎帶著憐憫的目光看著青春。青春？重要的不是這個。重要的是活得老。」

只有到了他生命晚期、在他的健康變差以後，他才落入沮喪中。一九四五年二月二十五日：「我徹底被打敗了。我視力的狀況，我從我臉上見到可怕的老化，我的《日記》也延遲了。我人生之平庸。我再也沒活力，沒幻想。歡愉的時光，即使只是五分鐘，也都真的過去了。」

他這時七十五歲，不再有性生活。但是，除了他生命最後那幾年，他又有了自豪的理由，就是他仍保有慾望，而且可能滿足這慾望。我們從他的《日記》中知道他性慾的進展。

他只到將近五十歲時，才開始對女人有感覺。在他三十五歲時，他寫道：「我開始要哀嘆我的天性讓我極少和女人消磨。」他缺乏「神聖之火」。「我太常想到別的事了，例如想到我自己。」他害怕自己性無能，而且他的性事都很短暫：「我無法讓女人有歡愉，五分鐘就完事，而且無法再來一次……在情愛中，我只喜歡荒淫……我們不能要求所有的女人做某些事。」他和某位「BI」有長期的情愛關係。他表示自己很愛她，但和她一起生活卻如同生活在地獄。四十歲左右，對性事冷淡的他，因為無法給他的伴侶歡愉，後來從觀看裸女的圖像中找到樂趣。然而，幾年後，他悲傷地提到「我生命中極少有給我真正歡愉的性事」。他怪自己和女人在一起時「害羞、笨拙、粗暴、太過敏感、總是在思考，任由好時光溜過」。他在五十歲左右認識了一個女人，一切就改變了。這個女人「熱情，懂得巧妙地營造歡愉，完全回應了我對性事的口味」。他表現得「幾乎很出色」，而到這時為止，他只認識一些和他不匹配的女人，因此他認為自己沒有足夠的性能力。從這時候起，性就常常縈繞在他腦際。一九二三年十二月一日，他寫道：「夫人[62]說不定有理由：我一直重複做愛的需要，說不定是某種病態……我把這歸因於我這輩子一直很節制，直到四十歲，歸因於我對她頗有胃口（以致我只要看她一眼就立刻有慾求）……我也把這歸因於很多我被剝奪的事物，像是女人的裸體，因此我現在非常喜好女人的裸體。當我想到對很多事物來說我現在變成了什麼樣的人，我自己都覺得訝異。我對夫人所做的愛撫，我從來沒做在其他女人身上。」在夏天，當他們分開兩地時，禁慾讓他非常難受。他一邊想著她，一邊手淫：「的確，我為我在這年紀還有這麼強烈的慾

62 雷奧多給他情婦取的一個名稱。

望感到欣喜，但是天吶天吶，這實在有其不便。」夫人年紀比他稍大一些。他一生所愛的都是成熟的女人。有個二十三歲的年輕處女向他投懷送抱，他也接納了這次豔遇，卻沒有感受到歡愉；他很快就和她斷絕關係。除了這次小出軌，他好幾年都對夫人很忠貞。他很喜歡從鏡子裡看他們做愛。一九二七年開始，他得留意自己的性生活：他以和豹子[63]談些淫穢話題來安慰自己。他和她處得不好：「將我們連結在一起的是感官、是淫慾，其他的則是一團糟！」但是他在一九三八年時很滿意地提到：「十七年來分別和兩位同樣火熱、同樣敢於愛撫、敢於在言詞上表達的女人共享歡愉。」他五十九歲時，他和他稱之為「災難」的女人仍維持著關係，雖然她已經六十四歲了。看到其他情侶間，女人比男人年輕許多，會讓他感到震驚。「我，五十九歲，我是不敢和三十歲的女人談性的。」他覺得「災難」還很有吸引力，熱烈地享受他和她的性事。然而，他抱怨道：「我做愛時，射精的時候，幾乎只有水！」性事讓他疲累，醫生建議要停止做愛。他有時會手淫。他會給「災難」寫些帶有色情意味的信，她也會這麼回他。寫這樣的信讓他很亢奮。他在一九三三年九月二十五日寫道：「我極度為情愛之思受折磨，上週一就是如此……我好奇又不安地看著自己的這種狀態。」一九三四年、一九三五年，情況還是一樣；手淫、帶色情意味的信、和「災難」做愛，還有和某位名為CN的女人之間的私情讓他痛苦萬狀。他的《日記》裡寫了許多色情的回憶：「小心情愛的遊戲。我又邪惡地墜入了，以我的年紀來說太超過了。」一九三八年八月十三日，他寫道（因為CN而失望）：「我只想和一個和我相像、符合我胃口的女人做愛，這念頭讓我痛苦不已。」

一九三九年一月十八日：「當我完全不做愛時，我整個人的確是好多了。不是我做愛有困難，事情正好相反；但這總是一種消耗，如今再也不像幾年前那樣能很快地補充回來。」

「我最想念的是，女性的裸體、擺出淫穢的姿勢，並舔陰。」

一九四〇年二月十七日，他寫到他夢見了女人：「一個討人喜歡的女人的臉和身體。我連著幾個晚上做著不可能的夢。」

過了六十九歲後，他抱怨自己得「禁食」。

提到他年輕時，他說：「我當時對性不太感興趣，更不會對細看女人的裸體感興趣，是到了四十歲以後，我才深深對此著迷，從中得到極強烈的歡愉。」

「到六十六歲、六十七歲時，我可以每週做愛兩到三次。」

這時候，他抱怨在做愛三、四天之後，會覺得大腦疲勞。但他還是照做不誤，並且和他過去的三位情婦有書信往來。他很悲傷，因為CN不願再和他做愛。他回憶過去的情愛經驗，並熱衷於在《日記》中提到這些回憶。

七十歲時，他寫道：「我非常懷念女人、愛情。」他提到在他四十七歲到六十三歲之間和「災難」激烈的做愛，後來又和CN有兩年的情愛關係。「從三年前開始，我開始覺得一切都緩了下來。」

「我還能做愛。不能再做愛常常讓我覺得悲傷，但我一邊又得告訴自己我最好是別做。」

一九四二年九月二十九日：「我顯得很可笑。我異常地懷念女人、情愛之事。」

---

63 雷奧多給他情婦取的一個名稱。

十一月三日：「被剝奪了女人與情愛之事，讓我處在悲傷的深淵。」

七十二歲時，他還有意和女人建立情愛關係（但沒下文），他做些帶有情色意味的夢，這使他勃起了：「我在夜裡總是精力充沛。」但在同一年，他發現自己的性能力走下坡。

「當身體已死或是差不多死了，便再也無法做愛。即使是觀看裸女的快感、愛撫的歡愉，也很快就結束了，再也沒有任何激情可以重新開始。想品味這些，必須有渴慕歡愉的身體。」

我們看見，在很長一段時間裡他用以取代性歡愉的——從他四十幾歲開始就非常看重這份歡愉——是視覺上的歡愉。當視覺的歡愉漸息，他認為自己的性生活已經了結。我們也看到，自我的形象是和性生活連結在一起的。當他再也無法品嘗歡愉時，他感覺自己「跌落在地上，情況至為可怕」。然而，他的自戀心理在性能力衰頹之後仍完好地維持了一段時間。

同性戀人士的身上也是如此，我們知道一些在老年陷入情愛的例子。該把米開朗基羅也歸入同性戀嗎？有些人宣稱他對托瑪索·卡瓦列利的愛是純精神上的愛戀。但是，從他認識卡瓦列利開始（他五十七歲時），一直到他死時，為卡瓦列利寫的熱烈詩篇確實表露了米開朗基羅在性上對他的情感（不管這情感是否昇華）。茹昂多一定是長期保有性生活，因為在他老了的時候，他寫道：「我對我既還沒有喜好也還不習慣的貞潔所困擾。如果不以德行來看貞潔、也不對它表示立場的話，我不知道我能拿這個貞潔怎麼樣。」紀德七十五歲以後在《日記》裡提到了激情之夜，譬如一九四四年四月三日：「我無法鄙夷肉體之歡，再者，我也不耗費自己的力氣來鄙夷它。飛機故障……這使我有了一次強烈的肉體之歡，在前天晚上。」

一九四八年一月二十四日：「在輕佻的肉慾快感之後一點也不覺得羞愧。」

普魯斯特針對老年的德・夏呂斯先生寫了許多篇幅，而且顯然是以有血有肉的人作為範本。年輕時，德・夏呂斯先生表現出非凡的男性氣概，那些不知道他性取向的人都認為他在女人面前很吃得開。他貴族的高傲，頂得住他所有的敗壞墮落。同性戀傾向，是他強烈個性的一個標誌。長期不在巴黎的敘事者，在一九一四年回到巴黎以後，注意到了走在兩名輕步兵身後「一位高大健壯的人，頭戴軟氈帽，身穿寬袖長外套；他散發的同性戀氣質，讓我遲疑著是否該稱呼他某個演員或某個畫家的名字，這兩人都以無數的雞姦醜聞出名。」這人就是德・夏呂斯先生。「德・夏呂斯先生源自於『自我』中盡可能遠的地方，或者確切地說，他本人已被他目前變成的這種形象完全掩蓋起來。這種形象不屬於他一個人，而是屬於其他許多性倒錯者，因此我一開始把他當成他們其中一員。」他完全沉溺在自己的性取向中，開始喜歡起小男孩，每個人在他眼中都成了同性戀者。他常到絮比安開的曖昧旅館去：他花錢請年輕小伙子將自己綑綁起來，鞭打並同時咒罵他。他只和下等人生活在一起，也幾乎放棄了表現男子氣概的舉止。不過，他激烈地要求年輕小伙子牢牢綑綁他、用最可怕的刑具拷打他，這便顯露出他想表現男子氣概的夢想。他這個例子和異性戀的例子類似，也就是：當他們失去部分或全部的性能力時，幻想便佔有優勢地位。從前他克制住了自己的被虐癖，現在這被虐癖侵襲了他，而且他試著將它實現出來。幾年後，敘事者又見到了德・夏呂斯先生一次。這時他已是個老頭子，但仍是好色之人，並且設法騙過照看他的絮比安的監視。他有時會發作起來，坦率地坦承自己性敗壞，以口頭表述取代他減緩下來的性活動本身。

老年婦女的性生活

就生物學上而言，女人的性慾和男人的比起來，較不受老年的影響。這便是布朗托姆[64]在《風流女子的生活》書中〈任何老婦人都像年輕女人那麼喜歡做愛〉該章所指出的。當男人到了某個年紀無法再勃起時，女人卻是「不管在哪個年紀，都像滿是火的大火爐」。所有的民俗傳說都強調了這個對比。在民謠〈喀里多尼亞的快樂繆思[65]〉中，一個老婦人抱怨她丈夫性無能，很懷念「他們年輕時的瘋狂性愛」，如今只成了蒼白的回憶，因為在床上，他只想睡覺，她卻滿懷慾念。今日的科學也證實了這件事。根據金賽博士的說法，女人一生的性穩定度比男人來得高；她在六十歲時，不管是在對性的慾望上，或是在獲得的歡愉上，都和她三十歲時一樣。根據麥斯特斯和強生的說法，我們對性的回應強度會隨年齡而遞減，但女人還是能夠達到高潮，尤其是當她受到有效的和規律的性刺激時。對那些不常有性生活的女人來說，交合有時候會引發疼痛——或在交合之時，或在之後——這就是性交疼痛、排尿疼痛的現象。我們不知道這樣的毛病是生理因素或是心理因素引起的。我要補充的是，即使沒達到性高潮，女人還是會喜歡做愛，因為她很看重「高潮前的歡愉」，也許甚至比男人更看重。她通常對性伴侶的外表沒男人那麼敏感，因此老化比較不會對她造成妨礙。還有，她在性愛中的角色不像有時一般所言的那麼被動。她不用害怕在性事上有明確的衰退。她直到晚年仍保有性生活，一點也不是難事。

然而，所有的調查報告都顯示，她的性活動沒有男人那麼活躍。根據金賽博士的說法，五十歲時，有九十七％的男人仍有性生活，只有九十三％的女人是如此；六十歲時，有九十四％的男人仍有性生活，女人則只有八十％。這是因為在社會上，男人不管是哪個年紀，都是主體，而女人都是客體，是一個不完全的存在。她在結婚以後，命運受制於丈夫。平均而言，男人會比女人年長四歲，而他的慾望會漸次消退，或是他會找替代品，找比較年輕的女人。不過，年紀大的女人很難在婚姻之外找到性伴侶。她不像老男人還能取悅女人一樣，她比較無法取悅男人。就女人而言，親老癖是不存在的。一個年輕男人可能對一個可以當他母親的女人有慾望，但不會對可以當他祖母的女人有慾望。在所有人的眼中，七十歲的老婦不會再是性慾對象。她就算要以金錢來買性也是非常困難。很少有老婦人有辦法、有機會付錢買一個性伴侶，再說，通常她會為閒言閒語感到羞恥、害怕，而改變心意。對許多老婦人而言，這事很讓她挫折，因為她仍受性慾所苦。她通常是靠自慰來撫慰自己。一位婦科醫生向我提起了一個例子：有位七十歲的老婦求醫生治好她這個白天、晚上都得自慰的嗜好。

安德莉．瑪爾汀奈希[66]調查了多位老婦人，收集了不少有意思的私密告白[67]。F太太，她是

64 譯注：布朗托姆（Brantôme，約一五四〇—一六一四），法國修道院院長、作家。
65 十八世紀時採集的蘇格蘭民謠。
66 譯注：安德莉．瑪爾汀奈希（Andrée Martinerie，一九一七—一九九七），法國女作家。
67 一九六九年三月的《她》雜誌中曾引用她的調查報告。

六十八歲的中產階級，熱烈信仰天主教，有五個孩子和十個孫子。她對安德莉．瑪爾汀奈希說：「我那時已經六十四歲……嗯！聽我說：在我丈夫死後四個月，我跑到街上去，就像要自殺一樣，我決定將自己獻給第一個要我的男人。但沒人要我，於是我就回家了。」問她：「您想要再婚嗎？」她回答：「我滿腦子想的都是這個。要是我敢在《法國獵人》的徵婚欄上登啟事的話……寧願有個老殘的男人，也勝過沒男人！」R太太，六十歲，和衰殘的丈夫生活在一起，在提到自己的慾望時說：「我真的是沒辦法沒慾望啊。」她有時很想拿頭撞牆。有位女性讀者看到這則報導後，寫信給雜誌社說：「我不得不說，儘管女人上了年紀，她還是個女人。我知道我說的是什麼，因為我已經七十一歲了。我在六十歲時當上寡婦，丈夫死得很突然，我花了兩年時間才接受這個事實。後來我回了徵婚欄上的啟事。我承認我缺了男人；沒有目標、沒有情感寄託、不能向人吐露衷情的日子真是可怕。我曾問過我自己這樣是否正常。你們的調查報告讓我寬心了不少……」這位女性讀者用字靦腆，以「情感寄託」、「向人吐露衷情」來表達。但是從她上下文看，她所受的苦是在性的層面上[68]。

女人的性衝動會持續到她年紀很大之後，這一點我們在女同性戀身上得到了證實。有些女人直到超過八十歲仍有性活動。這表明了她仍有慾望，雖然在男人眼中她們早就不再有吸引力。

這就是說，女人徹底承受了她被視為色慾對象的景況。不是生理學上的自然法則讓她不得不守貞潔，而是她不完全的存在的身分有以致之。然而，有時候老婦人會出於我已經提過的「心理障礙」而譴責自己的性慾，這對她比對男人來得更加受到束縛。通常，在愛情上，她比他還要自戀。在她身上，自戀心理是以她整個身體為對象；透過她伴侶的愛撫、目光，她很美妙地意識到自己的身體是吸引人的。要是他繼續渴慕她，她會寬大地接受自己身體的凋萎。但只要他對她一冷淡，她就會悲傷地感覺到自己的衰頹。她會厭惡自己的形象，而且再也無法承受將自己暴露在他人的目光中。這種畏怯的表現更使她害怕輿論的看法。她知道輿論對一個不扮演和藹祖母角色、不忽視肉體的老婦人是很嚴厲的。即使她丈夫仍對她有慾求，徹底內化了的那份想要合乎禮儀的想法會使她想避開丈夫。女人能藉由消遣來排遣自己的方法沒有男人多。那些本來性生活很活躍、很開放的老婦人，有時候會以粗鄙的話語來彌補目前禁慾的生活。她們或多或少會擔任媒介男女的角色，或至少她們會帶著古怪的好奇心偷窺周遭年輕女人的性生活，她們會想要年輕女人對她們說知心話。但是，她的言語也往往會受到壓抑。老婦人在她的言詞和行為上都想要合乎禮儀，性慾幾乎只是透過穿衣方式、裝扮方式，或是透過她喜歡有男人在場來表達。她很樂於偷偷地和比她年輕的男人調情；她對別人認為她還是個女人的看法很敏感。

然而，病理學顯示，在女人也是一樣：性衝動是被壓抑下來，但並非完全滅絕。精神病學家注意到，在養老院裡，女人的性慾往往隨著年紀而提高。老年失智會引起性譫妄，是大腦失去控制的

68　一個年輕女子寫信給《她》雜誌所表現的即是典型的反應，她說：「我們這一群年輕人看了那位參加天主教公教進行會的熱情寡婦的例子，她說『沒辦法沒慾望』，不禁讓我們哈哈大笑……你們下一次能不能將調查的焦點放在第四齡的女人和愛情的關係上，也就是說將焦點放在八十歲到一百二十歲的女人身上？」年輕人對仍有性生活的老年人，尤其是老婦人，覺得反感。

結果。其他精神病也會引發性壓抑。在養老院裡，超過六十歲的一百一十名女人當中，喬治・瑪耶醫生觀察到二十個有嚴重性問題的例子，她們會在眾人面前手淫、做出交合的動作、說話淫穢、有暴露癖。可惜的是，他並未指出這些表現的意義。他並未將這些行為放置在更明確的背景下，我們不知道這些病患是誰、會有這些表現的是什麼樣的人。許多被留置在養老院中的老婦人會有性的幻覺，像是認為自己被強暴、有人故意撫觸她。有些女人在超過七十一歲以後還認為自己懷了孕。已經是祖母的C太太，七十歲，會唱著淫穢的歌曲，半裸著身子在醫院裡走來走去，勾搭男人。情慾是許多譫妄的問題中心所在，或者是憂鬱症的藉口。E・傑于提到一位住在天主教之家的八十三歲老祖母。她有暴露癖。她同時表現出異性戀和同性戀的傾向。她會攻擊為她端來餐點的年輕修女。在她發作時，其實頭腦很清明，接著她會表現出精神錯亂。最後她會恢復清明的頭腦，行為正常。這個例子也是，我們希望有更明確的背景資料。上述提到的這些觀察都非常不足，但至少這些觀察指出老婦人和老男人一樣不怎麼「淨化自己的身體」。

歷史和文學中都沒為我們留下關於老婦人性慾的資料。這個主題比老男人的性慾問題更加是禁忌。

在老年人身上一點也沒表現出原慾的例子也很多。他們會為此而慶幸嗎，就像許多道德家所表示的？很難說。這個缺損會引發別的缺損，因為性慾、生命活力、活動等是緊密聯繫在一起的。有時候，在一切慾望都滅絕了以後，甚至連情感的表現也會變鈍。賀蒂夫・德・拉・布賀東納在六十三歲時寫道：「我的心與感官已死，如果我偶爾有溫柔的舉動，那是出於錯誤，就像野蠻人、閹人的錯誤。這樣的錯誤接著會讓我陷入深沉的悲哀中。」蕭伯納在對女人不再感興趣時，似乎也喪失了活下去的慾望：「我很快地衰老。我對女人再也不感興趣，女人比從前對我更感興趣也讓我厭煩。說不定，我該去死了。」

即使是叔本華都承認：「我們可以說，性慾一旦熄滅，人生真正的核心就耗盡了，只剩下外殼；或者說人生像是一場戲，一開始時是由真人演出，到後來則是由穿著同樣衣裝的自動裝置來演出。」然而在同一篇論述中[69]，他說，性本能會引發「良性的精神錯亂」。他只讓人在瘋狂和硬化中做選擇。事實上，他所稱的「精神錯亂」，是人生的本能衝動。當這個本能衝動受到破壞或是滅絕了，我們就活不了。

性慾和創造力之間的連結特別讓人覺得訝異，這一點從雨果、畢卡索和其他人身上即可見出。為了創造，必須具有某種攻擊性——就像福樓拜說的，「某種勁頭」——這種攻擊性，根植於原慾之中[70]。我們也必須藉由情感上的溫暖來感覺自己是和世界連結在一起的，這份情感上的溫暖在肉體慾望熄滅之時也會熄滅。紀德在一九四二年四月十日寫到下面這番話時，非常明白這一點：「有一段時間我痛苦得直至焦慮，並且被慾望所纏，我禱告：啊，當肉體收束之時，我可以整個獻身。但是要獻給誰呢？獻給藝術？獻給『純粹』思想？獻給上帝？真是無知極了！真是瘋狂極了！這等

69 《論人生的不同階段》。

70 稍後說到老年人的創造性時，我們再來談這一點。

於是以為油盡以後，燈火還能燃得更旺。要是我的思想變為抽象，它是會枯竭的。今天我身上還帶有這養活我思想的肉體，而今天我祈求著：我能不能夠仍保有這肉體與慾望直到死亡臨到。」

對性的漠視必然會在各個層面導致遲鈍無活力、導致性無能，這樣的說法是不正確的。有許多例子可以證明事實正好相反。我們只是想說，在和世界缺乏肉體的接觸時，某個層面的人生會隨之消逝；那些到年紀很大以後還保存著這種肉體接觸的，是得天獨厚的人。

❖

老年人的嫉妒心態

有一種激烈的情緒深深扎根在性慾中，而且年紀會激化它，這種激烈情緒就是嫉妒心。拉賈敘[71]指出，嫉妒往往是情感錯置的結果，就像一位生意陷入困境的理髮店老闆一心相信妻子背叛了他，時常和她爭吵。然而，老年本來就是一段全面遭挫的時期；它會擴散為怨恨之心，並體現為嫉妒。另一方面，性慾減退會在許多老夫妻之間引發單方面或雙方面的怨恨之心，這種怨恨也可能表現為嫉妒。我們有時會在報紙上看到七十幾歲的老年人出於嫉妒心，揍了或殺了他年老的伴侶，或者是和情敵打了一架。說不定這是為了報復他伴侶在性上對他冷淡，或是為了消解他自己的性無能。也有些情況是，兩位超過七十歲的老婦人被傳訊到法院，因為她們為了一位老情人而互毆。在有男女兩性並處的養老院裡，有時會因嫉妒而起激烈的爭端。

巴里耶醫生和L．－H．塞畢佑在巴黎十三區做了調查之後發現，夫妻比單身人士在邁入老年時遭遇更多困難，因為夫妻之間的感情會惡化。他們的健康走下坡，因為退休與孩子離家而孤立，使得他們幾乎只能兩人相依為命，彼此會比從前任何時候都更要求對方給予保護與愛，但彼此也比從前任何時候都更難以滿足這個要求。這種長期的不滿足會使人要求對方長時間陪在身邊，也會帶來嫉妒和虐待。分居兩處有時會對彼此不願分離的人造成致命的一擊，住在一起卻帶給他們痛苦，更甚於幸福。

除非是妻子比另一半年輕許多的配偶關係，否則老丈夫比較沒有理由嫉妒他的伴侶，因為他仍保有「性」致，而她已不再是性慾對象。我在下面要談到兩個女人帶有嫉妒心的例子：茱麗葉．德魯埃和蘇菲．托爾斯泰[72]。

茱麗葉一生都因雨果的不忠而痛苦：尤其當他們不再有肉體關係時，雨果的不忠對她更是難以承受。她覺得自己沒有能力自衛，甚至感覺被打敗、羞辱。當一八七三年雨果和布朗琪有一段情時，時年六十九歲的茱麗葉反應之激烈是前所未有的。她向朋友借了兩百法郎，九月二十三日她沒留下地址離開了家。他發狂地到處找她，後來在布魯塞爾找到人。她答應回家。他到車站去等她，兩人和解了。四天以後，她寄給他一封「信手塗寫」的信：「親愛的、我最親愛的：處在那痛不欲生的

71 譯注：拉賈敍（Daniel Lagache，一九〇三－一九七二），法國精神病專家、精神分析家。

72 編注：即宋妮雅。

絕望中的可怕八天以後，今天是第一天我的眼、我的嘴、我的心、我的靈魂同時張開來看上帝，以對你微笑、為你祈禱、為你祝福。這個可怕的惡夢終於結束！你是真的愛我，你愛的只有我……」但是到了一八七三年十月十六日，她又寫道：「我無法長久忍受這個不斷產生的衝突，我對你可憐的長久愛情，必須不斷對抗那些獻身給你的年輕誘惑……」

雨果一定是在答應茱麗葉和布朗琪斷絕關係之後，又和布朗琪見面。茱麗葉受不了自己的老態和洗衣女工的年輕貌美之間的對比。一八七三年十一月十八日，她表達了同樣的絕望之情：「我不想一直對你說你真是好運來煩你，但是在那些年輕輕佻的小姐之前，我無法不覺得我對你長久的愛情流露出悲傷之色，這又有什麼辦法呢……從今天起，我要將我心的鑰匙藏在門下。」

一八七四年三月十一日：「那些心和年紀不符的人，會有他們年紀所有的不幸。」「這句話扼要而說法老套，它解釋並為我辯護了我在你生命中帶來的非我所願之騷亂，而我自己也痛苦得如同一個下地獄的人……」

一八七四年四月四日：「對我來說，不忠實並不是只從行為的不忠開始；即使只是有慾望，我都將之視為不忠。這麼說起來，我親愛的，我求你別覺得不安，就當作是我不在了一樣去做你想做的事。」

接下來，她恢復了往日的歡喜。

一八七四年四月十一日：「我感覺自己年輕而有活力，很可能是因為我不挑不剔地度過了七十個春天。」但是她很快又感覺悲傷。她不只是嫉妒雨果的年輕情婦，也嫉妒他的家庭。他在巴黎郊區的克利希租了一棟兩層樓的公寓：樓下是接待客人的廳堂，樓上的幾間房間則住著他、他媳婦和他幾個孫子。茱麗葉和雨果住在同一層樓。雨果的媳婦讓雨果搬到樓下去，理由是他的孫子需要更大的空間。茱麗葉在一八七四年五月七日寫道：「我有強烈的預感，這真是悲傷。」「分開我們的這一層樓就像在我們兩顆心之間有了座斷橋……我很絕望，我抑制自己，免得嚎啕大哭。」

無疑地，她一定是太過看重這些小事，因為她知道雨果繼續不忠於她。她為此受苦，就好像她缺乏了愛一樣。但她也為雨果感到羞恥，因為事實上就像我們前面所見的，他的性生活不總是那麼理想。

一八七四年六月二十一日：「看來我這可憐的心是這些邪惡的女獵人和可恥的豔遇瞄準的目標；至於我，我根本沒經過搏鬥就敗下陣來……」清晨五點鐘，她寫道：「這種每天將他的愛推升到天邊高處，每天又都以全部的重量落回他心上的西西弗斯似的折磨，讓我感覺恐怖已極，我寧願死去千百回，也不要承受這種可怕的酷刑。啊，可憐可憐我吧，讓我走……」

雨果和茱麗葉之間有時有讓人心碎的爭吵。在這時，她都希望兩人能分手。

一八七四年七月二十八日：「你不快樂，我可憐的至愛，我比你更不快樂。你因女人引起的傷口而受苦，傷口總是越形擴大，因為你沒有勇氣一勞永逸地燒炙這個傷口，我卻因太愛你而受苦。」

一八七五年七月六日：「我向你保證，遠離你，我就比較不痛苦。我感覺到你過得平靜、快樂，這比感覺到你因我的存在而時時造成你工作的障礙、你自由的障礙、你好好休息的障礙來得好……這對你的心來得比較好，對我的心也一樣，我知道我對你已經是不夠的了……」

一八七七年：「真是受挫，我懷疑起上帝和你……」

他不會隨著時間安定下來，而她對他自有一番崇高的看法，她沒辦法說服自己他既崇高又放蕩。

一八七八年六月，雨果急病發作以後，茱麗葉在洛克華[73]的支持下讓雨果和布朗琪斷絕了關係。他們威嚇可憐的布朗琪說，要是她不讓雨果離開她，雨果會死在她的懷抱裡。茱麗葉給了布朗琪一筆錢，布朗琪順服了，便另行婚嫁[74]。但在布朗琪之後，雨果還是有別的女人。同一年夏天，在雨果和茱麗葉到格恩西島去時，茱麗葉在八月二十日寫信給雨果說：

「你早年很純淨，你的暮年應該是受尊崇而神聖的。我要盡我餘生之力防止你犯下某些錯，這些錯是配不上你的天才和你的年紀的。」

雨果對她寫了這樣的話也是沒用：「我感覺我的靈魂是和妳的靈魂結合在一起的。」她受不了他繼續收到女人寄給他的信。雨果祕書的妻子就提到：「即使是在格恩西島，對她來說一切都是吵架的藉口。雖然她可以為他而死，她還是會不停地指責他……一天早上，她又因從前一位女僕寫來的信而大吵大鬧。德魯埃夫人拆了信看，她又是哭，又是咬牙切齒……」茱麗葉找到了一袋裝滿五千法郎金幣的錢，她問這筆錢是要付給誰。另一次，她找到了一本舊記事本，裡面寫了許多女人的名字。這次事情可鬧大了。還有一次事情也鬧得不可開交，就是她知道了雨果去逛妓女巷。這次她表示要離開他，要搬到伊耶納去和她姪子一起住。

他們和解了，她搬到巴黎住下來，和他同住一棟公寓裡，但她還是苦惱不安。她在一八七九年十一月十日寫道：「害怕想起過去的事，害怕見到即將發生的事，我再也不敢往前看，也不敢往後看，再也不敢看你的內在，也不敢看我自己的內在。我害怕。」在十一月十一日，她怪他：「你的褻瀆罪，以及多次近似自殺的行為。」他的行為在她看來不只是「卑劣的」，而且是危險的。

一八八〇年八月八日：「我的至愛，我這輩子都把時間花在想辦法黏合我偶像破成碎片的形象，而那些裂隙是隱藏不住的。」有一天，茱麗葉發現了布朗琪在維克多．雨果大道上窺伺著雨果，她氣炸了。有時候，她因為太過悲傷、太過沮喪而停止寫她「信手塗寫」的信。她直到死前一直陪在雨果身邊，但是她幾乎沒有平靜的時刻。

她有時是個濫用自己權力的年老女主人，尤其是在布朗琪的事件中，但是我們能夠瞭解她的幻滅。她曾想像和雨果一起平靜地老去，兩人都不再在乎肉體的歡愉，事實卻非如此。她或者是因雨果的心愛著他人而不是愛她而受苦，或者是他以買春為滿足，而她認為這是墮落。她的眼淚、她的牢騷，可以因她的誠摯和完全的愛而得到開脫。

蘇菲．托爾斯泰的嫉妒則是完全不同性質。她向來厭惡和她丈夫做愛，很早就把這種怨恨化為嫉妒。她從一八六三年開始便寫下了她的嫉妒是種「天生的疾病」。在她整部《日記》裡，一再地說：「嫉妒吞噬了我。」她因為處在一個性格強大的男人身邊，自己卻是「不完全的存在」而受苦，也因自己過刻苦的隱居生活而受苦。多次懷孕不足以填滿她的人生。她痛恨鄉下、痛恨農民。對她

73 洛克華是阿黛爾的第二任丈夫，而阿黛爾是雨果的兒子查爾．雨果的寡婦。

74 布朗琪一直很傷心。她會為了和人講講雨果，去看雨果的朋友。她會遠遠地窺伺雨果出家門。在茱麗葉死後，她試圖再和雨果重建關係，但是雨果的朋友攔截了她的信。

來說，他們夫妻生活最快樂的時光，是托爾斯泰寫作《戰爭與和平》和《安娜．卡列妮娜》的時候。在這時，她謄寫他的草稿；這樣的合作關係，讓她感覺自己和他是一體的。他不再寫小說時，她感覺自己被背叛了。尤其，她不能接受丈夫對金錢的態度。自一八八一年起，托爾斯泰最關心的是道德和社會的問題。他想要將他的土地送給農民，並放棄他在文學上所得的收入。為了不要直接涉入土地的經營，他讓宋妮雅來管這件事。一八八三年，他們說定由她來編輯她丈夫在一八八一年以前的作品（這一年是托爾斯泰「新生」的一年），而且由她支領版稅。為了彌補，托爾斯泰和他最喜歡的弟子車特考夫創立了一家出版社「調停者」，為一般平民出版一些廉價而質精的書籍。這項措施不足以讓托爾斯泰夫妻平和相處。她指責他為了農民而犧牲了自己的孩子，而他厭惡她想要讓他過舒適而世俗的生活。他在給她的信中表示：「我們之間是生死之鬥。」從此，他將自己的手稿交給大女兒瑪夏。宋妮雅大發雷霆。她在一八九〇年十一月二十日寫道：「他有步驟地殺害我，他將我排除在他生活之外，這深深傷害了我。」她痛恨圍繞在他身邊那幫朋友，特別是他最喜歡的弟子車特考夫。托爾斯泰在他的《克萊采奏鳴曲》中，斥責婚姻制度，並鼓吹守貞潔，這更讓她怨氣難消。他們之間的爭吵越來越激烈。為了讓他的良心得到平靜，他把所有的財產，不管是動產、不動產，全給了他妻子和孩子，但他決定要將自己最後幾部作品放入公共財的領域。這項條款讓宋妮雅氣得跑去車站要投軌自盡[75]，最後並沒有。一八九五年一月，托爾斯泰完成了《主與僕》。他沒將這個作品交給「調停者」出版社，也沒給宋妮雅以便編入全集中，反而答應交給一家由一個女人主辦的雜誌刊登。宋妮雅懷疑他會為了這個「搞陰謀的女人」而拋棄她。這一年，宋妮雅五十歲。她跑到莫斯科的街上，披頭散髮，光著的腳只穿了拖鞋，想要在雪天裡凍死自己。托爾斯泰跑在她後面，將她帶回家。第二天，她又這麼做了。這次是女兒瑪夏帶她回家。她又一次跑出了家門，坐著出租馬車到庫斯克的車站，想要投軌自盡。這次是她兒子塞吉和女兒瑪夏攔下她。托爾斯泰只好讓步。

然而，他並未打算離開她。有一天（他這年六十七歲），在他旁邊割草的一個弟子建議他和她分手。勃然大怒的托爾斯泰拿鐮刀威嚇他，然後嚎啕大哭起來在宋妮雅五十二歲時，她和一位名叫塔涅耶夫的音樂家之間純精神上的愛戀關係惹惱了托爾斯泰。他在一八九六年七月二十六日寫道：「我一夜沒睡，我心痛……我沒辦法控制我的傲氣和憤慨。」他們之間為了此事有激烈的爭執、指責、辯解，不管是透過信件或是電話。她寫道：「列夫．尼古拉耶維奇[76]對塔涅耶夫表現的病態嫉妒很傷我的心，也使我非常驚惶。」他的確是寫了幾封很嚴厲的信給她：「讓一個完全沒用、沒什麼益處的外人支配我們目前的生活，這實在非常令人難以忍受、非常羞辱人。這真是可怕至極，可怕至極，卑鄙、可恥。」「你和塔涅耶夫親近，很讓我倒胃口……要是你不能結束這段關係，那我們分手吧。」他們並未分手。他七十歲時，甚至就在他七十歲生日當天，他還和她做愛。

有幾年的時間，他們幾乎是和平共處。但是在一九〇八年，車特考夫被流放十年後回到了俄國；宋妮雅為此驚慌起來。車特考夫為人嚴峻，是個宗教主義分子、陰謀家，而且他會對托爾斯泰施展影響力，可能危及他家庭的利益；他會把托爾斯泰的手稿據為己有、騙走他的作品，由車特考夫自

---

75 她想要模仿安娜．卡列妮娜。

76 編注：此為托爾斯泰的名字。

己來讓托爾斯泰作品流傳給後世。

車特考夫被禁止在圖拉居留，而托爾斯泰的房產正位於圖拉，但他成功在附近一間鄉間小木屋住了下來，托爾斯泰可以騎馬來看他。宋妮雅嚴厲指責他去看車特考夫。她擔心他會將自己全部的版權讓給車特考夫。她為了要求繼承他所有的作品（不管是不是一八八一年之前的）而和他大吵大鬧，也不讓他旅行到瑞典斯德哥爾摩參加在當地舉行的世界和平大會。他答應不到瑞典去，但堅持不讓宋妮雅繼承他的作品。

一九一〇年六月，托爾斯泰到車特考夫那裡住了幾天。這時，車特考夫禁止居留的禁令即將撤銷。這事讓宋妮雅非常驚恐。她發了一封電報，要丈夫提早一天回家。他拒絕了。她穿著睡衣，滿頭亂髮，哭著在自己的《日記》裡告白：「我做了什麼？歇斯底里、神經發作、心絞痛、人就要瘋了？我不知道……他以一種讓人反感的方式慕戀車特考夫（他年輕時就曾經對男人有好感），現在可準備好要聽他指使……我極度嫉妒列夫．托爾斯泰和車特考夫之間的關係。我覺得他奪去我四十年以來所經歷的人生……我想到斯托波哈去，去臥軌自殺。」托爾斯泰終於回來了。有好幾天的時間。她哭著指責他愛車特考夫。有一天早上，她被人發現四肢著地趴在櫃子後面，嘴邊摩挲著一瓶鴉片。有人把它取了下來。她讓托爾斯泰承認了他將自己最近兩年的日記交託給車特考夫。她在雨中跑到公園去，回家後還拒絕脫下濕透的衣服。「這樣我會得傷風，我會死掉。」幾天後，托爾斯泰、女兒莎夏和車特考夫關在一間房間裡說話。她為免發出聲音，打著赤腳，躲在陽台門後窺探。她大喊：「他們又密謀跟我作對！」事實上，他們討論的是托爾斯泰的遺囑，他想將遺產送給農民和大眾，不留給家人。她嚴厲地要求車特考夫歸還托爾斯泰的日記。第二天，她看見托爾斯泰和車特考夫肩並肩地坐在一張長沙發上便覺得無可忍受。一九一〇年七月五日，她寫道：「我又怨恨、又嫉妒，心中難受極了。」到了夜裡，她會想像老作家和他弟子之間有「違反自然」的關係。七月十日、十一日夜裡，兩人大吵一架後，她大喊著：「我會殺了車特考夫。」然後跑到公園去。她隨後寫道：「我到了公園，連著兩個小時躺在潮濕的地上，身上只穿著單薄的洋裝。我凍僵了，但我一心只想死。有人發出警報說我不見了……清晨三點鐘，他沒睡，我也沒睡。我們彼此什麼話也沒說……」

七月十五日（她向托爾斯泰討他日記的收條，要將它寄存在銀行）：「他氣炸了，對我說：『不，妳休想，妳休想！』然後立刻跑走。我又全身起痙攣，我想喝下鴉片，但這一次我又沒了勇氣。不過，我卑劣地騙列夫·尼古拉耶維奇說我喝了，只是我又立刻承認自己騙了他，忍不住哭泣、嗚咽起來……」

幾天後，她寫道：「我想殺了車特考夫，挖開他沉重的身體，才能從他有毒的影響中釋放列夫·尼古拉耶維奇的靈魂。」第二天，她決定離開家：「女兒斥責我，丈夫推開我。我拋棄了我的家，因為我在家的位置被車特考夫竊據了。除非他走，不然我再也不回家。」她寫了一篇公告給報社，準備坐車到圖拉去，手提袋裡帶著一把手槍和一瓶鴉片。她兒子在車站遇見她，將她帶回家。托爾斯泰寫信給車特考夫，要他暫時別到他家來，但他們之間共同的朋友會為他們傳遞信件。宋妮雅喊著對丈夫說：「你和車特考夫有祕密情書往來。」她年紀越大，就越控制不了她的嫉妒心。她已經失去所有的批判意識，堅決相信車特考夫和托爾斯泰之間存在「有罪的」關係。她拿托爾斯泰年輕時寫的一段日記給他自己看：「我從來沒愛過女人，但我常會愛上男人。」他氣極了，把自己關在房間裡。她一再向周遭的人指控他是同性戀。當她知道他們兩人有時會到一處松林裡碰面之後，她偷偷地尾隨他們，還讓村子裡的孩子窺伺他們。她在托爾斯泰的文件中搜尋，想找出他是同性戀的證據。有一天，她想和車特考夫和解。「但是當我想到我會再看到他的臉，然後再看到列夫・尼古拉耶維奇開心見到他的臉，我的靈魂就重新感到痛苦。我真想哭，我的內在發出抗議之吼。魔鬼是在車特考夫那一邊。」

八月十八日，車特考夫獲准在圖拉居留：「對我這等於是判了死刑！我要殺了車特考夫。我會把他關進監獄裡。不是他，就是我！」她在托爾斯泰所有的文字中找他是同性戀的證據，然而她在八月二十二日寫道：「我的生日。我六十六歲了，還是一樣充滿活力、一樣感情充沛，並且就像別人所說的，看來一樣年輕。」

當她一個人在亞斯納亞・博利爾納[77]時，她進入丈夫的辦公室，取下掛在牆上的車特考夫和莎夏的照片，掛上她自己的照片。托爾斯泰回來以後，又掛回被取下的照片。宋妮雅在九月二十六日寫道：「列夫・尼古拉耶維奇又把它（車特考夫的照片）掛回原處這件事，讓我又一次深陷可怕的絕望中……我再把它取下來，撕成碎片，然後丟進廁所裡。當然，列夫・尼古拉耶維奇生氣了……我又一次感到極度絕望，我越來越嫉妒車特考夫，我又一次哭得精疲力竭，哭得頭痛欲裂。我想到要自殺。」她用假槍開了兩槍，托爾斯泰沒聽見槍聲。

當她發現了托爾斯泰有一本「只寫給自己看」的日記本，她才知道他擬了一份遺囑，遺囑中排除了她的繼承權。她寫給丈夫一封憤怒的信。她試著以眼淚、以吻他的手來軟化他的態度，好讓他修改他最後的遺願，但只是徒勞。她知道他每次騎馬出門就是去看車特考夫，於是她在十月十六日來到車特考夫家附近，拿著望遠鏡待在溝渠裡監看，但這次托爾斯泰沒有來。她回到亞斯納亞・博利爾納，一名女僕發現她坐在一張長椅上直打哆嗦。她再一次懇求托爾斯泰別再去見那位「令人噁心的」車特考夫。這讓他厭煩極了，便決定離開家。他留下一封信給她，但沒給她留下去處的地址。她在她的《日記》裡寫道：

十月二十八日：「列夫・尼古拉耶維奇臨時逃走了。啊，真是可怕！他的信要人別找他，說他要永遠離開他平靜的老年生活。信才讀一半，我立刻絕望地跑到附近的水塘去投水……」

托爾斯泰留下一封信給他妻子之後，便在早上和馬寇維特斯基醫生搭車離開。他們接著搭了火車，出發到歐普提納修道院。他想在夏摩迪諾另一所修道院附近租一間鄉間小木屋。他告訴了女兒莎夏他的地址。莎夏到夏摩迪諾來找他時，對他說了宋妮雅歇斯底里的表現，並建議他搬得遠一點。在莎夏的陪同下，他們繼續搭火車。結局我們都知道了：托爾斯泰在途中患了肺炎，最後在阿斯塔

77 編注：亞斯納亞・博利爾納（Iasnaïa Poliana）為托爾斯泰位於圖拉的房產，是他出生、生活和長眠之處，現為紀念他的博物館。

波沃車站的站長室裡陷入病危。宋妮雅從記者那裡知道了消息。因為沒有人允許她進入小屋，她在小屋門外徘徊。丈夫死後，她又活了九年。直到一九一九年，她死前不久，她才和女兒莎夏和解。

我們這裡見到的，遠遠不是羅伯特·伯恩斯所夢想的理想伴侶。即使是那些曾過得幸福、心心相印的夫妻，老年也往往是帶來不平衡的一個要素。對那些好歹克服了因為衝突而撕裂的夫妻，年紀更會激化彼此的對立。茱麗葉的離家、她對布朗琪的嚴苛，在她年輕、盛年時是沒有這樣的表現的。宋妮雅的激烈、偏執狂，在他們夫妻生活的最後幾年尤其達到頂點。這種衝突的擴大可以部分藉由老年人感受到的挫敗來解釋，這種挫敗會引發他要求自己的權利，並引發他挑釁的行為。想必，他未來僅剩不多的時間，也使得他會在現在做更多的要求，不管是對愛情、對信任的要求，或者是對事事滿意的要求。這一切，他都必須現在就得到，因為他再也沒耐心容忍這些妨礙他慾望的事物。我們只有在檢視老年人全部的存在經驗，才能完全瞭解這種老年嫉妒的心態。

第六章 時間、活動、歷史

存在，對人類實在（la réalité humaine）而言，是處在時間之中。也就是說，在現在我們藉由存在的願景活在未來，這種存在的願景超越了我們的過去——我們過去的活動跌落、僵固、再也沒有要求。年紀調整了我們和時間的關係；隨著年歲過去，我們未來所剩的時間縮短，過去卻變得沉重。我們可以將老年人定義為一個有著長長過往，而在他面前僅剩的生命卻很有限的人。這樣的改變，其後果就是所引起的結果彼此牽引，以致產生一個情況。這情況是根據個人之前的歷史而有所不同，但是我們可以從中得到共同點。

首先，何謂「人有長長的過往」？沙特在《存在與虛無》中是這麼解釋的：我們不像擁有一個能握在手裡的東西、能從各方面來觀察它一樣地擁有我們的過往。我的過去，是我作為一個被超越的「在己」，為了擁有這個過去，我必須藉由存在的願景來將它維繫在存在中；要是這個存在的願景是認識我的過去，我必須以記得它來使它當下化。回憶中有某種神奇的力量，不管任何年紀都對此神奇力量很敏感。過去是以「為己」的模式來經歷的，然而過去卻成了「在己」；我們似乎在過去之中，達到了這個「在己」與「為己」不可能的綜合。儘管存在渴慕著這個不可能的綜合，存在卻不可能得到它[78]。但尤其是樂於提起過去的老年人，「他們是靠著回憶過活，而不是靠著希望。」亞里斯多德如此寫道。在莫里亞克的《內心回憶錄》和《內心回憶新錄》中，他往往帶著懷舊之心回憶他還是小男孩的時候，那時的世界在他看來比眼前的世界更真實。在他新近的《記事簿》裡，他寫道：「一個老年人，即使他不再回復到童年，他還是會暗中回去，給自己一個低聲呼喚媽媽的樂趣。」偏愛舊日時光是大部分老年人會有的表現；也是從這一點，旁人會明顯感覺到他們已經有了年紀。該怎麼解釋他們偏愛舊日時光這件事呢？而且我們能怎麼「尋回往日時光」？

記憶對過去人生的召喚

沙特提到「是未來決定了過去是否活著」。一個人有再求進步的願景，會使他從他的過去中脫離；他將他過去的我定義為不再是他自己，並對之不再感興趣。相反地，某些「為己」的願景意味著拒絕時間，並和過去緊緊結合在一起。大部分的老年人都是這種情況。他們拒絕時間，因為他們不想失去自己的一切；他們以自己仍然是這樣的人來定義自己的「舊我」：他們認為自己仍和年輕時期一樣。即使他們克服了認同的危機，並且接受了自己的新形象（像是老爺爺、退休人員、老作家），每個人都還是在私心裡保有自己是不會變的信念；提到過去的回憶時，他們證明了確信自己沒變的想法沒錯。他們以一種不會改變的本質來對抗衰老，而且他們會不斷地述說自己仍是同一個人，這個人仍存在他們身上。有時候，他們會選擇成為那個最能讓他們自己覺得愉快的人：他們永遠是那個退伍軍人，那個受人奉承的女人，那個受人欽佩的母親。又或者是，他們會重現自己青少年時期的清新、自己的青春年華。要是可能，他們寧可像莫里亞克一樣轉向那個他們開始意識到世界的時期，轉向那個建造他們後來所成為的人的時期，也就是童年。終其一生——不管是三十歲、五十歲——他們一直都是這個孩子，雖然他們早已不是。當他們找回這個孩子並且與之混同起來，他們或許感覺自己是三十歲、五十歲，或八十歲：他們都逃開了年紀。

但是他們可能回到童年嗎？記憶到底能讓我們取回多少我們的人生？

德雷教授[79]很準確地指出了記憶有三種形式。第一，是感覺—運動性記憶，在這種記憶中，認識是反應，而不是思考；它包含了依程序所組織的行動、無意識行動，它遵守的是習慣的律法，而且通常到了老年，還是無損地保持原樣。第二，是自閉性記憶，是受到無意識能動性的律法支配，它以一種反常的邏輯推理和情感模式，將過去顯現在夢中、譫妄中。當事人沒意識到他是處在回憶中，他在當下重新經歷著過去的印象（我想補充，在某種程度上我們是可能利用這種自閉性記憶來使當事人承認過去就是過去。這就是精神分析嘗試在做的）。第三種形式，是社會的記憶，它是一種建基於生理感知、影像、某種知識的心理操作，運用邏輯的運作，以重建並定位過去的某些事。只有最後這一種形式能讓我們在某種程度上述說自己的歷史。為了好好述說自己的歷史，必須集合

78 「因此，回憶就向我們表現了我們曾經是的存在，連同賦予回憶某種詩意的充實的存在。我們曾經有過的這種痛苦，由於它僵固在過去，就不停地表現出『為己』的意義，然而它是存在於自身的，便以他人的一種痛苦、以塑像式的一種痛苦默默地固定住。」（沙特《存在與虛無》）

79 參見《記憶崩解》。

許多條件。

首先，這個歷史必須是緊緊在我們記憶中固著下來的。我們都知道要有記憶，就必須要遺忘；要是我們什麼都記憶下來，我們就無法整理歷史。很多事件都沒被記憶留存下來，或是被其他記憶磨去。要是拿我自己的例子來說——我可以在這裡這麼做，因為對我是如此，對其他年紀更大的人更是如此——我常對我妹妹或是對沙特說，我發現我對自己的過去遺忘了大半。例如沙特對我說，在我們知道蘇聯加入戰爭的那天晚上，幾乎到處都聽得到有人唱著《國際歌》。這一刻對我非常重要，我卻不記得了。

另一方面，神經迴路必須毫無損傷，以使得影像能夠再現。有些疾病——特別是老年失智、腦部的動脈粥狀硬化——會破壞大部分的記憶力。即使是一個身體還很健朗的人，也可能會有頗嚴重的病變。貝杭森抱怨道：「活到七十五歲，我有時會發現自己身上有奇怪的現象，許多事在昨天似乎還在我智力範圍內，今天卻消失了，在我意識到以前全都消逝了！……大片大片的記憶崩塌，消失在遺忘中。為什麼呢？怎麼會呢？」

我們在思想中所擁有的影像，遠遠比不上影像的客體本身豐富。影像，是透過有機的、情感的「類比物」（analogon）指向一個缺席的物件。以沙特的話來說，影像，「具有一種本質的貧窮」。阿蘭指出，我們甚至無法憑著記憶中的影像來數算先賢祠的柱子有幾根。影像不完全遵從與物體本身具有同一性的原則；它以物件的一般性將物件傳遞出來。它在不真實的時空中呈現，因此它無法重現它本身所出的真實世界，這也是為什麼經常我們在影像冒出來時，我們不知道它該在哪個時空中落實。當我在寫我的《回憶錄》時，在我回憶中有些非常鮮明的景象，但我不知道它們該落在哪個時空，因此我不可能將它們寫入我的《回憶錄》，只能放棄敘述它們。

莫里亞克寫道：「老年人的回憶就像是蟻巢遭到破壞的螞蟻。我們的目光無法久久地追隨任何回憶。」還有奧地利作家赫爾曼．布洛赫[80]寫道：「記憶湧現、坍塌，及至完全消失。它們真是膽小畏怯！……啊，人生是建基在遺忘的深淵上；回憶已經久遠得不再是回憶！」

藉由推論、兩相對照、兩相印證，我們能夠將某些影像併入符合事實、有明確日期的事件中。但是這麼做也只能靠假設，我們不總是能得到驗證。亨利．龐加萊[81]說：「過去是我們猜想出來的。」但有些影像是準確的。我發現隔著三十年的距離，科西嘉島的博爾多灣和我記憶裡的顏色、構圖相同：這讓我很驚奇。這個驚奇證明我已經習慣「記憶中的影像和實際有差距」這一點。事實上，我常常發現我的記憶不準確！而我發現的這些不準確，只是我經常遭逢的不準確記憶的一小部分。

大部分時候，那些合乎邏輯地重建起來並且在時空中定位下來的個人過去的影像，對我們來說它是外在的，就像普遍歷史事件的影像一樣也是外在的。貝杭森說得好：「我們只擁有變形的過去，而這個過去極少數時候和我們的現在有重要連結。」影像往往具有既定印象的性質：我們在提取這些影像時並不會調整它們，也不會讓它們顯得更豐富，既然我們已無法在這些影像中發現自己摻入了什麼。往往，我會在一個回憶當中混合許多不同時期的材料。我的整個童年回憶中，路易絲的臉、

80 參見《魔鬼》。

81 譯注：亨利．龐加萊（Henri Poincaré，一八五四－一九一二），法國數學家、理論物理學家。

我爸爸的臉和我祖父的臉始終是一樣的。我甚至還記得奇怪的一幕，它是重建在一般印象的模式上。在這個記憶中，十二歲的扎扎[82]在教室裡謝謝我送了一個袋子給她，但她有著二十歲的體型和臉龐。

這些既定印象持續在一個不斷行進的世界中存在，以致儘管它們是固定不變的，卻還是會很奇特地添上一種異質印象，只是不會發生在不斷重複的日常關係中。要是我穿上我媽媽那種傳統服裝、想像她年輕時的模樣，我看到的還是一個今日的年輕婦女。而當服飾的樣式改變了，想像她穿著亮麗的黑色洋裝，她也仍屬於一個已經過去的時代。如果要我再回到我二十歲那個時候，會讓我非常不習慣，就像是被送到世界盡頭一樣。當我看著巴黎托卡德羅廣場的一張老照片（我向來喜歡托卡德羅的醜陋），我問自己，我是否真正親眼見過它？另一張一九二九年的香榭麗舍大道照片中，我戴著鐘形帽，穿著高領衫，和一些戴鴨舌帽或氈帽的男人錯身而過。在我看來，這樣的背景從來不屬於我的生活。隨著一年一年過去，我們總覺得眼前這個時刻是非常自然的存在，也模糊地感覺到過去是和現在相同的，因為我們一樣覺得過去是很自然的存在。事實上，我們後來再看到的影像是過了時的。從這個角度來看，我們把握不住我們的人生。我們的人生曾經新穎、鮮嫩，但就連這個鮮嫩也是過期的。

當艾曼紐耶爾．貝爾勒[83]在他的《希勒薇亞》寫下下述的句子時，他感受到的正是如此：「我掌握不住我的過去。我抓住這頭，我抓住那頭，但我手裡只剩下散成絲縷的爛布。一切都成為幽魂或謊言。」

「我自己都認不得我的記憶所呈現的既定印象。那人身邊陪著一位帶有梵．鄧肯[84]風格的年輕女士，開著帶有莫朗風格的藍色敞篷汽車在勒圖凱上了岸。我和這個人可有任何共通點？要是所有這些傀儡、這些幽靈構成了我的歷史，那麼我的歷史裡就沒有我。」

「一位女性朋友告訴我：『享高壽的人讓我覺得感動，因為他們身後有很長的一段過去。』不幸的是，他們並不擁有這段過去。過去不是我身後的靜謐風景，可以讓我隨心所欲在其中漫遊，漸漸地向我展現它的曲曲折折、蜿蜒起伏。隨著我的前進，它一點一點崩塌。它迸出的碎片大部分都失了顏色，都很冰冷，都變了形，我捕捉不到它的意義。它離我越來越遠，但它的憂鬱之美讓我入迷。這些碎片並不足以填滿夏多布里昂所謂『過去的荒漠』這個虛空。」

有許多事我們是沒有能力在回憶中召回它們，卻能在重見它們時認出來，只是，認出它們不一定能讓我們得到過去的熾熱。過去讓我們感動，因為它是過去。不過也因為這樣，過去往往讓我們失望：我們當時在經歷它時，它就像是充滿了未來的現在，向未來投射而去，這時它只剩下空骨架。這也是為什麼回溯過去是徒勞一場。往往我們不可能找回我們過去的足跡。和時間一樣，空間也會改變。地方變了。即使是那些表面上並無任何改變的地方，對我也不再是同樣的地方。我可以在某些城市的街道散步，像是在於澤士、馬賽、盧昂。在這些地方，我可以認出屋角的石塊，但我再也

82 編注：扎扎（Zaza），即伊莉莎白．拉克萬（Elisabeth Lacoin，一九〇七—一九二九），為波娃童年好友，後因病毒性腦炎過世。

83 譯注：艾曼紐耶爾．貝爾勒（Emmanuel Berl，一八九二—一九七六），法國記者、歷史學家、隨筆作家。

84 譯注：梵．鄧肯（Kees Van Dongen，一八七七—一九六八），荷蘭野獸派畫家。

找不回我的願景、我的慾望、我的擔心：我再也找不回我自己。要是我在這些地方提到過去的某個景象，那景象會像蝴蝶被釘死在盒子裡一樣被固定死了；當時的人物再也去不了別處。他們的關係也是毫無生氣的。我，不再有任何期待。

不只是這個過去的未來不再是未來，而且，往往在未來成為現在時，這個成為現在的未來並不符合我們的期待。我不只一次開啟了本該永遠存續的友誼；當中有些朋友的確是和我維繫了很久的友誼，有些後來則漠不在乎這份友誼，或甚至以敵意對待我。該怎麼解釋因為不合而攪亂的和睦情誼？這個和睦相處是否在某種情況下成立，卻在另一種情況下不再延續？它是建立在幻象之上嗎？它可能永遠延續下去，卻因一個誤解而斷絕關係嗎？沒有明確的答案：過去某件事件的意義向來是不確定的。不只是我們掌握不住事件的具體性，就連我們該賦予它什麼價值，我們都很猶豫，我們永遠無法下判斷。

我們珍視的人死去，會造成我們突然與自己的過去斷裂：而一個老年人，他經歷了許多人的死去。夏多布里昂寫道：「我過長的人生就像那些沿途是悼亡碑的羅馬道路。」一個親人、一個朋友死去，不只是奪去我們身邊的一個人，還奪去了我們和他們共同經歷的人生。年紀比我們大的人一旦死去，帶走的是我們自己的過去。有些六十幾歲的老年人在失去父母或是平輩的朋友時，會因為失去死者所擁有與他們相關的某種影像而感到痛苦：因為死者會吞沒他們的童年、青少年，從此只剩下他們自己保有某些年少時期的回憶。最讓老年人傷心的是比他們年輕的人死去，因為他們將自己的未來繫在這些年輕的人身上，尤其當這些年輕的人是由他所生、所養和教育。子女之死、孫子之死，對他而言是在他人生中突然留下一個大廢墟；它使得所有為這個人所做的犧牲、努力，以及寄託在他身上的希望，都荒謬地成為徒勞。我們的平輩朋友之死沒有這種劇烈的挫敗感，但它還是解除了我們以往與死者的關係。扎扎死去時，我因為太過投射於未來，而沒有為我的過去哭泣，我只為她哭泣。但是多年之後，在杜蘭[85]死後，我卻感到十分慌亂，雖然我和他並沒有親密的友誼。因為那是我自己人生的一大塊隨之崩解：他在費羅勒的住家、工作坊劇場、《蒼蠅》的排練、歡樂的晚餐（他在席間敘述他的回憶），這些都隨他而消逝。後來，我們和卡繆親近、爭吵的過去也都化為烏有；我和梅洛龐蒂[86]在盧森堡公園、在他家、在我家、在聖特羅佩見面和討論的過去也都化為烏有；還有和賈科梅蒂[87]長長的對談、拜訪他工作室的過去也都化為烏有。這些人還活著的時候，我們並不需要回憶來讓我們共同的過去仍活生生地存在他們身上。他們將過去都帶進他們的墳墓裡；靠我的回憶只能找到冰冷的幽靈。在沿著我人生路上所見的「悼亡碑」，是我被埋葬在其中。

老年人糾擾於過去和現在之間

然而，取其全體來看，過去難道不能是歡快的嗎？一生成功，難道不足以滿足一個邁入衰頹的人嗎？我們在年輕時都認為是如此。二十歲時，人生在我看來堅固無比，並且會意識到自己的價值。

85　譯注：杜蘭（Charles Dullin，一八八五—一九四九），法國劇場導演、演員，曾將沙特的《蒼蠅》搬上舞台。
86　譯注：梅洛龐蒂（Maurice Merleau-Ponty，一九〇八—一九六一），法國現象學哲學家。
87　譯注：賈科梅蒂（Alberto Giacometti，一九〇一—一九六六），瑞士雕塑家。

要是我發現了一個人和他的傳記之間有落差，我會為此感到憤慨，譬如我認為波特萊爾知道自己是什麼樣的人，其實根本不必為了一些蠢人不瞭解他而痛苦。多年之後，當沙特開始思考他在《詞語》最後所寫的，他不抱幻想的說法讓我惱怒。我倒希望他能很高興自己是沙特。這想法真是錯了！對他自己來說，他並不是沙特。即使是維克多．雨果，以考克多[88]的話來說，雨果也只有在激動時，才會「自認為是維克多．雨果」。這說法說得對極了。它指出了我們可以搬弄自己的形象，而不和這形象混同起來。在「別人從外面看著一個『成功』人士，看他的『為他存有』在外表上顯得完滿」和「這個人他自己親身經歷的現實經驗」之間，有著極大的落差。阿拉貢在他最後詩作的其中之一裡列出他承認自己人生失敗的一張明細，文評家卻指責他是在作態。他們表示：「您的人生是成功的，這您自己都知道。」他自己卻把所有的成功都影射為失敗。維尼[89]表示，年輕時的想法在盛年時實現，才是美麗的人生。好吧。但是，在我們所夢想的夢想和實現的夢想之間，有著無限的距離。馬拉美[90]在影射這件事時，說得極好：

「即使沒有懊悔、沒有失望，
從鮮花盛開中我們採集的美夢
還是留下這悲哀的芳香。」

沙特在《存在與虛無》中解釋了這個差距：「將來是不能達到的，它如同先前的將來一樣滑向過去……所以這個本體論的失落就在將來之中隨時期待著『為己』。即使我的現在在其內容方面是與我自己投身的將來嚴格同一，這也並非是我曾投身過的現在，因為我是投身於將來的，也就是說，投身於作為我之存在的聚合點、作為自我湧現之處的將來之中。」這也是為什麼我可以在《乖女孩回憶錄》裡毫無矛盾地寫下：「沒有任何人生，沒有任何人生的任何一刻，能守住我年輕輕信的心冀求的希望。」還有在《事物的力量》中，我寫道：「願望得以實踐了。」卻下結論說：「我被欺騙了。」即使「現在」符合我的期待，它還是不能給我帶來我想要的，也就是存在的完滿，而我們是永遠不能達到存在的完滿。「為己」並不「存在」。沒有人能說「我有美好的一生」，因為我們並未「擁有」一生。我一點也不認為名望是「幸福的輝煌哀悼」；事實上，名望什麼也不是，它只是別人眼裡飛逝的幻影。托爾斯泰在他八十歲生日的那天晚上，有人為他辦了一場盛大的慶生晚會，他上床睡覺時，對他女兒說：「我的靈魂很沉重。」安徒生在家鄉受到稱讚時，他掉下了眼淚說：「我的父母會很高興的！」對他父母來說，他的名望會是真實的。他會從他們眼中看到自己的名望。

的確，一個人有時會自豪地面對自己的過去，尤其是他所處的現在和他所預感到的未來讓他失望時。於是他緊緊抓住自己過去的回憶，以它作為防衛，甚至作為武器。這些讓他自傲的回憶並不

88 譯注：考克多（Jean Cocteau，一八八九—一九六三），法國作家、藝術家。

89 譯注：維尼（Alfred de Vigny，一七九七—一八六三），法國浪漫主義先鋒、詩人，也創作小說、戲劇。

90 譯注：馬拉美（Stéphane Mallarmé，一八四二—一八九八），法國象徵主義詩歌代表人物，代表作有《牧神的午後》等。

完全為他帶來和他過去享有的歡愉同樣的歡愉。

事實上，過去緊緊抓著我們。是透過過去所造就的我們，我們認識了過去。一個不滿意自己目前狀況的人，他會認為過去較好，而這使得他對現在感覺更為苦澀，這又多一個理由讓他對現在感到懊惱。因此斯威夫特在他六十二歲時，於一七二九年四月五日所寫的一封信中說：「我早上起床時，向來都覺得人生比前一天還無趣。不過更讓我痛心的是，我想起我二十年前的人生，卻一下子又跌回了現在。」福樓拜在五十四歲時寫道：「未來沒什麼好，而過去吞噬了我。這是老化、衰頹的徵兆。」三年後，他心懷苦澀地寫道：「年紀越大，過去就越深深糾擾我。」我們前面已經見到，他的外甥女破產以後，帶給他在物質上的不安全感、在社會上的名聲受辱，讓他預先有一種自己此生已經了結的感受。過去對他而言不是可以凝視的愉快之物，而是悲傷的煩擾；拿它來和現在相比較的話，他感覺自己失喪了地位，而且因為過去在他腦中縈繞不去，更確認了他現在的衰頹。

過去和現在之間的強烈對比，有可能讓人無法忍受。很少有像布倫美爾[91]的貼身侍從所提到他的這個例子這麼悲愴的。布倫美爾六十歲時住在法國，生著病、生活貧困、孤立無援，而且精神有點錯亂。有一天晚上，他請人布置公寓，彷彿他要接待客人一般。扶手椅、橋牌桌、大蠟燭（這是奢華的表現，因為他通常以小蠟燭照明）樣樣具備。他穿上了一件有金色鈕釦的美麗藍色衣服，但衣服都被蟲蛀了。他還配上一條白色的領帶，戴上一雙報春花顏色的手套，並交給侍從一張賓客名單，要他從晚上七點鐘開始，每五分鐘喊一個名單上的名字。侍從拿著一把火炬，站在門口，開始報上這些如幽魂一般的貴客名字，布倫美爾盛大地款待他們。突然，他跌坐在扶手椅裡哭了起來。

然後他又站起來，囑咐他的侍從：「去叫車。等大家都走了以後，你再去睡。」這種在現在重新經歷過去的表現，和我前面曾經提過的「往事重現」的現象很相像。布倫美爾被過去糾纏的情況有多嚴重呢？他頭腦還清醒嗎？他知道自己正在演一齣悲傷的喜劇嗎？從他侍從的敘述當中，我們可以假設他擺盪在迷惑和自我欺罔之間[92]。

會糾擾老年人的尤其是他的童年。自佛洛伊德以來，我們知道生命初期對個人的養成、對其世界的養成極其重要（蒙田也預感到這件事）。童年接收到的印象（或感受）是具有力量的，這使得這些印象不可抹除。成人不太有時間提取這些印象，因為他們忙著在實際生活中找到平衡。當他們不再有壓力時，童年這些印象會冒出來。諾迪埃[93]寫道：「大自然賦於老去的人最甜蜜的特權是，讓他能夠非常容易捕捉到童年的印象。」托爾斯泰在七十八歲時，於一九〇六年三月十日的日記中寫道：「每天，我都有一個愚蠢而悲傷的感受。向晚時分，我的心緒轉變為渴望輕撫與溫柔。我真想像在童年時一樣，被愛我的人、憐憫我的人抱在懷中，輕輕地哭著，並受到安慰⋯⋯年紀變得很小，靠近我母親，就像我所想像的一樣⋯⋯妳，媽媽，抱我、哄我⋯⋯這一切真是瘋狂，卻一切都是真的。」他母親在他兩歲的時候就過世了，他只能靠想像；不過，他這個遐想一開始是建立在回

91 譯注：布倫美爾（George Brummel，一七七八—一八四〇），英國攝政時期社會名流，男士時尚潮流的開創者，生命晚期在法國過得很落魄。

92 這則軼聞近似於伊歐涅斯柯的《椅子》。

93 譯注：諾迪埃（Charles Nodier，一七八〇—一八四四），法國浪漫主義文學的代表作家。

憶上。

盧瓦齊[94]一輩子都獻身於批評《聖經》，他曾因自己具有現代思想的理論而被教會開除教籍，後來失去了對神的信仰。他八十三歲時，在他死前六個星期，他深陷痛苦，而且有些神智不清。他開始吟唱起聖歌，以及彌撒的片段經文，就好像他還是年輕的神學院學生。他將自己比為約伯，並說起約伯的故事[95]。

孩子處在艱難的人生學徒階段。他們為許多必須克服的情結所苦，他們體會到罪惡感、羞恥感、焦慮感。我們在盛年時壓抑下來的惡劣童年回憶，老年時會再冒出來。當我們還在社會上勞動時、當我們承受社會壓力時，我們能夠築起攔壩，而當我們老年無事可做、孤立無伴時，這個攔壩會崩塌。無疑地，因邁入老年而引發的自戀創傷會減弱當事人的防衛機制，因此童年時期、青少年時期的衝突會在此時被喚醒。我母親一輩子都受到她童年時期的影響，但是到了她生命晚期，她更常帶著怨恨之心提起她爸爸偏愛妹妹。有個讓人驚訝的例子出自安徒生，雖然他並非無所事事，也非孤單無靠。他在一八五四年左右開始變得抑鬱，也就是丹麥與德國戰爭的期間。這場戰爭最後以丹麥戰敗告終，安徒生當時五十九歲。他以寫作、旅行來對抗抑鬱。他名重一時，朋友很多，他卻每天晚上做著惡夢，夢見他以前的老師梅斯林在他還是小學生時迫害他、羞辱他。他為這個自閉性記憶所折磨，讓他無法掌控過去，還將過去重現在眼前。他不是在講述他童年的故事，而是以一種神經過敏的方式重新經歷它。他被任命為國務委員，而他夢見是梅斯林給他這個頭銜，為的是要嘲諷他，並將他自己的書丟到他頭上。在一八六七年，他來到他的故鄉奧登斯時，突然心生一種「奇怪而瘋狂的恐懼感」。他想起了堅振班上的長老對他的鄙夷，想起了拉丁課上其他學生對他的嘲諷，想起了在街上追逐著他祖父的無賴，想起了他父親的譫妄和死亡。第二天，在奧登斯城為他舉行慶典時，他哭了。一八六九年，哥本哈根也為他辦慶典，這是他聲望的高峰。丹麥評論家喬治．勃蘭岱斯也寫了一本重要的書大大讚美他。但是他精神狀況更顯嚴重，這使得他的人生越來越難熬。即使是在快樂的時刻，他的內心都潛藏著焦慮，後來這焦慮轉變為事事對他而言都變得恐怖：他怕火、怕水、怕疾病，什麼都怕。在他的惡夢中，梅斯林繼續嘲笑他。他也在夢中對他以前的朋友大發雷霆，醒來時卻為此感到內疚，不禁啜泣了起來。他的《日記》裡滿滿記錄了這些惡夢。在他最後的夢境之一，因為有嗎啡的作用，他平靜地和梅斯林談藝術、談美。他如釋重負地寫道：「我們終於成了朋友。」他七十歲生日那天是快樂的一天。但隨後，他生了重病，時常昏睡，他一心只求死。「要是我得死，希望死亡來得快些。我無法再等下去，我不能像枯葉一般躺在這裡化為齏粉。」他不久就過世了。

安徒生的例子一點也不是例外。老年人的精神官能症，都根植於他們的童年或是青少年。

我們明白為什麼他們這麼樂於回到童年，這是因為童年攫住了他們。他們在童年中認出自己，因為童年其實一直駐居在他們心裡——即使有段時間他們想忽略它。還有另外一個理由是：存在是在超越自身時建立起來的。但是——尤其是在我們年紀很大時——超越自身會讓我們撞見死亡。老

94 譯注：盧瓦齊（Alfred Loisy，一八五七—一九四〇），法國神學家、教士。

95 在他生命最後幾年，他相信他自己構想出來的一個晦澀的上帝，有時會引證約伯這個主題，但是他盡可能遠離天主教。

年人試著將他的出生承擔在內（至少是他生命最初的幾年）來建立他的存在。我們在社會學上見到的這種童年和老年的結合是被老年人內化的。在要離開生命之時，他從剛離開迷濛之境的寶寶身上認出了自己。

我們也明白為什麼雖然他們回憶得起來的童年影像為數極少，卻不會讓老年人覺得氣餒。他們並不求能夠完整、嚴密地想起生命最初的幾年，而是求能重新沉浸在童年中。他們不斷回想在情感上對他們具有重要性的幾個主題；他們對叨叨絮絮地回想往事一點也不厭其煩，而是樂得沉浸其中。他們避開現在，夢想著過去的幸福，驅除過去的不幸福。一位八十六歲的老婦告訴我，晚上，她一上床就會不斷地對自己述說小時候的情景，這讓她內心狂喜不已。

老年人是藉由影像、幻象、情感的態度來內化他的過去。老年人還以另外一種方式依賴過去，那就是：由過去界定我當前的處境，並向未來開放。過去是已知，我們從它開始往未來投射，並且為了存在我必須超越它。不管對哪個年齡來說，這件事都是真的。我從過去裡得到了我身體中的機能、我所使用的文化背景、我的知識與我的無知，得到了我與他人的關係、我的各種活動、我的各種義務。所有我所做的，都落入過去中，並以「實踐─惰性」[96]的面貌落實。沙特將由人的行動所實踐的全部事物，以及與這些事物的關係所界定的人，稱為「實踐─惰性」。對我來說，「實踐─惰性」是所有我寫的書，這些我的作品目前是在我之外，我被定義為是這些書的作者：「我就是我所做的事的總和，而那些我所做的事脫離了我，我立刻成了另一個人。」[97]每個人藉著行動（praxis）在世界中實現他的客觀化，並且在世界中喪失了自己。他在世界中創造了利益；利益，是「外於我而存在於事物中的整個存在影響了如同定言令式[98]的行動[99]」。地產主人的利益，是他的地產，往往他看重地產更甚於他的生命。

我們年紀越大，「實踐－惰性」的重擔就越是壓在我們身上。這一點高茲在他的書《衰老》中就曾明白地指出。他將年輕定義為「有比較少的滯怠要去攪動」。成為一個成熟的人，即是對他人而言成了另外一個人，也就是說他人會以此人的職業來界定他。他自己自由選擇的將來，從此將來對他而言像是一種等待著他的必然；他在自己的過去中見到了異化。他的人生，即是「拖拉在其外的人生，在物之中，就像是我之外的存在，而且對我來說是失去了的」。未來的願景都僵化為石了！這種描述也適合於老年，老年的景況比盛年時更加沉重。長長的一生都凍結在我們的身後，將我們俘虜了。我們必得去做的事物多了起來，而與它們相反的一面，卻是不可能性。就像是地產主人「必須」保有他的地產；他「不能」放棄他的地產。為了瞭解老年人在面對自己的未來時，在何種程度上受到了束縛，必須看看未來是怎麼呈現在他面前的。我們會見到未來在他面前是雙重的「有限」：未來既短暫又封閉。它因為短暫而顯得更封閉，也因為封閉而顯得更短暫。

---

96 譯注：實踐－惰性（pratico-inerte），沙特哲學用語。指人在實踐自己的願景時，必然要和外部世界發生關係，也必然受到許多現實條件的制約，使得人的創造性大打折扣，而逐漸變得消極被動，從而形成「實踐－惰性」。

97 參見沙特《辯證理性批判》。

98 譯注：定言令式（impératif catégorique），康德哲學用語。以一般語言來說即所謂的「你必須做某事」，它表達的是一種不受限制、無條件和毫無例外都要實行的責任形式。

99 參見沙特《辯證理性批判》。

在跨過某一個門檻之後（這當然因人而異），老年人意識到自己受制於生物自然法則的命運：他還能活著的日子很有限。要是在六十五歲時，他感覺一年的時間很長，就像他在童年時所感覺的一樣，那麼他能合理期望自己還能活的時間其實是超過他所能想像的，但實情不是這樣。這個時限在他看來極其短暫，因為在我們人生不同的階段，時間流逝的方式也不盡相同。我們年紀越大，時間流逝的速度就越快。

對孩子來說，他們感覺時間長得很。孩子在時間中的活動是被人強制的，他們活在成人的時間中；他不會知道時間，不會衡量，也不會預測。他迷失在一個沒有開始、沒有結束的流變中。當我以我對未來的計畫來推動時間的行進、根據我的規劃來劃分時間時，我是可以掌控時間的。我每一週都是圍繞著我下午去上的課程而組織起來，於是每一天都有過去、有未來。那些我有明確日期又合乎邏輯的回憶，都可以追溯到這個時期。另一方面，當我們處在壓力中，或處在怠惰中時，時間則過得拖拖拉拉。不過，孩子因為他們體力較弱、較情緒性，並且因為神經系統較脆弱，他們很快就會覺得累。六十分鐘的閱讀，對五歲兒童比對十歲兒童來說更費力也更久，對十歲兒童則比對二十歲的人來說更費力、更久。要跨越的時間很長，注意力很難集中，這種狀態下要度過一整天並非毫無困難。最後特別是，當這時世界還很新，世界在我們身上產生的印象還很清新、鮮明，而我們是按照時間內容的豐富性來估計時間的長短，因此跟習慣使得我們變貧乏的時期比起來，童年的時間顯得比較長。叔本華寫道：「童年時，事物與事件顯得很新，使得一切都刻印在我們的意識裡。

一天長得看不到盡頭。基於同樣的理由，度假一個月會讓我們覺得比在家裡四個月還來得長。」[100]

伊歐涅斯柯寫道：「我還記得在市立小學十五分鐘的下課時間。十五分鐘！這時間真是長、真是飽滿。我們有足夠的時間去想要玩什麼遊戲、玩起遊戲、結束遊戲，並且還有時間開始另一個遊戲……但是『明年』只不過是一個名詞；即使是我想到明年還是會來，但是在我看來它是如此的遙遠，根本不必要去想它。它長得就像永恆一般遙遠，就像明年永遠不會來到一樣，直到明年真的來到。」[101]

離開童年以後，空間緊縮、物件變小、身體變強壯、注意力增強，而且我們會依照手錶、日曆的時程行事；記憶增長起來，同時也更精確。然而，四季或是美好、或是可怕地繼續緩慢嬗遞。在我十五歲時，我一邊翻閱著我的新課本，一邊覺得度過了一個學年是一趟偉大而激動人心的探險之旅。後來，開學讓我落入沮喪，因為我對自己說，我永遠過不了這十個月，而這十個月我還得住在我們悲哀的公寓裡。

但是，一旦我努力讓自己不再沮喪，展現在我眼前的廣闊未來激奮了我：還有四十年、六十年好活，這簡直是永恆，因為一年的時間在我看來是這麼長。

100　這種在度假時時間顯更長的現象，法國民族學家喬治・康多米納在《異國情調是日常》中寫道：「旅行中的一天在記憶裡佔據了一個『空間』，這個空間比我們待在家裡一天來得更遼闊。尤其是在來到一個我們完全陌生的國度……不斷地吸收、浸淫在這個新的世界中，這樣度過的時間超越了時間可丈量的、天然的進程。旅行中的事件讓我們的記憶如此印象深刻，以致記憶有點像是慢速放映的電影。在記憶中重建的時間是真實時間的放大。」

101　參見《日記隨筆》。

年輕人和老年人對時間的估量不同。這種對時間估量的差異，理由不只一個。首先，必須注意的是，我們都有整個人生在我們身後。不管在哪個年紀，人生都縮減為同樣的規格。從遠處來看，二十年等於六十年，這意味著衡量時間的單位是可變的。要是一年等於我們五分之一的年紀，那麼和一年等於我們五十分之一的年紀比起來，這一年顯得長了十倍。顯然，這裡這樣的計算並不明確，只是一個即時的印象。再者，年輕人的記憶是以鋪展在廣闊空間裡的豐富細節，將過去一年呈現給他們，他們也認為來年會和今年一樣長。相反地，當我們老了以後，能讓我們感到訝異的事物很少。時間能帶來的新事物很少。我們對此不必再多談。對我而言，一九六八年被歸納為幾個日期、幾個模式、幾個事件。一九六九年對我也是一樣貧乏。我才在十月回到巴黎，一下子就到了七月。

其中還有另一項因素：我知道在十二個月之後，我還會是和今日的我一樣；但在二十年之後，根據沙特的話來說，「做自己，是回到自己」。我們期待著世界和我們自己。我們每一年被帶進一連串的新穎事物中，不管它是令人陶醉或是令人害怕的，這總會讓我們起變化。我們在即將到來的未來中預感到了類似的動盪變化。即使是藉由未來的願景、即使是藉由回憶，我們仍不能牽制時間，因為時間將我們從我們自身中拔除了出來。要是一開始「我」是我即將成為的他人，那麼就沒有人有能力讓時間延續其單一性。數不清的距離分開了這兩個陌生的人：至少他們想像彼此是分開的。

如果說讓我們想起童年的情感記憶是如此寶貴，那是因為它讓我們在這短暫的一刻中擁有了無限的未來。一隻公雞在有著石板屋瓦的村莊裡鳴叫，我在沾著白霜的潮濕草地上行走，這突然像是來到了梅里尼亞克[102]，我的心被重擊了一下；這一天無限地鋪展開來，一直持續到遙遠的黃昏。「明天」只是個空洞的字眼；我擁有了永恆。

但並非如此；我又回到了那個年日迅速過去的時光裡。我可以拿伊歐涅斯柯的話給我自己用：「我到了那個一個小時只值幾分鐘的年紀，我到了甚至連十五分鐘流逝都沒意識到的年紀。」

為了找回童年那種綿延的時光，最好的方法是旅行。伊歐涅斯柯也是這麼認為：「自從我意識到這件事以後，每天，我試著將自己固著於穩定的事物之上，我絕望地試著找回一個現在、駐居在現在、擴大現在。我為了找回一個完好無損的世界而旅行，這個世界是時間抓取不到的。事實上，兩天的旅行，認識一個新城市，減緩了事件的匆忙。兩天在一個新國家，抵得上我們在習以為常的地方待上三十天。待在習以為常的地方，時間因受到耗損而顯得短、因出於習慣而遭損害。習慣磨平了時間，我們滑行於時間之上，就像滑行在打蠟打得太光滑的地板上。一個新世界、一個永遠常新的世界、一個永遠的世界、永遠的年輕，天堂也就是這樣。速度不只是像地獄般地讓人受不了，它就是地獄本身，它是加速墮亡。過去曾有過現在、曾有過時間，但現在不再有現在、不再有時間，墮亡呈幾何級數的進程讓我們墮入虛無中。」[103]

矛盾的是，這個地獄般的速度並不總是能讓老年人不無聊。事情正好相反。不管在哪個年齡，

102 編注：梅里尼亞克（Meyrignac）為波娃父系家族的鄉村莊園，地處於澤士近郊，她對在此處度過的時光擁有美好、深刻的回憶。

103 參見《日記隨筆》。

我們都有這樣的經驗：讓我們討論很長時間的旅行，過程其實一眨眼就過去了，因為旅行迷住了我們，讓我們不斷地屏住氣息。日常生活幾個星期的時間在回顧時顯得很短，因為我們把其中經歷的全都忘了，但在我們真正經歷這段時間時，是一個小時拖著一個小時過，感覺沒完沒了。

日復一日，我們經歷時間流逝的方式，要看我們在這段時間做了什麼。但要是老年人預見時間在未來以其純粹的形式流逝，對他們來說這樣的流逝方式是極其快速的。

老年人和兒童、青少年對時間的看法徹底不同的一點，在於老年人發現了時間的有限性，而在他生命之初，他是忽視這個的。在他生命之初，他見到了繁多而遼闊的可能性，讓他覺得這些可能性是無窮無盡的。他投射而去的未來無限地擴張起來，以便迎接這些可能性。今日的年輕人很早就明白，社會預先為他們安排好了將來；但有很多人夢想著逃離社會體制，甚至摧毀這個體制，這能開啟他們無邊的想像力。到了那一天——那一天來得毋寧算早，會根據他們所屬的社會階層而有所不同——他不得不重複自己的人生，他被封閉在一個職業裡，看著自己的宇宙變得窄小，他對未來越來越沒有願景。

不過，成年人還擁有足夠多的時日來採取行動，期待能夠改變世界，或是改變自己個人的人生：未來還充滿了希望，這樣的未來他還看不到終結。而老年人知道自己的人生已經完成，而且他不能重新開始人生。未來再也不是充滿了指望。他的未來縮減，所剩的時間不多。事實上，人類的實在性是受到雙重有限性的影響。一是隨機偶然的，是事件的結果，也就是說存在有其終結，這終結是從外在而來的。另一則是「為己」的本體結構。老年時，這兩種有限性一起顯示，並且彼此互相揭示。

由於預期壽命有限，要是我有二十歲的身體和精神狀況，隔著我擁有的許多對未來的願景來看我的終期，這終期在我看來非常遙遠。要是我能擁有一百歲的壽命和良好的健康狀態，我便能投入新的計畫中，起而征服未知的領域。我不會覺得自己是孤立無援地被封閉在我之中。不過，我還是錯了：延長生命並不能讓我避開有限性。即使長生不死，也不會改變有限性這個事實。沙特寫道：「即使人是長生不死的，人類的實在性仍然是有限的，因為在選擇為人的時候，我即形成了有限……自由的行動本身，就是對我的有限性之假定與創造。如果我形成我，我是把自己形成為有限的，因此我的生命就是單一的了。」[104]我人生的開端就此永遠成為不可改變的，這是我永遠必須超越的某個過去：沒有什麼能夠讓我不是我自己。老年人不得不接受下述這種雙重的確定性：他的日子即將走到盡頭，而且他逃不開自己。

因此，從盛年到老年，未來的品質會起變化。六十五歲的人不只是比四十五歲的人多二十歲；我們將四十五歲的無限未來（我們總傾向於將未來看作是無限的）換成了六十五歲的有限未來。從前我們認為前景是無邊無際的，現在我們則見到了界線。夏多布里昂在回憶他遙遠的過去時[105]，寫道：「過去當我在夢想時，我的青春就在我眼前；我可以跨著大步往我尋找的未知之物走去。現在我只要一跨步，就會碰觸到界石。」

---

104 參見《存在與虛無》。
105 參見《致赫卡蜜耶夫人的信》。

面對有限時間和變動世界的因應

有限的未來、僵固的過去，這即是老年人遭逢的處境。對許多人來說，這樣的處境使得他們的行動受阻。他們所有對未來的願景不是已經實現了，就是已經放棄。他們的人生關閉了起來；沒有什麼事需要他們，這等於是他們沒什麼事好做。這就是米榭爾・萊里斯[106]在他的《刪除》獲致成功以後發生的事。他在《小纖維》中寫道：「我似乎覺得我的人生達到那可怕的最高點了。屬於我的這個人生的晚期，有點像我在佛羅倫斯最後的幾日。就像我們把這托斯卡尼的首府上上下下參觀透了以後，還剩幾處零碎的地方要去參觀，我的餘生也只剩下零碎的幾件事要去做。」在同樣這本書中，他解釋了為什麼他的未來是如此不樂觀：「當被死亡或衰老抹除不再被看作是命運，而是等待著它像準備襲擊你的惡，有時（我的情況即是如此）這甚至會讓我們失去著手進行某項計畫的慾望；我們衡量著自己擁有的有限時間，被勒緊的時間——這被勒緊的時間，跟我們從前擁有的時間是毫無關係的，從前我們不會想到缺乏時間來發展我們的計畫——而這扼殺了所有投射於未來的衝動。同樣地，即使有人像我一樣習慣了現有的狀態，每天還是很痛苦地知道晚上——從今而後被疲憊和睡意所閉塞——不再會是過去那個永遠開敞的時間，而人在那個開敞的時間裡是不會因為愛、因為耗費生命而變衰弱。我覺得，那個從無限存在過渡到有限存在的人，是活在另一種停滯裡，而我會這麼想，是否因為我比另一個人頭腦更清明、更脆弱，或者是更專注於我自己……對抗老年有限存在的最後辦法，就是能夠掙開束縛的藝術與詩。但是，把藝術與詩看作是減緩老年匱乏的辦法，這不是很可悲嗎？」

事實上，以他的情況來說，根植在他內心深處的寫作計畫讓他抵擋住了這個危機。萊里斯的這個焦慮甚至提供了他新的主題，寫下了《小纖維》這本書。但是有時，基於健康的理由，或是因為外在的困難，老年人的沮喪是改變不了的事實：或者是他再也不知道能做什麼，或者是他放棄了去做的想法，因為他認為自己沒有足夠的時間好好做。

然而，也有些情況是，從過去而來的「定言令式」保有了它們所有的力量：工作必須執行，作品必須完成，利益必須維護。於是，老年人以一種帶著焦慮的激烈態度，跟不留給他任何喘息餘地的時間作戰。貝杭森在七十歲時寫道：「我最痛苦的經驗是：在接近老年時，我失去了一切休閒的概念。」更讓人痛苦的是，沒有能力達到自己一直想完成的目標。我們在前面已經見到帕皮尼為了自己無法完成他一生的代表作《最後的審判》而悲痛不已。

我們可以將自己未來計畫的目標設定在我們死亡以後。我們都知道，大部分的人都非常看重遺囑的安排，非常看重怎麼履行他們的遺願。在重複性的社會中，歷史進程緩慢，一個人不只擁有他個人的未來，也擁有他所處世界的未來。他期望他的工作成果能在這個世界長存。於是一個八十幾歲的老年人會樂得建造房舍，甚至栽種植物。當大部分的活動（不管是農耕、手工藝、商業或是金融）具有家庭式的性質，並且是處在一個經濟穩定的社會中時，做父親的可以指望他的孩子繼續他的工作，而且以後還會傳給他們的後代。這樣便可避免「觸及界線」：具體代表了他的地產、商號會永

106 編注：米榭爾・萊里斯（Michel Leiris，一九〇一－一九九〇），法國作家、人類學家，曾加入超現實主義運動。

遠地傳承下去。他會繼續存在，他耗的力氣沒有白費。

在今日，老年人再也不能抱有這種永續的指望。歷史的進程加速，它會在明日摧毀我們昨日建造的。老年人種的樹會被砍伐。家庭的結構幾乎到處都瓦解了。小公司要不是被大企業吞併，就是倒閉了。孩子不會接續父親所做的，做父親的也知道這件事。父親一旦死去，地產會被棄置、資產會被賣掉、貨品會被清空。他所完成的事、構成他生命意義的這些事，也和他本身一樣受到了威脅。要是他深愛他的孩子，要是他贊成孩子自己走的路，他會很滿足地認為自己將在孩子的身上延續。但是鑒於世代之間通常有鴻溝分隔，父親延續到孩子身上的情況越來越少見了。最常見的情況是，做父親的不會在孩子身上認出自己。他整個人被虛無佔據。

今日的社會不僅沒有幫助老年人對抗他受制於生物自然法則的命運，以保證他死後有未來，甚至在老年人生前便將他拋在過時的過去中。加速進行的歷史，深深地顛覆了老年人和他工作之間的關係。我們可以想像，老年人在過去的時日中累積了一項財寶，那就是經驗。就像起了石化作用的水泉所浸沒的枝幹上被棄置的結晶，某種技術訣竅、某種處世之道（這些是不會寫在書裡的）漸漸地沉澱在一個人的身體和精神裡。黑格爾哲學就這個想法提出了理性的理由：每個過去的時刻都包含在現在這個時刻中，而現在這個時刻有必要預備著一個更為完美的未來，就連失敗本身最後也能用以改善未來。老年是持續發展的人生最後的一個階段，按理說，它應該是存在最完美的頂點，但事實上，情況不是如此。人生的進展時時受到計畫破滅所摧折，而這些實際上是我們的「實踐—惰性」計畫。存在在每一刻整全起來，但是這個整全從來沒完成：「人類的行動是全部，同時也是全部的撕裂。」[107]這也就是為什麼我們人生的行進並非穩定的進程，而是如蒙田所言，是搖搖晃晃的進展。聖伯夫[108]指出：「我們在某些位置上變硬，我們腐爛了另一些位置，我們永遠也不會變成熟。」老年不是我們人生的「加總」。時間給了我們世界，同時也竊去了世界。我們從中學習，也從中遺忘，我們變得充實，也變得貧乏。

莫里亞克在八十幾歲時寫道：「沒有衰退、沒有失喪、沒有富足：一切都一樣，老年人就是這麼看自己的。別跟他說人生得到了什麼。在這麼多年時間裡大量湧向我們的物事，我們卻只記得少少的，這真是不可思議。事情全都變得模糊，或是被遺忘了。但是一些想法又如何呢？五十年來的閱讀，還剩下些什麼呢？」

當經驗是長時學習的成果之時，經驗是有價值的。某些技術、某些職業有一定的難度，需要花一輩子的時間才能真正做好它。我們前面已經見到，體力勞動者靠著經驗成功地緩和了身體功能的衰退，讓他能夠如常投入工作中。就智力而言，赫里歐[109]曾說：「文化，是我們遺忘以後所剩下來的。」事實上，是有一些東西剩下來，像是重新學習我們已知事物的能力、工作的方法、避免犯下錯誤、避免去做有害的事。在許多領域裡（哲學、意識型態、政治），老年人具有年輕人所沒有的綜觀事物的能力。也就是說，他們能在事物的相似與不同之間觀察繁多客觀事實，以便估量一個特

107　參見沙特《辯證理性批判》。
108　譯注：聖伯夫（Charles-Augustin Sainte-Beuve，一八〇四—一八六九），法國作家、文學評論家。
109　譯注：赫里歐（Edouard Herriot，一八七二—一九五七），法國政治家、作家。

別事件是重要或不重要。他們能讓例外回歸正軌，或是給例外一個獨特的位置，讓細節回歸整體，忽略小事以表達整全的想法。有些經驗只有老年人才有，那就是老年的經驗本身。對此，年輕人只有含糊、錯誤的想法。必須活得夠久才能對人的處境有正確的認知，才能對事情是怎麼回事有個概括的看法；於是，只有老年人能夠「預見現在」，這是政治人物的任務。這也是為什麼，從歷史上來看，我們往往將政治權責交給老年人。

然而，只有在重複性的社會中，或者至少是在穩定的社會中，年紀會被賦予「資格」。在不變動的社會中，老年人如果力求進步，是會比起步比他晚的人走在更前面。但在今日變動的世界，事情卻不是如此。被納入社會發展中的個人發展，這兩者不是同步進展的：這個落差對老年人造成了損害，使他必然落後於他的時代。為了趕上時代，他必須不斷從越來越緊緊囚禁他的過去中拔除出來，但他的腳程很慢。然而，人類不是一塊僵化的大石；年輕人在面對是老年人重擔的過去時，他們是自由的，他們接了老年人的班，直到輪到他們被「實踐—惰性」的重擔壓垮，讓更年輕一輩的人來取代他們。個體沒有能力配合這個不斷產生新計畫的進程。他總是落在後面。在世界不斷改變之時，他仍然保持原樣：他勢必會過時。

就知識的領域而言，人也未免要落後。從我自己的例子就能很清楚地看到這一點：從我二十歲以來我學了很多知識，但是一年一年過去，我相對地變得更無知，因為各方面的知識都有許多新發現，變得更豐富，儘管我努力讓自己保持靈通（至少在某些領域裡），但是我不知的事物只有變得更多。

為了更清楚瞭解這種「被排除於其外」的過程，必須放棄泛泛的概述，並在每個不同活動中考量其特殊性。不過，首先要注意的是，當老年人要介入社會的進展時，他總不免落在後面；但在作為一個消費者時，他則毫無顧忌地自進步的技術中得益，熱情地加以迎接。一向不喜歡新事物的托爾斯泰，卻對留聲機和電影非常讚嘆；他甚至想為電影寫劇本。他去看了賽車，也希望去看看飛機。安徒生在六十五歲時很開心交通十分迅速：從前穿越瑞典要一個星期，現在則只要二十四小時的時間。他對此表示：「我們這些老人忍受了過渡時期的不快，跨足在新舊兩個世代，但是這很有意思。」威爾斯在七十歲時熱愛各項現代的發明，尤其對電影很感興趣。在莫杭研究的波洛德梅小鎮中[110]，有些殘疾、生病、衰弱、遭人遺棄的老年人，他們說自己只配像狗一樣看守家門。另有一些人，雖然身體健康，卻封閉在過去裡：他們不識字，他們拒絕自來水、瓦斯和電力。其中有一個人說：「要那些幹嘛呢？那不是屬於我們這個年紀的。」不過，大部分人都會讚嘆現代生活的便利。一位八十歲的細作木匠說：「我們什麼都會看到，從腳踏車的發明到登陸月球。」他們都還記得第一次看到汽車、飛機時的訝異心情，燃油暖爐、電視也讓他們陶醉不已。在他們眼中，過去是一段野蠻時期：「一百年前，啊，是啊，那時代真是野蠻。現在我們變文明了，至少大家都會讀書、會寫字。過去，窮得不得了，現在我們則舒服了。」他們讚嘆年輕人會用機器和無線電探測器去捕魚。他們都很主觀地為在客觀上進步了的世界感到驕傲。在他們的利益、他們的過去、他們的活動不受到質疑的範

110 參見《法國小鎮》。

圍內，不會有任何衝突和對抗把他們和全體人類分開來。他們很高興在全體人類中認出自己。人類的進展是一齣美妙的戲，他們隔著距離欣賞它，而他自己一點也不覺得受到質疑。

波洛德梅小鎮裡，在不再勞動的高齡老人與還在工作的五、六十歲老年人之間，他們的態度有極強烈的對比。後者和他當前的時代起了衝突，因為他經濟上、意識型態上的利益遭受當前時代的危害。他們反對農耕現代化。當前時代要求他們投入學習中，而他們對學習新事物抱著反感；他們習慣於構成他們人生的老一套常規；他們不願放棄他們經驗所帶來的成果，不願意在更擅於操作新工具的年輕人面前處於下風。很多人就是頑固地拒絕當前的時代；而他們的孩子都要到城裡工作，老父親便感覺受到背叛。一名五十五歲的農民說：「有多少老父母眼睜睜看著他們的孩子離家！老父母一輩子盡力建立起一點什麼，到頭來，卻沒有人能夠承接！」[111]

我在一九六八年十月分的一期《法蘭西晚報》裡記下了這則社會新聞。多明妮克說道：「院子裡發生了爆炸。我公公殺了我們的牧羊犬沃爾夫。我的丈夫尚打開門，他爸爸突然冒出來，手裡拿著一顆手榴彈。尚撲到他身上，兩人扭打起來。手榴彈掉到地上，引爆了。」亞伯特・胡澤，六十五歲，他是席奈（位於科多爾省境內）的農夫，深受神經衰弱症所苦，昨天決定殺了他全家，首先便是殺了他二十五歲的兒子尚。他怪兒子以現代化技術來經營農場。他說：「在我那個時代，我們得早起準備一天的工作。我們不需要浪費所有的錢去買機器來耕作。」結果父子兩人都在手榴彈爆炸時炸死了。

然而，以農民的例子來說，在現代社會中，在忠於過去的經驗和接受新技術之間，我們是可以選擇的。而在其他領域，像是老工匠、老店主，在工業、商業的發展下，他們沒有出路。十九世紀末，大型商場的出現使得眾多小商店倒閉關門。左拉描寫的《婦女樂園》便是他們的故事。他描寫了老一輩的人絕望地抵抗讓他們失去所有的未來新景況。臉色蠟黃、頭髮斑白、頗有權威的鮑狄是一家店「老艾伯夫」的老闆。「老艾伯夫」是家百年老店：它的天花板很低，深深的櫥窗漆黑而滿布灰塵；它對面就是一家富麗堂皇的大商場，這家商場把布幔擺在發亮櫥窗裡似乎在嘲弄鮑狄。當他初上巴黎的姪女看見他時，他站在自己的店門邊，眼裡充血，嘴巴緊綳，憤怒地凝視著「婦女樂園」的櫥窗陳列。老式商店——因經久使用而被磨得光滑的橡木櫃臺、有堅固金屬鉸鏈的儲物櫃、成堆暗沉的貨品一直堆到托樑——幾乎再沒有客人來。鮑狄滿心憤怒、滿心怨恨。他看著他姪女答應去工作的大商場，不停地哀嘆道：「啊，我的天！啊，我的天！」他憤慨地預言大商場終有一天會倒閉；一家新穎的商店不應該東西亂賣一通，那裡真是「大雜燴」。「用不專業的店員來賣皮裘，真是蠢透了！」他不能接受他這輩子經歷的傳統受到了顛覆。他憂心如焚。從前，他的老商店是街區裡生意最興隆的，他為此得意得很。如今，他的老商店和左右鄰舍的店家一樣都傾頹了：「這是慢慢的死亡，幾乎讓人感受不到它來到，生意漸漸地緩下來，客人一個一個不上門了。」

「婦女樂園」生意蒸蒸日上，鮑狄不得不承認：「他們成功了，算他們走運！我抗議，就這樣，沒什麼好說的。」為了支付到期的債款，他賣掉了他在鄉下的房子。破產的他整日抱怨新時代：一

---

111 我在討論「社會問題」那一章裡談過這個衝突。

切都崩潰了，家庭也不存在了。同時，他感覺自己被打敗了，受到了羞辱：「意識到自己的失敗，奪走了他從前作為受到敬重的一家之長的信心。」到最後，「婦女樂園」要給他一個職位，但是他拒絕了，將自己封閉在絕望中。我們在這裡看到了生物時間和社會時間之間的關係。要是鮑狄更年輕一點，他也許會希望能夠改變做生意的方式，他也許還有改變的能力。但實際上，他未來僅剩不多的時間，以及過去壓在他身上的重量，都堵住了他的出路。他自己所認同的現實，是他的生意。生意一旦倒閉，他就什麼都不是，餘生等於是等死。直到最後，他還是對自己以外的世界視而不見，他暴烈而頑固地拒絕新世界，只回想著他過去曾經如何。今日還是可以看到類似的悲劇。當大商場開設在小市鎮時，一些小商店會因此倒閉。在資本主義國家中，資本集中使得這種現象更為常見。

有很多工作，時間的流逝並未使從事此工作的人失去資格，但它還是會影響這些人。我們在前面已經見到，工人、雇員、幹部、公務人員到某個時候會從職場上退休。醫生、律師等這些從事自由業的人在邁入老年時，我們的社會對待他們的方式很模稜兩可。就醫生而言，這樣的態度特別讓人訝異。有一段時間，醫生的年紀使他更有價值，大家認為他經驗豐富。大家偏好有長期執業經驗的醫生，勝於初出茅廬的年輕人。後來，這樣情況翻轉了。大家這時候認為老醫生衰退了，生理上不勝負荷，因此他失去了許多能力。尤其是，他有一種落後於時代的形象。大家猜想，他對醫學新知再也不知情。大家不再去看老醫生，他的診所空蕩蕩。幾乎在每個領域都有這樣的現象，即使他沒退休，也還有做事的能力，但因為大家對老年人抱持著偏見，他便被迫失去工作勞務。

在需要大量體力的職業中，生理上的退化具有決定性的影響力。退休下來的運動員即使還年輕，也不再參加體育競賽。他往往會在自己原先的領域中尋求不同的職位，像是滑雪冠軍會成為滑雪團隊的教練，職業拳擊手會成為拳擊隊的經理。同樣地，他們往往也會在完全不同的領域中尋求新的人生，像是拳擊手卡爾龐提耶開了一家酒吧，滑雪運動員基利賣跑車，滑雪運動員瑪希愛勒・郭緒薛拍電影。他們事先預見了自己的人生會有斷裂。然而，他們當中還是有許多人很難尋得新人生，而且性格變乖戾。對舞者、歌手來說，他們的職業生涯也有類似的斷裂：舞者會失去身體的柔軟性，歌手的聲音會改變。他們當中很多人會改而教導他們過去從事的藝術；他們因此不無挫敗感地處在過去的世界中，但透過學生的進步，他們仍能保有超越性。其他人或是出於不得不，或是出於選擇，則完全退休下來。演員的前途要看他們的容貌、聲音的改變。有些人選擇不承認這個改變，像是我便看到法國劇場及電影演員德・馬思，他到八十歲時還扮演年輕尼祿的角色。要是演員是位「傳奇人物」，觀眾會讚賞他的執拗，像是八十多歲的莎拉・伯恩哈特帶著一條假腿演出拉辛的《阿達莉》時，便受到觀眾的激賞。大部分時候，演員得改換職業，因為舞台劇裡沒那麼多老年人的角色，電影裡就更少了。在劇場裡，要是台詞很多，就怕老年演員的記憶力不足。同樣地，老演員也在離自己本行不遠的領域裡尋找新職位，但是他們的出路很有限。大部分的老演員都被迫退休，被迫處於窮困中。歌舞餐廳的歌唱藝人是特別有利的一群，因為大家不要求他們在技巧上創新，而且他們可以依自己的可能性表演節目。甚至年紀大本身就有可能構成吸引力，像是八十歲的莫里斯・雪佛萊，他的獨唱會就是一大成功，究其原因，大半是因為他已經八十歲了。不過，這還得身體健朗，而且有能力讓喜歡新奇的觀眾長年喜歡他。音樂演奏家，像是鋼琴家、小提琴家、大提琴家，雖然他們的身體扮演重要的角色，但他們是最能夠克服老年衰退的。有時直到八十歲，他們仍保有才華和聲望。這意味著，他們沒有什麼病損害他們高超的技巧，更意味著他們不斷在練習。如果說就生物學而言，他們頂得住時間，就社會而言，老化也沒磨損他們，因為大家只要求他們表現自己已有的才華。而且有時他們會在年事已之高後超越自己，靠的是他們對自己詮釋的曲目有越來越精純的見解。

老年科學家的創見受限

和其他人比起來，腦力工作者較不受生理衰頹的影響。他們當中有些人在社會中享有特別的自主權，這些人就是那些具有創造能力的人。這樣的人數不多，但是他們擁有特權的處境使他們成為揭露下述景況的人：當老年人擁有極大機會的時候，他有什麼具體的可能性？在智識、藝術的各個領域中，年紀和創造力的關係為何？還有，我們如何理解這個關係？

一名科學家在他老年時有所創造發明的情況是極少見的。歐拉[112]在他七十一、七十二歲時在數學上還有重要著作。伽利略在七十二歲時，還補充了他最出色的著作《新科學對話》內容，七十四歲時寫了《數學的論說與論證》。布豐在六十七歲到八十一歲之間寫了他的《自然史》最後七卷，這是他最傑出的作品。富蘭克林在七十八歲到八十歲之間發明了雙焦眼鏡，並研究鉛中毒。拉普拉斯[113]在七十九歲時完成了《天體力學》。赫雪爾[114]到八十歲以後仍然提交重要的報告給英國皇家學會。邁克生[115]在七十七歲時，發表了他和另一名物理學家莫雷所做的光速測量實驗。高斯[116]、巴夫洛夫[117]老年時仍在繼續他們從年輕時即投入的研究，並獲致進一步的成果。然而，這些人是例外。

雷曼那本試著在年紀與人類的智性活動之間建立關係的《年紀與成就》[118]一書中（這本書參考了希勒狄緒教授的《化學簡史》），指出了在化學上最重要的發現都是由二十五歲到三十歲之人完成的，有最多發現的是三十歲到三十五歲。在九百九十三件化學的發現中，只有三件是由超過七十歲的老年人貢獻的。就物理學而言，最佳的年紀是三十到三十四歲；就天文學而言，是四十到四十四歲。雷曼特別指出，愛迪生雖然一輩子都非常有創造力，但顛峰期其實是在他三十五歲時。活了一百零三歲，而且到老都還在工作的謝弗勒爾[119]，他最重要的發現是三十七歲時針對動物脂肪的研究。

在數學領域，到了老年才有所創見的例子尤其少見，但有一個極為鮮明的例外。埃利・卡爾

112 譯注：歐拉（Leonhard Euler，一七〇七—一七八三），瑞士數學家、物理學家，是近代數學先驅之一。

113 譯注：拉普拉斯（Pierre-Simon de Laplace，一七四九—一八二七），法國著名的天文學家、數學家。

114 譯注：赫雪爾（William Herschel，一七三八—一八二二），英國天文學家，人稱「恆星天文學之父」。

115 譯注：邁克生（Albert Abraham Michelson，一八五二—一九三一），波蘭裔美國籍物理學家，獲頒一九〇七年諾貝爾物理學獎。

116 譯注：高斯（Carl Friedrich Gauss，一七七七—一八五五），德國數學家、物理學家、天文學家，是歷史上最重要的數學家之一。

117 譯注：巴夫洛夫（Ivan Pavlov，一八四九—一九三六），俄國生理學家、心理學家、醫生，獲頒一九〇四年諾貝爾醫學獎。

118 涉及藝術和文學領域時，雷曼的統計方法則顯得很荒謬。在科學領域中，要處理發明的數量和重要性顯得較容易。

119 譯注：謝弗勒爾（Michel Eugène Chevreul，一七八六—一八八九），法國化學家。

坦[120]在六十七歲時發表了和他過去的作品比起來有全新創見的論文，並在數學史上立下了里程碑。他解決了他自己在二十八歲時提出的問題，這些問題就連最偉大的數學家也提不出解答。還有另外幾個這一類的例子，但實屬少數。老年數學家提不出創見是這麼的廣為人知，以至於布爾巴基合作者協會[121]不接受五十歲以上的成員。

科學家的老化並非屬於生物機體的層次。他們不是工作過度、神經耗損、腦力疲乏；他們當中有些人直到生命末期仍保有健康的身體。過了某個年紀之後，他們為什麼不再有新發現呢？

為了回答這個問題，首先必須瞭解一個人決定獻身於科學時所做的選擇。他研究的對象，是透過符號和抽象的概念來捕捉其普遍性，這使得他必須具有普遍性的觀念。他必須翦除自己的主觀性，以便依據對所有人都是有效的理性系統來思考。ㄌ即使他是獨自一個人工作，他也不是孤立的。他參與了集體的工作，這項集體工作的進展匯集了各方人馬的努力。不過在今日，他通常是隸屬於一個團隊，這團隊中每個人都覺得自己和別人是一樣的。科學家不是冒險家；他繼承了先驅者的研究成果，他所走的路有部分已經開闢好了，其他的研究人員也會陪伴他走在這條路上。他們會遇見同樣的障礙，有時他們會在不同的地方同時發現克服障礙的方法，因此整個科學界都做好了某個個人會有所創見的準備。的確，儘管研究人員自己不想要如此，受制於研究對象的他們都是獨特的人：他們對事物有自己的見解；他發揮想像，做出自己的決定。這便能解釋為什麼他們有時會從群體裡嶄露頭角，有創新的想法。

但是，以普遍性為基準的科學使得這種靈光一現的創見稀少而短暫。我們可以明白這種靈光一現的創見往往只發生在年輕人或是剛邁入盛年的人身上：科學家能全盤掌握他學有專精的知識；他在以全新的眼光來領會這知識的同時，發現其中的缺失與矛盾；他認為自己有能力加以補救，因為他有一輩子的時間來校正他的錯誤，以讓他預感到的真理得到成果。接著，他必須極度認真地工作，才能讓他的發現有結果，才能驗證這些結果、組織這些結果。然後這個研究成果又屬於群體所有，因為不一定是有這個創見的人最有資格來把這項研究做到最好。往往，他是這個時代、這個想法的貢獻者，而科學的發展必須有新的斷裂、新的出發點[122]。

一位五十五歲的大數學家對我說，和他年輕時比起來，他這時讀數學著作來得更容易，也更有收穫；他的理解力、經驗、綜合的能力都變強了——但是他的好奇心變鈍了。在他二十五歲時，以為未來無限漫長，幻想著要瞭解數學所有的分支領域。而現在，他只讀涉及他專精領域的著作，並甘心於對許多分支領域無知。他對我解釋，今日的數學中，各分支領域是如此的專門，不同分支之間的知識差別巨大，以致他比較容易跟得上生物學的博士論文答辯，不懂他的數學同僚所開的另一門對他而言是陌生分支領域的課。他認為，一個研究人員如果一直做研究，在很長一段時間內，他其實仍然可能會有新創見；但是他被「認識論障礙」所妨礙，而這是年輕人不會有的。在今日，

120 譯注：埃利．卡爾坦（Elie Cartan，一八六九—一九五一），法國數學家。
121 譯注：布爾巴基合作者協會（Groupe Bourbaki），二十世紀的法語國家數學家於一九三五年創立的團體。
122 我提過的那些例外，幾乎都是在科學家獨力工作的時期；這當中某些到老年時才有的發明創見，幾乎都是以簡陋的手工操作完成的。

像埃瓦里斯特．伽羅瓦[123]這樣的人是不可能存在的，因為要精通現代數學的豐富知識，必須是在二十五歲到三十歲之間。這樣的年紀最有利於有所創見。再晚一點，我們在心理上往往會被卡住。當我們知道沒人能夠證明某個定理是真實的或錯誤的，而我們自己也白費力氣投入其中時，我們會認為在這條路上繼續頑抗純粹是浪費時間，決定就此罷手。十一年前，他便處在這種情況下。後來，有位俄國數學家告訴他說自己解決了這個問題。於是他又重新投入原先放棄的研究，心裡知道有可能找到答案。這次他再也不罷休；他將他熟知的其他兩個定理結合起來，最後果然很快就找到了答案。他跟我說，這種情況很常見。就這一點，年輕人佔了很大的便宜。他們往往不知道別人也在咬牙拚命想解決他們掛心的問題，於是滿懷信心地處理這問題。而且，他們面前有整整一輩子的時間，所以沒想著要節省自己的精力。

這位大數學家對我說：過去，以其「心智的慣性」與「意識型態的利益」的形式，尤其重壓在老科學家身上。在今日，數學知識更新的速度非常驚人，這樣的改變使得整個研究方法都成了問題。他們每一回都得重新學習徹底不同的新語彙。顯然，如果我們比較喜歡新方式甚於舊有的方式，那是因為它比較適合、比較快速，更有利於新發現。那些決定不採用新方式的人，勢必得以他慣用的語彙來轉譯新的真理，而這會嚴重延緩他的研究進程。有時候，一名四十歲的教授，聽不懂二十五歲年輕數學研究者在和他同齡的同學面前所提出的有關教授自己的理論的報告；年輕數學研究者和同儕使用的是他們共通的新語彙，而這是長他們一輩的人不懂的。長一輩的人永遠無法期待自己能超前那些擁有更適合的工具的人，而到一定年紀之後才要學希伯來文或中文，是件很困難的事，也很容易讓人覺得氣餒，因此許多老學者會抗拒。就他自己的想法來說，數學家會退縮。這位大數學家告訴我：「如果我直覺到一個新的定理，發現我勢必得重新修正我從前所知道的一切，這麼一來，我便猶豫了。」他還說：「老了以後，我們變得更自由，也變得更不自由。我們更自由是相較於別人而言，也就是說，我們不怕讓人訝異，不會受到某些偏見的羈絆，不怕對某些既定的想法提出異議。但對自己而言，我們更不自由了。」他去年寫的一本數學書籍正在印刷時，他寫了一篇會讓這本書過時失效的文章。他照樣刊行那本書和那篇文章，但他得很尷尬地承認他那本書過時了。就連他那篇文章，現在也被他剛完成的著作推翻了。數學的進展並非一路平順地往前行。它是一連串的爭議導引出不斷地修正。你必須非常熱情、思想非常開放，才能徹底顛覆從前所學得的知識。年輕人比其他人更有能力這麼做。

這個例子進一步證實了我所說的老年人的活動的一般情況：過去的重量延緩了他的進展，甚至使他停頓下來，而年輕一代則極力擺脫「實踐—惰性」，往前邁進。

我們可以更明確地指出是什麼抑制了老科學家。首先，他有意識型態的利益；他異化為自己的作品，這作品是「語言材料所支持的惰性含義的整體」[124]，基於此，他在自己之外建立自己的存在。作品在世界中是有危險的，因為它為他人而存在，而他人會以他們自己的計畫超越它。作者竭力為

---

123 譯注：埃瓦里斯特．伽羅瓦（Évariste Galois，一八一一—一八三二），法國天才數學家，青少年時期在數學上即有重大創見。

124 參見沙特《辯證理性批判》。

自己的作品辯護，跟可能讓其作品失去地位的其他理論和系統抗爭。他很願意改正自己的作品、豐富自己的作品，但不是否定它；在某個階段，這對進步是有必要的。為了作者，作品裡含有惰性的要求，對這要求作者得屈服，而它有引導到沒有出口的道路上的危險。有些研究人員是如此地異化為他們意識型態的利益，以致他們甚至會將駁斥其論點的經驗結果作假。達爾文意識到這個危險，所以他給自己定下規則：要立即記下違反他理論的事實和想法。他表示：「因為我從經驗中知道，這類的想法和事實很容易就從記憶中消失。我們比較會記得那些對自己有利的。」雖然有人說達爾文老年時拒絕別人讀和他的觀點相左的文章給他聽。同樣地，奧古斯特．孔德[125]也是如此。要讓他的作品根據新知修訂、以便察覺並試圖糾正錯誤，結果因為他的執拗而成為不可能。列維．布留爾[126]是一個例外。他於一九三八年到一九三九年間所寫的記事本裡，提到了他放棄他以為自己在原始部族身上觀察到的原邏輯思維、互滲，以及非概念化的舊想法。不過，他沒有新的創見。

即使科學家不在乎自己意識型態的利益，他還是會遇上內在的抗拒。他有心智的慣性，這使得他執持於自己已經過時的做法。使他獲致成功的專業化，卻使他無法通曉與其研究近似的其他研究，而通曉其他研究對於他創新自己的研究卻可能是必要的。頭腦清明的科學家意識到了這個缺失。卡斯特勒教授[127]在獲頒諾貝爾物理學獎之後不久，提到要回到學生座席間，跟著上量子論的課。最後，尤其是，某些觀念對老科學家來說因為過度熟稔而認為它們是顯然之事，因而沒想到要質疑這些觀念。然而，要往前進，卻有必要甩開這些觀念。在巴舍拉[128]所提的「認識論障礙」中，年紀是其中最重要的一項。

老科學家為了護衛自己跟不上時代的觀念，往往會毫不猶豫地妨礙科學的進展——他們享有的聲望讓他們有這樣的可能性。巴舍拉表示：「大科學家的前半生對科學是有益的，後半生則對科學有損。」亞瑟·克拉克[129]大量檢閱了科學家們宣稱不可能的發明，不是因為缺乏必要的知識，而是因為缺乏想像力和膽識，他把這一點歸咎於年紀。亞瑟·克拉克認為科學家一到四十歲就算老了。八十年前，電燈可以用於家庭照明的這個觀念遭到所有專家譏笑，三十一歲的愛迪生卻致力於白熾燈的研究。但是後來，當愛迪生反對引進交流電時，他也成了跟不上時代的人。美國天文學家紐康[130]在一篇著名的論述中指出，不可能有比空氣更重的飛行器。當萊特兄弟成功地飛行時，紐康又表示他們的飛行器不可能載超過一個人，因此不會有什麼實際的用途。另一名天文學家W·H·皮克林[131]也和紐康持相同看法。在那時，航空工程的原則已經為人所知，他們卻拒絕承認它可能實現。一九二六年，畢克羅教授提出證據表示，我們永遠不可能將火箭送上月球：他不考慮硝化甘油以外的能源動力，而且根據他的計算，他假設碳氫燃料必須和火箭聯合為一體。加拿大天文學家J·

125 譯注：奧古斯特·孔德（Auguste Comte，一七九八—一八五七），法國哲學家、社會學家，實證主義創始人。

126 譯注：列維·布留爾（Lucien Lévy-Bruhl，一八五七—一九三九），法國哲學家、社會學家、民族學家。

127 譯注：卡斯特勒（Alfred Kastler，一九〇二—一九八四），法國物理學家，一九六六年獲頒諾貝爾物理學獎。

128 譯注：巴舍拉（Gaston Bachelard，一八八四—一九六二），法國哲學家，對後世哲學家影響巨大。

129 編注：亞瑟·克拉克（Arthur Clarke，一九一七—二〇〇八），英國科幻小說作家，最知名作品為《二〇〇一太空漫遊》，並被拍攝為電影。

130 譯注：紐康（Simon Newcomb，一八三五—一九〇九），美國籍加拿大裔天文學家、數學家。

131 譯注：W·H·皮克林（William Henry Pickerling，一八五八—一九三八），美國天文學家，土衛九的發現者。

W・坎貝爾在一九三八年表示，必須有一百萬噸的碳氫燃料才能讓五百公克到一千公克的物體脫離地心引力。他的結論和畢克羅相同。他假設，根據他的計算，火箭必須以奇快無比的速度發動，但是推進的速度卻這麼緩慢，以致碳氫燃料會在高度很低時就耗盡了。拉塞福[132]在一九三七年去世，時年六十六歲；他宣稱我們永遠都不會知道怎麼釋放包含在物質裡的能量。五年後，第一次核連鎖反應在美國芝加哥進行了實驗證實。當龐蒂科夫[133]宣稱，我們可以靠著非常具有滲透力的微粒，也就是微中子，觀察星球的內部之時，其他內行的天體物理學家都對他嗤之以鼻。但在不久之後，他做的實驗證實了這件事。克拉克下結論：「就一個主題知道最多的人，不一定是在該領域那個最能準確預測未來的人。」巴舍拉的態度更是強硬，他譴責老科學家：「五十歲以上的老科學家除了參加研討會之外一無是處，他們應該完全遠離實驗室。」

克拉克的陳述並不太讓人滿意。他槓上了有各種不同才華的人。他沒研究他們抗拒進展的理由，只說他們有偏見這一點便是致命傷。「一個完全開放的心智會是個空洞的心智。」但他強調了一個重要的事實：知識可能會對預測造成障礙。也就是這樣，奧古斯特・孔德在三十五歲時肯定地表示，我們永遠不可能知道太陽的構成元素。我也要提到里昂醫學科學院在一八三五年時針對搭火車旅行提出的一個聲明，聲明中預言人體機能無法承受火車快速前進：「火車的震動會引發神經方面的疾病……轉瞬即逝的連續窗景會引發視網膜炎。灰塵和煙會造成支氣管炎，以及胸膜粘連。總之，對火車可能發生危險的焦慮情緒一直持續，會讓乘客隨時處在警戒狀態中，而這會是腦病的前兆。對懷孕的女人來說，搭火車旅行絕對會流產，並會有其他後遺症。」

即使是偉大的才智之士，在過了一定年齡以後，都很難與時並進。一九三四年，五十五歲的愛因斯坦在評論他的物理學家朋友埃倫費斯特[134]自殺時表示，他的自殺是由於內在的衝突而起，而所有超過五十歲的科學家要是對自己誠實，他都會受這種內在衝突所苦。埃倫費斯特非常明白他再也無法有創造性地解決問題。愛因斯坦表示：「最後這幾年，這個情況因為理論物理學奇怪的紛亂發展而更加嚴重。學習並講授我們無法全心接受的知識總是件困難的事，再加上無法適應新思維的困難，超過五十歲的人總是會面臨這樣的困境。」

愛因斯坦本身也遭逢了這樣的困難。他的情況很有意思，值得我們研究一下。愛因斯坦沒有異化為意識型態的利益。他從來沒想讓自己是握有最終決定權的人，也不太在乎他的名聲。他對真理的追求是絕對純粹的。只是，他對科學的看法是如此堅實，無論如何都沒想過放棄它。這看法就是：科學應該給世界一個和諧而理性的面貌。他職業生涯的矛盾在於，他的相對論深深影響了量子論；然而，他從四十五歲開始，便持疑地看待量子論。他過去的研究夥伴，波蘭物理學家英費爾德寫道：「在這場大革命中，愛因斯坦擔當領頭者的角色實在諷刺，因為他後來轉身不顧他幫忙創造出來的這場革命。隨著時間過去，他離那些大部分繼續研究量子論的年輕科學家越來越遠。」

---

132 譯注：拉塞福（Ernest Rutherford，一八七一—一九三七），紐西蘭物理學家、核子物理學之父。
133 譯注：龐蒂科夫（Bruno Pontecorvo，一九一三—一九九三），蘇聯物理學家，特別對微中子有研究。
134 譯注：埃倫費斯特（Paul Ehrenfest，一八八〇—一九三三），荷蘭籍奧地利裔數學家、物理學家。

安東妮娜・瓦隆丹[135]（愛因斯坦經常向她談起自己「在數學上受的痛苦」）明確指出，這並不是「和年輕一輩分道揚鑣，年輕一輩的都知道他思想大膽獨創。但他身為一個帶著過去遺跡的老人，就像一塊擋在不斷前進的路中的大石。他的悲劇應該說是一個人（雖然年紀已大）執拗地走在一條人跡越來越少的路上，而幾乎他所有的朋友、所有他身邊的年輕人都肯定地表示這條路是走不通的，只會走入死巷。」

愛因斯坦對自己並不確定。一九四九年三月，他七十歲時，寫信給索羅維恩[136]：「您可知道我安和而滿足地看待我這一生的工作。但是近看之下，事情呈現出不同的面貌。沒有一個概念，我相信它是站得穩的，我也不確定自己總是走在對的路上。同時代的人都認為我是個異端分子兼反動分子，但可以說，我不過是我自己的倖存者。當然，上述對我的認知是時代潮流與目光短淺的問題，而不足的感覺是來自於內在。」

然而，他不可能調整自己的立場。在他看來，一個理論只有當它擁有「內在的完美」時，才會是有效的；再多「外在的肯定」都是不足的。他耗費三十年的時間試圖建立的「統一場論」應該可以回應他這個要求。他並不滿意基本粒子理論。他立刻就明白了尼爾斯・波耳[137]的量子論，因此他聲稱：「我自己也很可能推演出類似這樣的結果。」但是他接下來又立刻說：「但要是這個理論為真，那就意味著物理學的終局。」他不願接受物理學有這麼一個不和諧的面貌。後來波耳的假設不再顯得矛盾；他的假設被納入一個更廣泛的新理論裡，這個新理論靠著「機率波」融合了微粒的觀點和波動的觀點。雖然這個理論是建基在愛因斯坦自己的理論上，但愛因斯坦還是拒絕接受它。他並不是個只滿足於舊真理的人，只是他不認為新的觀念具有說服力——因為他不想拋棄他某些理論。

在愛因斯坦的統一場論很難以數學方式來表達時，他從來沒能夠查驗這個理論。另一方面，他對新理論的抗拒，阻止了他參與量子物理的發展。因為他不是個自我中心的人，他不將自己的失敗、孤立看作是主觀認知上的悲劇。但是客觀而言，幾乎每個人都同意他白白浪費了他生命最後的三十年進行沒有結果的研究。他的傳記作者庫茲涅佐夫發現，愛因斯坦在一九四〇年代發表的某些觀念在今日達到了成熟期，也就是在相對論量子物理學方面。他總結說，愛因斯坦對新理論的批評「指出了量子力學的限制，在這個限制之上顯現出了有更革命性的理論」。由於科學的進展是在否定中逐漸超越，原本處於落後情勢的人到後來總是可能被視為先驅者。但是在愛因斯坦的晚年，他毋寧是阻礙了科學的進展，而不是有所助益。

老年哲學家與作家的創造力

哲學家的思維方式則是和科學家徹底不同。科學家是從外在描繪這個世界，哲學家則認為是人造就了科學，想要明白將自己設立為主體的人與世界的關係。哲學家既贊同科學又反對科學。他們

135 譯注：安東妮娜．瓦隆丹（Antonina Vallentin，一八九三—一九五七），德國翻譯家、作家、藝評家，跟當時德國知識圈頗有交遊。

136 譯注：索羅維恩（Maurice Solovine，一八七五—一九五八），原籍羅馬尼亞的數學家、哲學家。他與愛因斯坦交誼很深。

137 譯注：尼爾斯．波耳（Niels Bohr，一八八五—一九六二），丹麥物理學家，一九二二年獲頒諾貝爾物理學獎。

因為科學是人類產物的關係而接受它，但拒絕把它看作是世界真實本身的反映。科學家並不質疑科學透過人而存在、也為了人而存在。對於哲學家而言，人在他的存在中是受到質疑的。哲學家是那個詰問「人之整體處境」的人。但哲學家本身也是人，全稱的人：他要描繪的是在人類全稱性之中的自己。當笛卡兒說「我思……」時，是全稱的人類在他心中思考。因此他說話不需要有其他人，他也不必向任何人交代。科學只有「一個」，哲學則有「好幾個」。當然，沒有人是從零開始創造的；哲學家會受到前人的影響，也會遇到其他人所提出的問題。但是每個哲學系統只能從其內在來批判，而無法引用外在的論據來批判。我們可以揭露它內部有矛盾、有漏洞、有不足，而不能以其他人創立的觀點來否定它。事實上，在一開始有柏格森[138]所謂的「哲學的直覺」，我們也可將它定義為一種本體的經驗，從這本體的經驗中創建對世界的構想。

「哲學的直覺」有一種不可辯駁的內在明顯性。哲學家在面對新的哲學思維時可以接受某些觀點，並提出新的問題，但是他不會揚棄他一開始的立論。要是他補充、刪除、修訂某些觀點，他總還是以他自己的角度來思考，其他人的角度就他而言都是無關的，以致其他人永遠也無法超越他、駁斥他、剝奪他的資格。

他的思想往往會隨著年紀漸大而漸豐富。最初的直覺，他在年輕時或盛年時就擁有了——康德是個例外，他到五十歲才有這個直覺。為了掌握哲學思維的內蘊，哲學家需要時間，因為他要掌握的是作為主體的人和世界整體的關係。這是個取之不盡、用之不竭的研究主題。一旦哲學體系構築完成，哲學家會退後一步，好讓自己能回頭來批判這個體系，這個批判會讓他提出新的問題，會讓他發現其他的解決之道。也有這樣一個例子是，體系本身的性質使得哲學思維的進展停了下來——這就是黑格爾的哲學。黑格爾約六十歲時，他的體系自我封閉了起來。他自認將世界的進程已經做了詳盡的探討，而將自己置於歷史之終結。已完成的體系不再允許有新的發展，對它的批判只能於其外部進行。至於其他的哲學家，他們的哲學體系是開放的，而且即使他們在老年時並未特別多產，他們在這時仍豐富了自己的思想。我在這裡只談兩個例子：柏拉圖和康德。

雖然《法律篇》在談到時間與記憶時有許多具原創性的美麗篇章，但大家都認為柏拉圖在八十歲時所寫的《法律篇》，跟他全部作品比起來有一種倒退之感，有一種「退落」、一種「貧弱」、一種「揚棄」。似乎，柏拉圖的人生經驗讓他變得悲觀。他承認：「我們人類不完全是沒價值的。」但他也寫到，「惡勝過於善」，最大的善「像是被厄運所玷污」。對這樣的陰鬱看法，他甚至聲稱人不過是神明或惡魔手中操縱的傀儡。在這樣的情況下，問題再也不在於為城邦找到一個完美的政體，而僅僅是盡可能找到一個比較不差的政體。為了統治眾人，柏拉圖不再信任理性、教育、對真理的認識。不管藉什麼方式，必須在眾人身上強加施行法律，使他們屈服於法律。在《理想國》裡，柏拉圖就已經接受「有益的謊言」這個看法，但沒賦予它重要地位。而在《法律篇》中，這種功利思想徹底取得了勝利。這是一部說教性的作品，三個對話者都是老年人，不像他之前的對話錄總是至少有一個年輕人。這部作品的文體也很沉悶，顯得謹慎、侷促。柏拉圖的思想有了僵化之勢，再

138 譯注：柏格森（Henri Bergson，一八五九－一九四一），二十世紀初法國最重要的哲學家，一九二七年獲頒諾貝爾文學獎。

沒有之前作品中那種對真理的渴望。他老年的最後這個階段在智識上已見衰頹。

然而，他在約六十二歲之後，寫了他最深沉、最具個性的作品。他需要一點時間來擺脫蘇格拉底和先輩的影響，以便瞭解他自己的理念所涵蓋的。六十二歲時，他的思想進程發生了危機。他退一步來觀察自己的作品。他發現他的理型論有問題，而為了解決這個問題，他在《泰阿泰德篇》和《巴門尼德篇》中從基礎重新探討，明確指出了自己和麥加拉學派不同的立場。透過《辯士篇》、《政治篇》、《蒂邁歐篇》、《克力同篇》、《菲力帕斯篇》，他的理論不斷更新、不斷充實。他在他寫於七十四歲的《菲力帕斯篇》中，回應了《泰阿泰德篇》中所提出的問題，也就是關於謬誤和知識的問題：「知識，是在靈魂中模仿存在於人之中的關係。」在這部作品裡，他的辯證法陳述得最完善。除了《法律篇》以外，柏拉圖老年時期的作品代表著不斷的進步[139]。

康德在五十七歲時出版了《純粹理性批判》。他寫《判斷力批判》時已經六十六歲，寫《純然理性界限內的宗教》時年紀更大。這兩部作品以全新的深度觀點，處理了他思想系統中某些主要的論點。它們充實並翻新了他前此以往的作品。他到老還致力於研究，直到他的智力衰頹。根據拉雪埃茲－雷[140]的說法，這兩部作品是他整個思想的最高成就。他早年的作品提出了幾個他自己無法解決的問題，直到他晚年時，才在「過渡」（Übergang）中得以解決。這個思想的要點如下：當心靈作為一個組成存在時，什麼是心靈之於它本身的存在模式？在此之前，他被自己賦予心理現實主義一個地位給羈絆住，對於嚴謹地援用先驗的方法感到猶豫不定。老了以後，他的思想一點也沒有僵化的跡象，他反而有足夠的自信克服阻礙他的力量，並從舊有的成見中解放出來。他將心理的偽真實性帶到世界的構築和自我的構築的單純時刻。「過渡」使得系統和它自己一致。意識終於在系統中找到了它的自主性，並使人承認它的真實性。事物消失了，而活動顯現了。「我思」（Cogito）成了一種決定性的力量。

當然，要是哲學家到了晚年仍然能夠豐富自己的思想體系，那他就無法擺脫自己原有的體系，去創造一個完全不同以往的新體系。康德預感到費希特[141]的出現，但是我們無法想像康德會發現黑格爾的辯證。一如一般學者，康德也部分異化為「意識型態的利益」。如果說他超越了前此以往的概念，他其實是試著保存這些概念的：他無法接受看著這些概念失效。再者，他也有一些「心智的慣性」，也就是說，對他而言是如此自然的思考方式在他看來是必要的。在他身上根深蒂固的預先假設，使他無法將它們與真理區分開來。

作家變老以後又是如何呢？作家有千百種，他們追求的目標各自不同，要回答這個問題實在很難。有些作者到年紀很大以後仍保有創造力，像是索福克勒斯在八十九歲時仍將《伊底帕斯在柯隆納斯》搬上舞台。伏爾泰最好的作品是在他生命最後二十年創作的。夏多布里昂《墓畔回憶錄》的

139 某些哲學史家認為柏拉圖在盛年時的作品更有活力、更有創造性，像是伊馮・布雷斯在他的《柏拉圖的心理學》便這麼認為，但即使是布雷斯都同意柏拉圖老年期的作品有其重要性。

140 編注：拉雪埃茲－雷（Pierre Lachièze-Rey，一八八五－一九五七），法國哲學家。

141 譯注：費希特（Johann Gottlieb Fichte，一七六二－一八一四），德國哲學家，德國唯心主義哲學的奠基者。

最後幾卷和《朗賽的一生》都是他老年之作。歌德在他生命最後二十五年創作了許多美麗的詩篇；在這時期，他也寫了《詩與真實》、《浮士德II》。雨果老了以後很有理由覺得自己不會不如過去：「半世紀以來，我以散文、詩歌寫我的思想，但我覺得我內心的想法只寫了千分之一不到。」他六十四歲以後還寫了重要的作品。葉慈在他生命的最後超越了自己。

但上述這些人是例外。一般而言，老年並不利於文學創作。就高乃依、托爾斯泰，或是其他許多人而言，他們盛年時的創作和他們生命最後幾年的創作簡直有天壤之別。或是出於習慣，或是為了維生，或是為了避免陷入衰頹，許多老年人仍繼續寫作。但是大部分正應了貝杭森的話：「六十歲以後所寫的東西，並不比以同樣的茶葉回沖好幾次的茶來得好。」我們可以試著瞭解他為什麼會這麼說。作家尋求的是什麼？他要有什麼樣的條件才能得到他所尋找的？

哲學將人視為觀念，想瞭解人與世界的整體關係。作家也是以普遍性為目標，但他是從自己的獨特性下手。作家並不打算傳遞知識，而是告知那些不為人所「知」的，也就是他在世上的存在感。他藉由獨特的普遍性——也就是他的作品——來傳遞這個訊息。作品只有在以表現個人特色的風格、語調、藝術呈顯出作者時，才具有文學的面向，普遍性也只有在這時才具有獨特性。否則就只能算是資料，這種資料是以非個人的客觀性來傳達事實，是外在的認知，而非一個主體的內在化。但是我親身經歷的現實經驗，怎麼能夠成為別人的呢？這只有一個方式：透過想像力的作用。讀者透過閱讀資料瞭解一小部分他所處的世界，而且是在不離開這個世界的情況下。他仍處在他在世界中原先的位置，仍處在他人生中的某一處、某一時刻。而文學作品的讀者會進入另一個不同的世界，融入不是他自己的另一個主體之中。這意味著他否定真實，投入了想像裡。對他而言，這只有在他所讀的作品中設定了一個想像的世界才有可能。向人溝通自己親身經歷的現實體驗，指的不是在紙上轉錄一個已以語言表達過的親身經歷。其實，作家寫出來的不是親身經歷；他得從含糊、隱晦的「不言」之中，挖掘出可以為人理解、明確的言說。從這裡，他創造了一個不表露任何現實之物，只存在於想像模式中之物。作家本身，他賦予自己一個虛構的體質。沙特在他的論述《鼠與人》一書中便對這種作用做了暗示，他表示每個作家都被「吸血鬼」附身。

當然，我們不應該假設作家首先選擇了與人溝通，而求助於想像力。是他先選擇了以想像力來完成他的文學使命。根據不同的人，這個選擇的動機很多樣，但它總是文學作品的根柢。作者透過詮釋手法、遐想創造了一個不真實的世界，而文學作品就是這個不真實世界的具體體現——藉由書寫在紙上的文字。這個不真實的世界只有在它是把真實投射到另一個層次時，它才是堅實的，才能夠傳遞經驗。

書寫因此是複雜的行為：它是「偏好想像」和「意圖溝通」這兩者同時並存的活動。這兩者表現出很不同的傾向，乍看之下是相反的活動。為了以創造的世界來取代既定的世界，必須激切地拒絕既定的世界。泅泳在這個既定的世界中有如魚得水之感的人，是不會寫作的。不過，「意圖溝通的打算」假設了作家對他人是感興趣的。即使作家與世人之間的關係是敵意、輕蔑——如果他寫作是和福樓拜一樣，是為了使世人灰心氣餒，或是為了嚴斥世人、令人沮喪絕望、揭露世人的醜行——作家仍宣稱自己是被世人肯定的。否則他要揭露世人醜行的打算便會失敗，而且沒有任何意義。藉由書寫的行為，作家比他所宣稱的賦予世人更高的價值。要是作者對世界徹底絕望、徹底怨恨，那他就只會保持沉默，不會寫作。

因此，寫作這活動本身具有一種張力，這張力即介於「拒絕世界」和「呼召世人」之間。作家既反抗世人，同時也與世人站在一起。這種態度很艱難。它包含了極大的熱情，並且為了持續長久，它需要有力量。

老年會減低力量，熄滅熱情。我們已經看到，原慾的消失會招致生物學上的某些侵略性消失；老年人往往沉陷其中的體力衰竭、疲勞、漠不在乎，使他不再關心他人。「拒絕世界」、「呼召世人」，如果說不是相反，至少是相異的這兩種態度所引發的張力會鬆弛下來。老年作家看著自己沒有了這份福樓拜所謂的「勁頭」。因為外甥女破產而痛苦不已的福樓拜，在一封信裡說道：「為了寫點好東西，必須有某種勁頭。」他在另一封信裡也說：「為了好好寫作，必須擁有一種我現在已經沒了的勁頭。」盧梭在六十四歲時為自己創造力的衰頹倍感憂愁。他在《一個孤獨漫步者的遐想》的一次散步中寫道：「田野仍舊綠意盎然，看起來生機勃勃，但有些地方樹葉已經凋零，只剩下枯枝。放眼望去，隱隱一派寒冬將至的寂寥景象。這番景致既讓我感到脈脈溫情，其中似乎也隱藏著淡淡的憂傷。它們與我的年紀、際遇太過相似，無法不觸景生情。我看到自己無辜而不幸的生命日暮西沉，縱然靈魂仍然抱含情感與生機，心田上仍然盛開著鮮花，但一切都已在悲傷中枯萎，在煩憂中漸次頹敗。獨自一人被遺棄在世間的我，已經感受到最早一場寒潮的冰冷。我的想像力日漸枯竭，再也無法用想像出的事物填補孤獨的空虛。」他在同一時期又寫道：「我的想像力不再像以前那樣敏銳，思考問題不再像往日那樣活力四射、一觸即發，遐思暢想也不再讓我激動喜悅。遐想時浮上心頭的，更多是模糊的回憶而不是新鮮的思想。一種不慍不火的無力感對我所有的能力都造成了影響，生命的靈氣從我身上一點一滴地消散。靈魂花費再大的力氣，也難以從衰朽的軀殼中掙脫出來……」

這種倦怠感讓老年作家更加需要靠靈感來寫作。年輕時，只需要空有寫作的慾望就足以讓自己相信他有「許多話」要說，到了老年就會害怕自己已經心力耗盡，害怕自己只會一再重複自己說過的。紀德到生命晚期時很遺憾地發現：「我又落入了已經陳腐的題材中，我不覺得我還能夠從其中翻出新意。」他八十一歲時在《誠心所願》中表示：「所有我想我可以說的大概都說盡了，我擔心我會一再複述自己。」

複述的風險，部分是來自於作家本身異化為「意識型態的利益」。作家曾經護衛某些價值、批評某些觀念、採取某一立場——要否定這些是絕對不行的。但作家因忠實於自己的過去而得到了更新，這樣的情況也不是不可能；有可能是他寧可要自由，甚於他意識型態的利益。這樣的事就曾發生在我身上。我的讀者要求我無論如何要持樂觀的態度，特別是在涉及女人的命運時。而在《事物的力量》的最後，以及在我最近的寫作中，我並沒有回應這個期望，因此受到激烈的指責，但是我拒絕讓自己異化為一個僵固的形象。

無論如何，我們都知道，不管是福樓拜、杜思妥也夫斯基、普魯斯特或卡夫卡，作者從來只寫他自己的書。書本必然總是帶著自己的印記，因為作家是在他的獨特性中表達文學。在書裡的總是他，在他不同的作品中；而且他總是完完整整的，就像人生所造就的他一樣。事物改變，我們也會改變，但是我們不會失去自己的同一性。也就是藉著我們的根、我們的過去、我們在永恆不變的世界中停泊，定義了在未來等著我們的目標、未來要做的事、未來要說的話。我們不能任意地創造對未來的願景。這些願景必須嚴格地納入我們的過去中。這即是卡繆在《反與正》一書的前言中所指出的：「每個藝術家在他內心深處都保有一個獨特的源泉。終其一生，這個源泉為他是個什麼樣的人、為他所要說的話提供了養料。當這源泉枯竭，我們會見到他的作品漸漸萎縮、開裂。這是藝術的貧瘠之土，那看不見的水流不再灌溉這土地。頭髮漸稀漸枯的藝術家準備好了緘默不言，或是準備好了參加沙龍，這兩者結果是一樣的。」

當然，作品並非從一個含藏著作品的胚芽中機械性地、有機性地發展出來；透過充實、偏離、倒退等作用，作品貼合著人的存在而行。但是，作品可以說是在我們童年便制訂好了的。就是在童年時，一個人成為了他將永遠會是的存在樣式；就是在童年時，他投射到他要做的事情中。迪斯雷利[142]年紀還小的時候，就決定有一天要成為政府首長；沙特小時候就決定當個作家。他們的人生是由這樣的意圖所導引，並實現了此意圖。很晚才開始寫作的人，一樣也是和他們早年的經驗有密切的關係；這從盧梭的作品中便看得出來。形塑了我們的早年經驗，依然在一個人身上存活。根據一開始創作活動幅度之強弱，這創作活動或者很快就會陷入停頓，又或者是，相反地，死亡——即使很晚才來到——會使這創作活動停在未完成的狀態。就像韓波[143]二十歲時就表示他不再有話說，而伏爾泰到八十歲仍不斷地表達自己的意見。無論如何，作品會受到有限性的影響。老年人意識到這件事，往往（就像紀德的例子）這會在他僅剩的時間裡打擊他繼續寫下去的士氣。

某些老年作家的緘默有另一層理由。他們的志業（沙特在惹內[144]和福樓拜的例子中便指出了他們緘默的理由）是由他們處境之矛盾所引起；活著在他們看來似乎是不可能。他們在死胡同裡掙扎。寫作是唯一的出路。他們選擇了想像，以求使他們撕裂的矛盾態勢得到和解。到老年時，他們果真得到了和解。但人生好歹也都經歷過了，證明了活著是可能的。

最不適合老年作家的文學類型是小說。但是在這領域裡，還是一樣有例外。狄福[145]在六十歲以後寫了他所有的小說；亨利．詹姆斯[146]某些最好的小說寫於六十歲以後；塞萬提斯在六十八歲時寫了《唐吉訶德》第二部；雨果老年時的作品包括了兩部小說。在今日，令人驚嘆的約翰．考柏．波伊斯[147]，他所有偉大的小說都是在六十歲以後創作的。亞伯．科罕[148]在七十三歲時出版了他最出色的一部小說《魂斷日內瓦》。但整體而言，老年作家比較是轉而寫詩、寫論述，而不是寫小說。湯

142 譯注：迪斯雷利（Benjamin Disraeli，一八〇四－一八八一），英國保守黨政治家，曾兩度擔任首相。

143 譯注：韓波（Arthur Rimbaud，一八五四－一八九一），法國天才詩人，在他十四歲到十九歲之間是創作高峰，之後便完全停筆。

144 譯注：惹內（Jean Genet，一九一〇－一九八六），法國小説家、劇作家、詩人、社會運動參與者。

145 譯注：狄福（Daniel Defoe，一六六〇－一七三一），英國小説家，著有《魯賓遜漂流記》。

146 譯注：亨利．詹姆斯（Henry James，一八四三－一九一六），美國作家，著有《碧廬冤孽》、《仕女圖》等小說。

147 譯注：約翰．考柏．波伊斯（John Cowper Powys，一八七二－一九六三），英國作家、哲學家。

148 譯注：亞伯．科罕（Albert Cohen，一八九五－一九八一），瑞士法語小説家。

瑪士・哈代[149]在六十歲以前是多產的小說家，之後則是寫詩。柯蕾特在老了以後就只寫回憶錄。馬丁・杜・加爾[150]在《蒂博一家》之後，就再也建構不出新的小說，而他為了準備這部小說寫了好幾年的筆記。原因究竟何在？

對此，莫里亞克提出了一個解釋。他在《內心回憶錄》裡寫道：「但是隨著時間流逝，隨著我們未來所剩的時間縮短，當創作活動告一段落，當作品完成、稿子交出，當人類的冒險到達終點，這時小說人物在我們身上再也找不到空間活動。他們落入了我們的過去堅不可摧的岩塊之中，在我們的過去中從此再也沒有什麼能透進來，而多多少少逼近的死亡從此就在我們眼前。」還有：「青春已逝，在靠近最後一個轉彎路口時，我們內心的喧囂再也掩蓋不住政治日常的汩汩聲響，因為我們內在從此都成了靜默與孤寂。在這樣的時候，我們明言讀小說讓我們厭煩，我們寧可喜歡非想像的歷史，而不是想像的美麗故事。」還有他在一九六二年時表示：「在我們來到我們自己歷史的最後一章時，所有虛構出來的在我們看來都毫無價值。」「唯有有血有肉的人物還留存在我們身上，就在介於『有限』與『無有』之間的未定界線上，我們稱之為老年。」

我認為，事實上，要是我們不再有奔向未來的衝勁，是很難在想像的小說人物身上重新創造這樣一股衝勁。不管是在小說人物身上，或是在我們身上，人類的冒險行動不太再讓我們感興趣。至於小說家和過去的關係，我的理解不一樣。我所寫的作品有賴於過去遙遠的根源，同時也有賴於此刻。虛構作品比其他類型的作品更需要抹除真實，以利於非真實的世界。這個非真實的世界，只有在它植根於非常古老的想像中才具有生命與色彩。發生的事件、時事可以給小說家一個支撐點、一個出發點，但是他得超越這些，並且從汲取最深沉的自己當中快樂地創造。但是當他處理的是同樣的主題、同樣的頑念時，他有可能會不斷地重複自己。相反地，回憶錄、自傳、論述重新建構了或者說重新承擔了經驗，而經驗的多樣性對作家是有助益的。這類型的作品，說話的人總是作家本身，但他在述說新的事物時比較沒有重複自己的危險，不像他出於新的藉口來表達他對世界向來一樣的基本觀點時會一再重複[151]。

年老作家的機會，在於一開始他的計畫便扎根扎得穩，以致能一直保有原創性，而且扎根扎得廣，以致直到死亡，他的計畫都還是開放的。要是他繼續和世界維持活躍的關係，他也會繼續有可以表達的題材。伏爾泰、雨果便是這樣的幸運兒。而其他作家，或像是在舊茶葉裡不斷添加熱水，變得淡而無味，或就此緘默不言。

❖

149 譯注：湯瑪士·哈代（Thomas Hardy，一八四〇—一九二八），英國作家，著有《黛絲姑娘》。

150 譯注：馬丁·杜·加爾（Roger Martin du Gard，一八八一—一九五八），法國小說家，一九三七年以《蒂博一家》獲頒諾貝爾文學獎。

151 莫里亞克以他自己的例子證實了我在這裡所說的。在寫《記事簿》時，他有所創新——至少在某些時候。相反的，他最後的小說彷彿是仿製他盛年時的作品。

老年藝術家的創新能力

音樂家則是不太提自己的工作方式。依據我們所觀察到的是，通常他們的作品會隨著時間而有所進步。有些音樂家在年幼時便被發現有天賦，像是莫札特、裴高雷西[152]。要是他們活得更久一點，他們的功力是會增進，或者是會重複自己呢？確定的是，巴哈有些出色的作品是在他老年時創作的，貝多芬以他晚期的四重奏超越了自己。有時候，音樂家是在年紀很大以後創造出代表作。蒙特威爾第[153]創作歌劇《波佩亞的加冕》時已經七十五歲；威爾第[154]創作《奧塞羅》時七十二歲，創作他最大膽創新的歌劇《法爾斯塔夫》時已經七十六歲。年老以後的史塔拉汶斯基[155]在保持自己的特色之餘，也採行了新的音樂形式。他老年時期的作品和他盛年期的比起來更具原創性，十分有價值。我以音樂家受制於嚴格的條件，來解釋這種年紀越大、越往上提升的現象。因為他必須有很長的一段學習期才能掌握技巧，以釋放出他的原創性。更困難的是，音樂是受他人影響最嚴重的領域：作曲家很有理由要小心提防不自覺受到別人作品的影響。作家的工作是賦予他親身經歷的現實體驗一種普遍性，音樂家的獨特性則在一剛開始時會被他所使用的技巧之普遍性，以及他創造所本的音場（champ sonore）之普遍性壓垮。一開始時，音樂家只會縮手縮腳地表達自己。他必須有極強的自信心，而且有了已經創作的作品，才敢在某種範圍內擺脫那些強加於內在的規則，而不只是對那些規則加以創新。因此，蒙特威爾第能允許自己創作被當時的人稱為「像魔鬼似的」和弦，而貝多芬在面對批評他「不和諧音」的一般大眾時從不退卻。對音樂家而言，老年是邁向自由的途徑，而這自由是作家在他年輕時或至少在他盛年時就擁有的，因為作家要遵守的規則比較不那麼令人感到窒悶。

和音樂家比起來，畫家比較不那麼嚴格受制於規則，但是他們一樣需要時間來克服技巧上的困難，所以往往到了老年才會創造出代表作。也是到了老年以後（安東尼奧．德．梅西那[156]在過訪威尼斯之後為義大利繪畫開啟了新的道路），喬凡尼．貝里尼[157]才找到自己的畫風，在七十五歲到八十六歲之間創作了他最重要的一些作品，譬如在聖扎加利亞教堂的畫作，和著名的羅雷丹總督的肖像。當德國藝術家杜勒在威尼斯見到他時，他已經八十歲了，是威尼斯最著名的畫家。提香在年事已高後創作了非常美的畫作。林布蘭創作他最後幾幅畫作（他的代表作）時是六十歲出頭。弗蘭斯．哈爾斯在八十五歲時以《養老院的女執事們》達到他藝術的顛峰。加爾迪[158]七十六歲時畫了《灰色的瀉湖》和《聖瑪爾庫拉大火》，是他最有靈啟、最讓人訝異的作品，幾乎讓人感受到印象派的

152 譯注：裴高雷西（Giovanni Battista Pergolèse，一七一〇－一七三六），義大利作曲家，十五歲時即任教音樂學院。

153 譯注：蒙特威爾第（Claudio Monteverdi，一五六七－一六四三），義大利作曲家，巴洛克音樂早期代表人物。

154 譯注：威爾第（Giuseppe Verdi，一八一三－一九〇一），義大利作曲家，和華格納並稱為「十九世紀最有影響力的歌劇作曲家」。

155 譯注：史特拉汶斯基（Igor Stravinsky，一八八二－一九七一），俄裔美籍作曲家、鋼琴家暨指揮，為二十世紀最重要且最具影響力的作曲家之一。

156 譯注：安東尼奧．德．梅西那（Antonio de Messine，約一四三〇－一四七九），義大利文藝復興時期藝術家。

157 譯注：喬凡尼．貝里尼（Giovanni Bellini，一四三〇－一五一六），義大利文藝復興時期藝術家。

158 譯注：加爾迪（Francesco Guardi，一七一二－一七九三），義大利十八世紀畫家。

畫風。柯洛[159]在八十歲左右畫了他最出色的作品，特別是《桑斯教堂的內部》。安格爾[160]畫《泉》的時候是七十六歲。莫內、雷諾瓦、塞尚和波納爾[161]都在他們老年時有所突破。

和科學家比起來，畫家比較不受過去的重擔拘束，不受未來的短暫拘束。他們的作品是由畫作的多元性所構成。畫家每每得面對空白的畫布，他們的工作是一連串的重新開始。再者，創作一幅畫所需的時間，比創建一個科學理論來得短。當畫家著手作畫時，他們差不多可以確定自己可以完成它。和作家比起來，畫家也來得更幸運，因為他們不必以自己的內在來餵養自己。他們活在現在，而不是活在延伸的過去裡。世界源源不絕地提供他們色彩、光線、閃爍、造形。當然他們也一樣，也只投入在自己的作品中，只是他們的作品是永遠對外開敞的。所有的創作者在邁入生命末期時，都比較不會畏懼輿論，都對自己比較有信心。無論他做什麼都會受到讚賞，這有可能使他落入追求輕省，磨鈍他的批判意識；但如果他對自己仍然要求很高，對他則大有益處，因為他只追隨自己的審美標準，而不在乎是否能夠取悅大家。作家不太享有這樣的自由，因為他往往沒什麼話好說；但對於畫家來說，他總是有些什麼東西可畫，他可以享有這樣的絕對權力，沒有這個絕對權力就沒有天才。就像音樂家一樣，畫家在一開始時也深受他所處時代的影響：他透過上一代的畫作來看世界。要學著透過自己的眼睛來看世界，需要一段長時間的努力。因此，波納爾一開始時是模仿高更，賦予他處理的對象重要的地位。他在六十一歲畫了《小拇指咖啡廳》，從這幅畫之後，對象漸漸消失，而色彩越形重要。他在六十六歲時寫道：「我想當我們年輕時，是物體、是外在世界讓我們亢奮，也就是說我們醉心於此。後來，重要的則是內在，需要表達自己的內心之情促使畫家選擇了某一個形式、某一個出發點。」他的素描是越來越大膽的縮圖，他忽視透視法，遠離了傳統對事物的看法，態度異常堅定。他尋求表達的是生命與熱情。他最後幾幅畫作中所表現的那種讓人訝異的年輕清新之感就是這麼來的。

年老的哥雅不只是越來越高升到完美的地步，他還不斷地創新。當法國入侵西班牙，並造成血腥的後果時，哥雅時年六十六歲。因為這場浩劫而震驚不已的哥雅，在一八一〇年開始創作八十五幅版畫《戰禍》。他看到了一八〇八年的暴動，並且熱烈地捐助游擊隊的配備。不過，他不拒絕為法國的顯要畫肖像；他和其他兩位畫家負責選出最好的畫作送到巴黎展出。法國人頒給他「西班牙軍團的紅領帶」（一般人稱之為「茄子」），他也接受了。一八一四年，西班牙解放後，整肅委員會很勉強地宣告他無罪。這時他為西班牙國王斐迪南七世畫了一幅大型肖像畫。同一年（他七十歲了），他畫了具有悲劇性的傑出畫作《跟阿拉伯奴隸兵的戰鬥》和《槍決》。他也畫了《巨人》，還畫了一幅傑出的自畫像，把自己畫成一個有著五十歲面容的人。一八一五年，他創作了名為《鬥牛》的一系列銅版畫。他受委託畫了好幾幅官員或是朋友的肖像，這些肖像畫都非常出色。一八一八年，在畫了《菲律賓政務會》之後，他決定中止自己作為宮廷畫家和為社交名流作畫的生涯。從此以後，他不再接受委託，只為自己而畫。他需要全然的自由來繼續他的作品。他買下了一

159 譯注：柯洛（Jean-Baptiste Camille Corot，一七九六—一八七五），法國巴比松畫派畫家。
160 譯注：安格爾（Jean-Auguste-Dominique Ingres，一七八〇—一八六七），法國新古典主義畫派的領導者。
161 譯注：波納爾（Pierre Bonnard，一八六七—一九四七），法國畫家、版畫家。

間地處偏僻的房子，大家將這房子稱為「耳聾者之家」，因為從好幾年前他耳朵就聽不見了。他在一八一二年喪妻，請來了一位遠親多娜・蕾奧卡蒂亞為他持家。蕾奧卡蒂亞帶著她當時年僅三歲的幼女羅莎希朵一起前來。他在家中牆上畫滿了著名的「黑色繪畫」，因他再也不用在意世人的目光便任意發揮想像力[162]。《農神吞噬其子》、《在有公山羊的草原上的女巫》、《沙中的狗》，這些作品都因它們技巧的創新和題材之陰鬱而讓人訝異。同時，他還做了一系列版畫《愚行》，其中包含了《夢》和《諺語》。他在這系列版畫中以尖銳的線條表現了人類愚行的勝利。

總是渴望創新的他，將他在一七九六年時於萊比錫發現的石版畫，於一八一九年引進西班牙。他第一次做的石版畫表現了一位老紡紗女，後來也陸續做了許多石版畫。

當白色恐怖橫行於西班牙時，哥雅已經七十七歲。他先是躲藏起來，後來流亡到法國波爾多。他的朋友莫杭丹寫道：「哥雅到了以後，已經年紀很大了，而且他又耳聾，身體衰弱，一句法文也不懂，沒有僕人……但是他很渴望、很滿足能夠看看這個世界。」他到了巴黎一趟，然後回到波爾多，就此定居下來。他眼睛幾乎看不清了。為了作畫，他必須戴上好幾副眼鏡，還得靠放大鏡來看。他不只做了一系列的石版畫，像是《波爾多的公牛》，其他還有《愛》、《嫉妒》、《安達魯西亞歌曲》。他也畫動物、乞丐、商店、人群。這時哥雅很喜愛的羅莎希朵已經十歲，她想要畫些細密畫，而儘管哥雅的視力已經不行，他還是和她一起作畫。在他死前一年，也就是他八十一歲時，他畫了一幅修女的肖像和一幅修士的肖像，技法近似於後來的塞尚。

哥雅生命最後幾年，他常常處理老年這個題材。在系列作品《奇想集》中的《直到死亡》一畫中，他重拾了十六、十七世紀文學中經常表述的主題：老婦人仍然認為自己是美麗的。他畫了一個醜陋的老婦人，戴著帽子，非常自滿地看著鏡子，她背後有幾名年輕人偷偷取笑她。一八一七年，他在《兩老婦》一畫中重拾了這個主題：兩名醜陋的老婦人凝視著鏡中的自己，她們身後矗立著有兩只大翅膀、手拿掃帚的時間之神。在《賽樂絲汀娜》一畫中，他承襲自西班牙傳統文學的血脈表露得最清楚：陽台上有一個穿著低胸衣裝、模樣妖嬈的年輕女孩，在她背後則有一個人盡皆知的陪媼－淫媒；這個醜惡的老婦人有著鷹勾鼻，擺出一副和年輕女孩有默契的陰險表情，如爪的手裡數算著念珠。哥雅也在《巫魔夜會》中畫了許多女巫。到他八十歲時，他畫了一個臉掩藏在長髮、白鬚中的老年人，手扶著兩根枴杖，題跋上寫著「我一直在學習」。哥雅在諷刺他自己，諷刺自己對創新的渴望。

波特萊爾對哥雅老年畫作中所流露出的年輕清新感到十分訝異，他寫道：「在哥雅創作生涯的晚期，據說他的視力已經弱到需要有人來幫他削筆的地步。然而，即使在這樣的時期，他還是創作了非常重要的大幅石版畫、令人讚嘆的版畫、細密畫——這為主導偉大藝術家命運的獨特法則提供了新證據。這個獨特法則，因為人生的發展是和智慧的發展呈反向，便要藝術家在這一方面有所得，在另一方面便要有所失，還要他隨著他的青春逐漸加強，在變得有活力、變得果敢之餘，直往墳畔走去。」

162 有位仰慕者，厄爾朗傑男爵，買下了他的這間房子。男爵將牆上的壁畫轉在畫布之後捐給了普拉多美術館。

關於老年的一般情況（老年使我們發現了自己的雙重有限性），我們剛才已經明確地看到了知識分子與藝術家的例子：他們都意識到自己未來的短暫，以及自己被封閉在其中的歷史之不可超越的獨特性。可以用兩個交互影響的因子來界定他們的處境：一是，他們原初計畫的幅度有多廣，二是，多少會造成窒絆的過去所形成的重擔。我們已經見到，對於科學家來說，老化幾乎注定要引發僵化與貧瘠。相反地，藝術家常常感覺他們的作品是處於未完成狀態，他們還能讓它更豐富。但有時他們沒有足夠的時間完成它，就算拚了命工作也是白費，好比米開朗基羅，即使他頑強地工作，也無法親眼見到聖伯多祿教堂穹頂的完成。事情沒這麼極端的話，往往處於一種平衡：他們還有些事要做，時間也沒有緊緊掐住他們的喉嚨，仍有一點餘裕。甚至，進步也還是有可能。不過，到老年這個時期，他們的進步毋寧是讓人失望的——是進步了沒錯，但這進步來得蹭蹭蹬蹬，而且頂多只是超越他們之前達到的頂峰一點而已。有人致力於無用的自我扭曲，以便脫離自己舊有的作風，最終只會讓自己變滑稽，而無法創新。事實上，作品具有連續性，它只能和它自己一致，而且不斷地和它自己一致時才能變豐富。

尤其在身體衰頹、生病、疲勞使得工作變困難時，上述的觀點會打擊人的士氣，但仍有些老年人會像英雄般投注無比的熱情繼續奮戰。這種英雄主義不只是表現在他們和頑強抵抗的身體的關係上（就像雷諾瓦、帕皮尼、米開朗基羅），它也是在進步中找快感，雖然死亡很快就會中止這樣的進步，但他仍繼續前進，一心想要超越自己，同時很清楚並且承擔自己的有限性。這種英雄主義裡，有對他們活出自己的藝術、思想價值的肯定，而這會激起大家的讚賞。再者，新世代的人會對前一世代提出異議，這種事不只會發生在科學家身上，也會發生在藝術家、作家身上。波納爾因為年輕人對他「嚴苛」而痛苦，但在他努力豐富自己的作品時，他們卻對他轉身不顧。

在創造生涯的晚期，最痛苦的是內化這個疑慮。年輕一輩的人是能夠將他們的異議推至讓人感到絕望、讓人因此自殺的地步，梵谷、尼古拉斯．德．斯塔埃爾[163]就是最好的例子。有限性——以及它所包含的不可能性——不管在哪個年齡都會遭遇到的。通常，一個年輕人，即使他對自己不滿意，還是會將希望寄託在對他敞開的未來之中。對老年人來說則大勢已定。要是他在自己作品中發現弱點，他會很痛苦地意識到自己已無法從根本調整作品。莫內在某些時候會徹底懷疑自己畫作的價值，並為此懊惱不已。而要是老年人滿意自己的工作成果，他還是會在別人的評斷中感受到危險，尤其是來自於後代的評斷。

作品能夠傳至後代，等於是一種抵抗死亡的辦法，也就是保證作品可以繼續存在下去，能傳到未來的世代，說不定有機會在世代間永遠傳承下去。在洪薩、高乃依的時代，這個想法頗能撫慰人心。他們認為君主制會永遠長存，認為文明不會改變，人也不會改變；他們的名聲會從一個世紀傳頌到另一個世紀，一如他們在世時所得的名聲一樣。我們現在沒有這樣虛妄的幻覺了。我們知道我們的社會充滿變動：接下來會是社會主義或技術官僚治國，或者是落入野蠻狀態？我們不知道。不過，確定的是：未來的人類一定和我們不同（這也是為什麼在沙特的劇本《阿爾托納的被監禁者》

---

163 譯注：尼古拉斯．德．斯塔埃爾（Nicolas de Staël，一九一四—一九五五），俄裔法國籍抽象畫家，一九五五年三月從工作室跳樓自殺。

中，劇中的法蘭茲把未來的人想像成螃蟹）。假設我們的訊息能傳遞到後代，我們也無法預先想像他們是透過什麼樣的迷障來辨讀我們的訊息。無論如何，一幅畫、一部小說，對它當代的讀者和對後代的讀者來說，呈顯的意義是不會相同的：處在當時來看、來讀，跟透過厚重的過去來看、來讀，完全是兩回事。

即使僅僅考慮到不久的未來，我們越是相信作品的價值，就會對作品所冒的風險越感到不安。首先，作品冒的風險就是它會因外在情況而被抹除。這便是佛洛伊德擔心他的心理分析會遭逢的命運。想到作品會受到扭曲也一樣令人痛苦。牛頓知道他的引力理論將會被扭曲，而且會僵化；他雖然提出了無數的警告，試著避免理論偏斜，卻還是白費力氣。尼采非常害怕別人會錯誤解讀他的哲學，而事實上，他是會拒絕納粹對超人理論的錯誤詮釋。

對一個虛榮的人來說，他在意的比較是自己的名聲，而不是他工作成果的未來。要是他認為自己不為當代人所識，他很樂於求助於明日的人，就像愛德蒙·德·龔固爾表示明日的人會比較喜歡自己甚於左拉。相反地，生前便享有盛名的蕭伯納一心相信新生的世代不會正確地評價他——因為名聲會突然翻轉的律則（生前有名，死後卻被遺忘）。哈代、梅瑞狄斯，還有其他許多人都是這種翻轉的受害者。總之，不管是被遺忘、不被瞭解、被貶低、被讚賞，在後代決定他的命運時，都沒有人會在場，唯一確定的只有：不知道自己在後世的名聲如何。而在我看來，這使得所有的假設都成了無用。

老年人面對政治與社會變動的無力

為了將「老年人和他作為改造自己的行動者之間的關係」這個研究告一段落，我要來談幾位政治人物的晚年。

政治人物選擇的不是像科學家、哲學家那樣的抽象領域，也不是選擇想像的世界。他扎根在現實世界中；他要影響人心，以便使他時代的歷史改向，將之導向某些目標。這樣的舉動在政治人物身上可以是他的志業，就像迪斯雷利從小就渴望成為政府首長。政治首先是呈顯為一種尋找著內容的形式，瞄準的目標首要是權力的行使——不管哪種權力都好，之後權力便會帶來威望。就其他的例子來說，則是由事件激發出來而投入政治中；在當事人身上，他是以某種方式被造就出來的：他感覺到自己被呼召、被請求的，責無旁貸。通常，這兩種態度交互影響。把政治當作志業的人擇定某些目標，從此為這目標努力——迪斯雷利就是如此。有明確任務的人則是尋求權力以完成任務。不管怎樣，政治人物比知識分子、藝術家更仰賴他人。知識分子和藝術家需要世人接受他們的作品，而作品的材料並不是人本身。政治人物則將世人視為材料。如果說他服務世人，其手段往往是利用世人。他的成功、失敗是掌握在世人手中。而對他而言，世人的反應大部分都不可預測。在檢視他的老年會帶來什麼後果之前，我們有必要先來看看老年人和歷史之間的關係。

歷史有許多面向，並不介入重複性的社會中。在中世紀，歷史似乎是一團混亂，救贖來自另一個世界。在啟蒙時代，歷史則充滿了希望。在今日，它有前途，但是也有威脅，像是我們的星球會不會全然或部分被炸彈摧毀。我看過一些人在面對這個可能性時並不慌張，認為既然我們都死了，又何必在乎後來的世界會變怎樣？同樣地，也有人說，要是我們知道地球會隨我們而毀滅，就不會遺憾自己消逝了。

但我是屬於另一種人，我認為世界毀滅這個想法真是可怕。我和每個人一樣無法設想無限，但也不能接受有限性。我需要無限期地延長這場我將生命投注於其中的冒險。我喜愛年輕世代，希望我們人類能藉由年輕世代繼續存在，希望人類能經歷到更美好的時光。要是不抱這樣的希望，我逐漸邁近的老年對我是完全不可忍受的。

有時候政治、社會會出現大變動，因而改變了老年的面貌。自從巴士底監獄被攻陷，康德就改變了他恆久不變的散步習慣，提早來到郵件馬車前，取得法國的消息。他向來相信進步會帶給社會與個人幸福，他認為法國大革命證實了他的預測。像康德這樣認為自己的預測獲得證實，這般運氣是很稀有的，因為一天一天失敗是必然的，成功則很不牢靠。我們在希望中往往帶著失望，我們不會有不含雜質的純粹幸福。物理學家普朗克[164]表示：「真理從來不會得勝，因為它的敵手最後都死了。」就我自己來說，阿爾及利亞戰爭讓我難受至極。這場獨立戰爭付出了太高昂的代價，以致我無法歡喜地迎接勝利。米哈波[165]表示：「通往善的道路比通往惡的來得更糟糕。」年輕時，因為有未來無限長的幻覺，便會一跳跳到路的盡頭；到後來，我們再也沒有足夠的衝勁以超越所謂「歷史的附帶代價」，並認為這代價出奇的高。至於歷史的倒退，在老年人看來則可以說是確定而不可逆反的事。年輕人有希望看到明天會是不同的，因為即使歷史倒退一步，這一步還是可能往前躍進。而對於老年人，即使長期來說他們對未來仍抱持著信心，他們也不期待能看到歷史往前躍進的轉變。

他們對未來的信念無法保護他們免受目前的失望。有時他們的信念會拋下他們，而且不可避免的，歷史事件在他們看來像是推翻了他們整個的存在。卡薩諾瓦的悲哀之一，就是看見法國大革命摧毀了他所處的舊世界。在他拘囚自己的波希米亞城堡裡，他視米哈波為「下流的作家」。

這種幻滅有一個突出的例子，那就是安納托．法蘭斯[166]。他是個像饒勒斯[167]那種的社會主義者，也就是說抱持著人道主義和樂觀精神。他想像一個更美好、更公平的世界即將以非暴力的方式產生。一九一三年他六十九歲，認為「全世界的人都會往和平的道路走去」。他表示：「無產階級人民很快就會團結一氣。」他相信每個國家的無產階級都是和平主義者，隨時準備好起而反對戰爭。他也認為資本主義不必然會導致戰爭。他去了一趟德國回來以後，肯定地表示：「可以確定的是德國不希望戰爭。」他在一九一四年四月發表了談話，表示「即將有和解的歐洲聯盟」。他相信人類的理性，殺戮、破壞對所有的人都是災禍。他認為，人類有足夠的理智知道什麼對他是有利的。一九一四年八月他從雲端跌落，十月時他大受震撼，甚至讓他想到要自殺。他寫信給一位朋友，表示：「我再也受不了活下去。一種虛脫感將我留在此地，我求你幫我弄來毒藥。」他發表了幾篇文章（後來他

164 譯注：普朗克（Max Planck，一八五八—一九四七），德國物理學家，量子力學創始人，於一九一八年獲頒諾貝爾物理學獎。

165 譯注：米哈波（Honoré de Mirabeau，一七四九—一七九一），法國革命家、作家、政治記者暨外交官。在法國大革命期間，深受革命分子愛戴。

166 譯注：安納托．法蘭斯（Anatole France，一八四四—一九二四），法國小說家，一九二一年獲頒諾貝爾文學獎。

167 譯注：饒勒斯（Jean Jaurès，一八五九—一九一四），法國社會主義倡導人，一九一四年在巴黎被刺殺身亡。

後悔自己發表了這些文章），在文章裡，因受到時潮的影響，他譴責德國的軍國主義。但後來他噤了聲，直到一次世界大戰停戰。從他的信件裡，我們可以見到他拋棄了對理想主義和改革主義抱持的幻想。他從此認為不可能再相信群眾能夠阻止戰爭。他常常徹底陷入絕望中。他在一九一五年十二月寫道：「活著對我是難以承受的，我只對死亡又飢又渴。」一九一六年六月：「我的理性拋棄了我。殺死我的，比較不是人類的凶惡，而是人類的愚蠢。」一九一六年十二月：「人類的愚蠢是沒有極限的。」他為無法阻止戰爭憤慨不已，在一封長信裡以怒氣沖沖的嘲諷口吻下結論說：「我們一點也不急。戰爭不過是讓法國每天有一萬人喪生而已！」他在一九一七年十一月寫道：「我的悲傷和不安無邊無際。」他與克里蒙梭譴責的那些人站在同一邊，暗暗支持卡約[168]，公開支持哈波波爾[169]。他又寫道：「我多活了一年，甚至多活了七十年。我甚至不再希望蹂躪歐洲的恐怖戰爭終結。我不再相信什麼，也不再欲求什麼，我只憧憬永恆的死亡。」

俄國革命深深震撼了他：「邁向更美好未來的決定性第一步，是施行卡爾·馬克思的思想。和平主義已經過時了。」戰爭已經向他表明了暴力的必要性，但他並不輕易向這個想法屈服：「我很擔心這場戰爭結束並不會讓暴力也跟著終結。為了確保全面卸下武裝，人民必須起而反抗……這場可怕的戰爭會在未來引來三、四場同樣可怕的戰爭。這就是駭人的事實。」這個事實讓他感到痛苦。他在一九一八年十月三日寫道：「跟人家認為的老年人就應該怎樣不同，我的心變得比從前柔軟，人生對我成了永恆的刑罰。」

簽署停戰協定以後，他懷抱著「戰爭會帶來全面的革命」之希望，也表示讚賞蘇維埃。

一九一九年，工人罷工和工人社會運動促使他相信社會主義即將到來。他重新公開投入這場抗爭中。他呼籲選民：「只有階級消失，我們才會停止階級抗爭……一切都讓我們加速往社會主義前進。」他並未加入社會黨，也沒加入共產黨，但在這兩黨裡他都有朋友。一九二一年，他在《人道報》中刊載了一篇〈向蘇維埃致意〉，「第一次由人民來管理人民的權力嘗試」。他和巴比塞[170]都隸屬於「光明社」這個團體。然而在他的信件、談話中，他都顯得非常悲觀。他對自己身後的名聲抱持懷疑。一九二一年，在《生命燦如花》一書中，他對未來非常痛心。「我們會和最後的古代拉丁作家一樣被後代遺忘。」他認為歐洲與其文明都會死去：「邪惡的力量是世界的主宰。」「歐洲落入了野蠻中。」他原本還願意相信的社會主義已經完全不是他夢想中的樣子。在高爾基[171]的號召下，他譴責在莫斯科所展開的對革命社會主義者的審判。他無法否認自己所經歷的人道主義價值：寬容、帶有中產階級色彩的自由。他的思考方式和他的文風都已經過了時。他試著跟上歷史的潮流，但他仍屬於舊時代的人物。他的作品沒有任何成效。一九二三年，他受到《人道報》激烈的攻訐。他們指責他是業餘人士、無政府主義者、懷疑主義者。他被逐出了「光明社」。事實上，雖然他竭力讓自己適應新時代，但第一次世界大戰完全破壞了他對一個合乎理性又幸福的世界的希望。

168　譯注：卡約（Joseph Caillaux，一八六三—一九四四），法國政治家，曾出任總理，反對第一次世界大戰。

169　譯注：哈波波爾（Charles Rappoport，一八六五—一九四一），俄裔法籍共產主義政治家及作家。

170　譯注：巴比塞（Henri Barbusse，一八七三—一九三五），法國小說家、法國共產黨黨員，曾以反戰小說獲頒龔古爾文學獎。

171　譯注：高爾基（Maxime Gorki，一八六八—一九三六），俄國社會寫實主義作家、政治行動參與者。

更徹底的例子是H．G．威爾斯在一九四〇年的慘敗。七十歲時，他仍保有年輕活力，而且非常適應他的時代。他去了美國，跟羅斯福總統見了面。他夢想著能夠拉近蘇聯和歐美。他意識到自己失敗了：「我在一個對我來說太過於龐大的計畫中遭受失敗。」當二次世界大戰爆發，他大大受到震撼，以致生了病。提到一九四二年的世界時，他表示：「這景象徹底摧毀了我。」他表示自己「話已說盡」，並宣稱：「作者再也沒話可說，也永遠無話可說。」他活到了一九四六年，生前一直處在嫌惡與絕望之中。他對於人類的信心已死。他所有的工作、他之前所有的抗爭，甚至他生命的意義，都建基於他對人類的信心；一旦失去了這個信心，就再也沒有救了。他只得撒手，只得渴慕虛無、死亡。

像這樣的絕望心情可能導致自殺，維吉尼亞．吳爾芙[172]便是如此。活在政治圈邊緣、在特權階級圈子中的她，深深受到各國宣戰、轟炸倫敦的震撼。五十八歲時，她再也無法在自己的宇宙破成碎片的情況下生存下去[173]。更何況，要是老年人感受到局勢的威脅，他會覺得自己已經輸了，抗爭也只是白費力氣，最好的辦法是了結此生。在法國被佔領時，自殺的尤其以老年猶太人居多。

如果一個老年人對於挑起後來讓他深感遺憾的事件起了助力，他會比年輕人更加受到影響。與其陷入無用的後悔中，年輕人會試著制止它；老年人則因為所剩時間不多，不敢再期望事情會改向。愛因斯坦生命最後幾年便面臨這樣的不幸。他十分清楚科學家之於科學的運用負有責任。他擔心釋放原子能量可能引發的後果，而釋放原子能量是建基在他的發現之上。他在戰前表示：「撤去這個威脅成了我們這個時代最急迫的問題。」一九三九年，物理學家維格納[174]、西拉德[175]都很擔心德國率先發明鈾彈，便說服愛因斯坦寫信給羅斯福總統，警告他有此危險。愛因斯坦寫了信，並請求行政官員和研究連鎖反應的科學家之間要密切保持聯繫。美國必須取得鈾，並加速實驗工作。羅斯福總統聽取了他的意見。愛因斯坦很早就擔心後來可能發生的事。自一九四〇年起，他談起這封信時，都把它視為他這一生最難過的事。當他聽到以原子彈來摧毀日本城市的計畫風聲時，他寄了一份備忘錄給羅斯福總統。羅斯福到死都沒有拆開這封信。愛因斯坦不認為單憑一個人的力量就能影響歷史。他在一九三九年所寫的那封信是有正當理由的：德國製造鈾彈在當時是極可能的事。他並不為這件事感到愧疚，但他痛苦地感受到科學發明的豐富性，以及將它用來摧毀世界之間的矛盾。

愛因斯坦較年輕的時候，想必會更積極投入維護和平的抗爭中。他應該會想盡辦法讓原子彈的發明失去作用。他為時不長的未來使他無法期望自己能找到解決之道。

即使是在歷史承平的時代，老年人還有另一個理由無法得到滿足。就像我們在安納托·法蘭斯身上見到的，要他與時俱進是很困難的事。我們知道他們很難採納新的「作勢」。此外，大部分時候他們並不要這個「作勢」。他受限於自己「意識型態的利益」。自己所說或所寫的話、自己創造出來的角色，構成了「外於自己的存在」，他便將自己異化為這個「外於自己的存在」。一位老教

172 譯注：維吉尼亞·吳爾芙（Virginia Woolf，一八八二—一九四一），英國作家，二十世紀現代主義、女性主義的先鋒，著有《自己的房間》、《達洛維夫人》、《燈塔行》等。

173 她已有幾次憂鬱症發作，當時便曾打算自殺。

174 譯注：維格納（Eugene Wigner，一九〇二—一九九五），匈牙利裔美籍物理學家，一九六三年獲頒諾貝爾物理學獎。

175 譯注：西拉德（Leo Szilard，一八九八—一九六四），匈牙利裔美籍物理學家、發明家。

授把自己和他每年反反覆覆講的講述課程混同起來，他還跟自己從這課程而來的頭銜和名譽混同起來，因此教育改革讓他激憤。這不只是因為他已經變得沒辦法以對話來取代課程，還因為他認為這會使自己失去存在的理由。就像其他老年人在面對他的職業生涯一樣，參與政治活動的老年人也因過去的重擔而受到局限。他往往無法理解當前這個離他年輕時太遠的時代。他在智性上缺乏必要的工具。他是由自己的人生構成的。面對出其不備橫置在他眼前的景況，他不知如何正確回應。後悔自己在一九四〇年頑固而盲目地堅持和平主義的蓋埃諾[176]（當時他其實仍年輕）寫道：「在我這個年紀的人心中，有許多讓人癱瘓而無法採取行動的回憶。」他沒有意識到戰爭、和平這兩個字眼在一九一四年和一九四〇年的意義並不相同，因為有時從某些經驗中取得教訓是無效的；當情況改變時，某些抽象的原則必須重新提出來討論。當阿蘭傾向投靠維琪政府[177]時，就和蓋埃諾一樣也是自己過去回憶的受害者。他也沒有正視當前的局勢。他被自己「意識型態的利益」綁住了，也就是他一輩子所主張的和平主義。伯特蘭．羅素[178]也因同樣理由犯了同樣的錯誤，把自己向來相信的主張高置於實際景況之上。他以和平主義為名，在英國鼓吹不抵抗納粹主義。

珍娜特．維爾梅許[179]的例子尤其意味深長。她從年輕以來經歷了無數的事件，直到一九六八年秋天為止，她的立場從來都沒改變。她無條件地支持蘇聯，頑強地信仰史達林主義。在史達林死後，她在法國試圖阻止去史達林化，越來越和不斷變動的世界斷了聯繫。當共產黨改變了他們政治主張的時候，她還是緊緊抓著自己過去的立場。在捷克斯拉夫發生危機時，她立刻贊同蘇維埃幾位領導人的作為；這些領導人大約和她同齡，她認識他們。對她而言，他們代表了共產主義的真理。她在共產黨內遭到了孤立，中央委員會的成員沒人公開支持她，她最後只得辭職。我們也可以用「意識型態的利益」來解釋使她變得過時的這種僵固態度：她拒絕質疑自己向來所持的史達林主義，也拒絕質疑與她密切合作多年的多列士[180]的政治主張。這種拒絕否定自己的態度，幾乎在所有老年人身上都見得到，而我們理解個中原因。因為，就像黑格爾所說的，所有的真實都是演變出來的。在我們把過去所犯的錯誤看作是必要的過程時，我們可以承擔這些錯誤。但是我們只有在利用新的真實、循著新的真實的發展、而且讓新的真實豐富我們時，我們才能接受過去的錯誤是必要的過程。當未來受到攔阻時，我們執意瞄準於過去而不調整我們原有的想法，這一點不是必然的，卻是正常的。

我們在研究各歷史時期的社會時就已經見到了這一點：不管隸屬於何種政體、何種政黨，老年人通常是站在保守派那一邊。他們很難擺脫形塑他們的過去。他們是透過過去來看現在，而且對現在難以瞭解。他們既沒時間也沒辦法適應新事物；他們限於自己的利益，甚至對新事物試也不試。他們竭力維持現狀（**statu quo**）。革命是由年輕人所為。在這些曾經掀起革命的年輕人老了以後，

176 譯注：蓋埃諾（Jean Guéhenno，一八九〇—一九七八），法國作家、文學評論家。

177 譯注：維琪政府（Régime de Vichy），即二次大戰期間，法國在納粹德國佔領下與德國合作的政府。

178 譯注：伯特蘭．羅素（Bertrand Russell，一八七二—一九七〇），英國哲學家、邏輯學家，一八五〇年獲頒諾貝爾文學獎。

179 譯注：珍娜特．維爾梅許（Jeannette Vermeersch，一九一〇—二〇〇一），法國政治人物，共產黨黨員，曾任國會議員。

180 譯注：多列士（Maurice Thorez，一九〇〇—一九六四），法國政治人物，法國共產黨領導人，是珍娜特．維爾梅許的丈夫。

他們只有在革命制度化之後才繼續領導革命。再者，此時他們的角色往往只是代表性質，沒有實際的作為。政治人物在老年時往往被人取而代之。他們代表了歷史的一刻；而歷史會改變，並要求要有新的人物。皮耶．固貝爾[181]在他的《路易十四與兩千萬法國人》一書中表示：「他留下了一個極受讚譽的君主政體，但在他死時，這君主政體卻皺縮了，甚至過了時。就像許多其他君主，而且就像幾乎所有的人一樣，他老了以後變得死板，有僵化的現象。」此外，路易十四感覺到時不我予，感覺到機運已經不再站在他這邊。我們知道，在羅米利戰爭戰敗後，路易十四對年事已高的維勒魯瓦元帥說：「元帥，以我們這年紀，我們並不走運。」作為掌大權的君主，他保有了王位，但一位「過時的」部長就沒有這樣的機運了。歷史上有許許多多從高位跌落下來的人，而且因為政治人物通常都頗有野心，所以難以忍受自己的隕落。老年時的夏多布里昂，他的憂愁主要來自在公共領域中他已經與政事無關，對他而言一切都結束了。我覺得密切研究幾位政治人物的晚年是件很有意思的事；他個人的過去、他的身體狀態、事件的影響、歷史的反目的論（contre-finalité），對他總是組成一場複雜的冒險。下面我將舉三個例子來說明，這些例子是由上述這些因素所主導。

老年政治家和歷史進程的關係

我們會從克里蒙梭的例子看到一個人一輩子都堅持他從年輕時就抱持的政治立場，而這種對過去的堅持，最後卻落在現實局勢之後。我們常說：要維持一貫就必須改變。克里蒙梭致力於某種形式的民主，從極左派變成了反動派，然而反動派因為他之前的經歷而不喜歡他。他的價值、他的性格、大家對他的需要，將他帶到了榮耀的高峰。但是隨後他便落得無力，因為法國的新政局中已經沒有他的位置。

邱吉爾則因為預言了戰爭會發生，並表示要備戰，而被選來在戰時當政，但到了和平時期，他卻沒做必要的努力，以取得英國人的信任。不過，他也沒辦法做必要的努力，因為他沒有與時俱進，不太瞭解英國面臨的新問題。但他在老年時尤其為無可抗拒的身體衰頽感到悲傷，也全力與之搏鬥，卻還是漸漸落入死亡。直到死前身體都很健朗的甘地，圓滿地完成了他終身的職志：印度獨立。但是他為達目的所使用的辦法（特別是頌揚宗教情感），帶來的後果便是背棄了他一生所持的原則，以致他最後在絕望中離世。

克里蒙梭的父親是個承襲了法國大革命精神的堅決共和派人士，激烈抨擊帝國政府。在他的教養下，克里蒙梭從年輕時就熱烈支持父親的立場。他還是巴黎的醫學院學生時，和一群實證主義者兼無神論者的年輕人往來頻繁，在具有顛覆思想的報紙上寫文章。一八六二年，他二十一歲，因為一篇文章而被關在馬扎斯監獄，這篇文章的內容是鼓動工人在七月十四日到巴士底廣場集合，以慶祝法國大革命週年紀念。出獄以後，他受到布朗基[182]的影響。他在美國居留了四年，這強化了

181 譯注：皮耶·固貝爾（Pierre Goubert，一九一五－二〇一二），法國歷史學家，專精於十七、十八世紀的歷史。

182 譯注：布朗基（Louis Auguste Blanqui，一八〇五－一八八一），法國社會主義者，活躍於政治行動，為一八七一年法國巴黎公社的領導人。

他對民主政治的喜愛。一八六九年，他和一位美國女子結婚，然後回到法國，在一八七〇年投入政治活動。他被任命為巴黎第十八區的代理區長，並且於一八七一年二月八日起擔任巴黎市議員。一八七一年三月一日，在波爾多舉行的法國國民議會，他（和雨果，以及其他幾個人）投票反對將阿爾薩斯—洛林地區劃歸德國所有的條約。政府屈服於德國讓他憤怒不已。回到巴黎以後，他試著在政府和巴黎公社之間扮演協調者的角色，卻白費了力氣。他辭了職，因為國民議會在梯也爾[183]的影響下拒絕了為市鎮選舉做準備的一項法令投票。梯也爾表示：「巴黎要先降服。」克里蒙梭認為，要在法國實現真正的民主，必須靠人民的力量。一八七四年舉行市鎮選舉時，他被選上了，並在一八七五年擔任市議會主席，後來又當選巴黎第十八區的議院代表。

這時他開始了國會議員的生涯。在國會中他屬左派人士，甚至是極左派。他要求大赦巴黎公社成員（要等到一八七九年，公社成員才部分獲得大赦）。自一八八一年起，他所屬的政黨更名為「激進社會黨」。他是黨中最出色、說話也最最服眾的成員。在國會中、在他為報刊所寫的文章中，他為共和國政教分離而奮戰，為了教育去宗教化、新聞自由、集會的權利、國家教育計畫、經濟改革而奮戰不休。他所屬政黨的社會政策被認為非常先進：要求對工作採取保護措施、將工會視為法人、改善工人的處境。

口才便給的他常讓對手感到畏懼，這時他起而和茹費里[184]的殖民主義對抗。他在政壇上拉下了弗雷西內[185]、甘必大[186]、茹費里。他無疑是極左派的領袖，人稱他為「讓內閣倒台的人」。他也對挫敗布朗熱熱潮[187]有功。德魯萊德[188]為了報仇，試著以巴拿馬事件[189]來挫傷他的名聲。他極力為自己辯白，洗刷了一切指控。但他還是失去了國會議員的席次。

他五十二歲了。這時他投入記者生涯。他關心的不是只有政治，也和作家、畫家往來。他大力支持印象派和羅丹。饒勒斯在他的文章中表示：「克里蒙梭的社會主義思想越來越清晰。」在後來的德雷菲斯案件[190]的複審中，克里蒙梭扮演了重要角色。

一八九三年，他獲選為參議員，支持孔布[191]反對教會組織，並護衛政教分離政策；不過，他表示教學應享有自由。身為「進步社會主義」的支持者，他一開始行動便起而反對主張沒收資產階級財產、將工廠和銀行等完全收歸國有的社會黨人。克里蒙梭拒絕階級鬥爭，並希望能夠通過法律手

183 譯注：梯也爾（Adolphe Thiers，一七九七－一八七七），法國政治家、歷史學家，曾任法國第三共和總統，以鎮壓巴黎公社聞名。

184 譯注：茹費里（Jules Ferry，一八三二－一八九三），法國共和派政治人物，曾兩度出任總理，任內推動政教分離、殖民擴張。

185 譯注：弗雷西內（Charles de Freycinet，一八二八－一九二三），法國政治家，曾四度出任總理。

186 譯注：甘必大（Léon Gambetta，一八三八－一八八二），法國共和派政治家，曾任法國總理。

187 譯注：布朗熱熱潮（Boulangisme），指法國布朗熱將軍在部分民眾支持下發動政變、奪取政權的熱潮。

188 譯注：德魯萊德（Paul Déroulède，一八四六－一九一四），法國作家、政治人物，「愛國者同盟」創立者之一。他是布朗熱的信徒。

189 譯注：巴拿馬事件（affaire de Panama），指十九世紀末因開鑿巴拿馬運河而在法國發生的政治賄賂醜聞。

190 譯注：德雷菲斯（Alfred Dreyfus，一八五九－一九三五），法國猶太裔軍官，在一八九四年他被誤判為叛國，導致德雷菲斯事件。軍方處理黑幕被揭發後，法國社會因此爆發衝突和爭議。德雷菲斯在一九〇六年獲得平反。

191 編注：孔布（Émile Combes，一八三五－一九二一），法國左派政治家，在擔任參議員時及後來擔任總理期間（一九〇二－一九〇五），大力推行政教分離政策。

段進行改革。

不過，忠於一八四八年革命精神的他，於一八八二年礦工罷工時，護衛罷工的權利，反對礦業公司。他揭露了富爾米慘案[192]。

十二年後，在他被任命為內政部長時，他的政治立場突然轉變——不是他改變了，而是情勢起了變化。自由主義社會雖然還是一樣，但無產階級不僅人數遽增，也比以往更為窮困，結果是造成社會緊張，必須採取極端措施。克里蒙梭首要是想維持共和國的秩序，也就是說穩定中產階級。在法國北部的朗斯，掀起了一場又一場的罷工，最後這些罷工行動成了暴動。他派遣軍隊前去，向工人開槍。無論在何處，當他感到有必要壓制時，他就派遣軍隊。他自稱是「法國頭號警察」。社會黨猛烈攻擊他，而社會黨和激進黨從此永久、徹底地分道揚鑣。

一九〇六年，克里蒙梭六十五歲，這時他成了會議主席[193]。他在當時也是激進黨黨魁，該黨在眾議院佔有大多數席位，而且如今起而跟進步派的力量抗爭。工會裡的工人成了革命分子，到處都爆發嚴重的衝突。克里蒙梭以武力來鎮壓。這些鎮壓行動非常血腥。一九〇八年，在新城聖喬治，根據官方的資料，有四名工人被殺、四十人受傷。克里蒙梭也強力反對公務人員組成工會。社會黨人，尤其是饒勒斯，紛紛起而反對他。他還給了反動派其他的保證，像是他全權委由利奧泰[194]來處理占領卡薩布蘭加內地的情況。儘管他擔心國防問題（他任命福煦[195]為高等軍事學院院長），右派人士卻指責他忽視國防。在耶拿號戰艦發生爆炸以後，德爾卡塞[196]揭發了海軍部門的嚴重不足。內閣倒台。白里安[197]組新閣。

在他這個歷史時刻，克里蒙梭印證了我在前面所說的：老年人執拗地堅持自己過去的立場，而跟現實脫節。克里蒙梭所持的「社會主義」過了時，甚至到了變為政治反動派的地步。

他表示很高興自己重獲自由，後來還啟程到南美洲以民主為主題作演講。他說：「我是民主的尖兵。」回到法國後，他於一九一三年創辦《自由人報》，幾乎每天發表文章。他感覺到戰爭逼近，雖然希望能避免戰爭，但還是反對綏靖妥協的思想。他為兵役應該延長為三年的法律奔走。

開戰以後，他激烈批評法國參與戰爭的方式，以致他的《自由人報》遭到查禁。他又以《囹圄人報》為名重新刊行。一九一四年時，維維亞尼[198]建議他入閣。他拒絕了。他相信自己能以一己之力拯救法國，他要不是當會議主席，就什麼都不當。一九一五年一月起，他在參議院的軍事與外交委員會主席的位置上扮演了重要角色。他雖已經七十五歲，還是經常到前線去，巡視戰壕，曾經在前線的杜奧蒙碉堡過了一夜。他猛烈批評軍醫部的組織鬆散。在他的報紙上，他還大力抨擊「失敗

192 譯注：富爾米慘案（les meurtres de Fourmies），一八九一年五月一日於法國北方城市富爾米發生的一場槍殺案。此日，工人和平地發起罷工，要求縮短工時，卻被市長遣來的軍隊開槍射殺。

193 譯注：會議主席（Président du conseil），在法國第三共和時期對統領內閣的首長之稱，全稱為「部長會議主席」，即現今第五共和所謂的「總理」。

194 譯注：利奧泰（Hubert Lyautey，一八五四－一九三四），法國元帥、政治人物。

195 譯注：福煦（Ferdinand Foch，一八五一－一九二九），法國元帥，於第一次世界大戰後期曾任協約國聯軍總司令。

196 譯注：德爾卡塞（Théophile Delcassé，一八五二－一九二三），法國政治家、外交家，曾任外交部長。

197 譯注：白里安（Aristide Briand，一八六二－一九三二），法國政治家，曾任總理，並於一九二六年獲頒諾貝爾和平獎。

198 譯注：維維亞尼（René Viviani，一八六三－一九二五），法國社會黨政治家，第一次世界大戰第一年的總理。

主義」。他懇求美國前來協助法國。在一九一七年五月十五日法軍譁變[199]之後，他有一番反當時內政部長瑪爾維[200]的激烈談話。

他的愛國思想、他的活力，使得他在法國國內頗孚人望。然而，在政壇上，他卻引發了各方面的恨意。雷蒙・龐加萊[201]痛恨他。龐加萊怪七十七歲的克里蒙梭「太過驕傲、善變、輕佻」，但決定邀請他組閣。這時克里蒙梭有些耳聾，但仍頭腦清明，活力飽滿。他掌了二十六個月的權，每天從早上六點工作到晚上十點。他有了新的團隊，時局卻是一團糟。為了挽救局勢，他招募新兵。他讓國會議員投票以募軍需費用，他激烈地和失敗主義抗爭。他受到社會黨猛烈的攻擊。他成功地讓各國聯軍統一在一個指揮單位之下，並支持當時領軍的福煦。當德軍開始後退，他在自由地區受到英雄式的歡迎。莫爾達克[202]寫道：「這不是熱情的歡迎，而是真正的瘋狂，我使盡洪荒之力來避免他因群眾而窒息。」擔任議會主席時受到嚴厲批評的克里蒙梭，此時終於扳回了一城。他說：「必須心臟夠強才能頂得住這樣的激情。它撫慰了我紛繁的苦澀之情。」龐加萊、貝當，還有一些政治人物、軍事將領都主張追擊德國軍隊一直到柏林。福煦在決定簽訂停戰協定時表示「沒有人有權利再延長這流血之戰」，克里蒙梭支持他。這不是福煦持這種態度的唯一理由。戰爭的目的已經達成，公眾輿論要求停戰；若是「玩弄軍隊和國家的士氣」[203]，就可能是危險的。另一方面，要是戰爭繼續下去，美軍的角色會越來越重要，和平也就變得越來越依靠美國。福煦，就像其他聯軍的指揮官一樣，擔心雙方陣營的敵意要是延續下去，會有利於德國境內布爾什維克主義的散播。

在克里蒙梭宣布簽訂停戰協定時，眾議院、參議院一致歡呼。一群民眾聚集在軍事部前，要求克里蒙梭到他辦公室的陽台上，接受大家的喝采；克里蒙梭感動得哭了。不過，到晚上他的歡喜之情平復了下來。他的孩子帶他到巴黎洲際大飯店去，讓他看看在歌劇院廣場上歡欣鼓舞的群眾。他默默看著群眾。他女兒對他說：「告訴我你很開心。」他回答：「我無法這麼跟妳說，因為我並不開心。這一切都沒什麼用。」大家稱呼他為「勝利之父」，並為他豎立雕像。但是他很為未來擔心。他說：「現在，必須贏得和平，這可能來得更困難。」他也說：「要是我在乎我的名聲，我現在就該死去。」他已經非常疲憊；他的胃不好，兩隻手患了蕁麻疹，晚上也睡不好覺。

他去了倫敦一趟，受到熱烈歡迎。他也在史特拉斯堡受到熱情歡呼，不禁讓他流下眼淚。他回到故鄉旺代休息一陣子之後，以和平為主題辦了講座，還積極地投入工作。一九一九年二月九日，一名二十三歲的無政府主義年輕人柯丹拿手槍對他射了十槍[204]。其中一槍打中他，但傷勢不嚴重。

跟美國總統威爾遜的協商障礙重重。他護衛法國的利益：他原則上取得了德國該賠款給法國的條件，也取得了法國軍隊佔領萊茵河左岸十二年的協議，以及其他不少利益。然而，福煦指責他讓

199 編注：一九一七年第一次世界大戰期間，於法國陸軍發生的一場大規模兵變，士兵因累積的不滿情緒拒絕執行任務並離開前線。
200 譯注：瑪爾維（Louis Malvy，一八七五－一九四九），法國政治人物，曾任內政部長。
201 譯注：雷蒙·龐加萊（Raymond Poincaré，一八六〇－一九三四），法國政治家，曾任總統。
202 譯注：莫爾達克（Henri Mordacq，一八六八－一九四三），法國軍官。
203 參見安德烈·塔爾迪厄的《和平》。
204 這件事背後的真相永遠沒有人知道。柯丹原先被判了死刑，後來獲得大赦，再後來就被釋放。他似乎是神智有問題。

步太多，右派人士開始稱呼他是「勝利之負」。在法國國內，罷工又開始了，到處出現要求勞工權利的人潮。他無情地命令警察鎮壓。警察用暴力驅散了示威的戰爭寡婦。五月一日，工人形成了隊伍，警察負責驅散他們，光明正大地攻擊，造成了死傷。警察甚至野蠻地驅散由傷兵組成的隊伍。事後，克里蒙梭立法同意工時八小時，但是他再也不孚工人所望。六月二十八日簽訂凡爾賽和約：當他和威爾遜總統走出大廳以後，兩人幾乎被過度興奮的群眾擠到喘不過氣來。但是他一點也不滿意這個和平。根據他的說法，法國並未得到對他而言是必要的保證。許多法國政治人物嚴苛地批評這項和約。康朋[205]表示：這是「埋下了炸彈」。

整個左派都反對他，指責他是「狹隘的愛國主義與復仇主義者」。知識分子對他的國家主義不滿。一般的法國人指責他沒有全力護衛法國的利益。他的名望大不如前。他渴望退休，不過他還是發表了幾次談話。某些國會議員希望能夠改革憲法。他對此則持反對意見。他鼓吹各黨團結，猛烈地攻擊布爾什維克主義，引發了極左派的憤怒，並且在選舉前五日，巴黎報刊的印刷工人全面罷工。

國民集團，也就是右派，選舉獲得大勝，這就是「天藍色眾議院」[206]，多數派是由左派的政敵所組成。克里蒙梭很不高興有這樣的結果。歷史學家皮耶．米蓋[207]表示：「克里蒙梭錯過了下台的機會。天藍色眾議院是以左派克里蒙梭的挫敗開始的。」

十一月八日，這個新的眾議院第一次召開會議的時候，他情緒激動地接見了阿爾薩斯和洛林的眾議員。他受到熱烈歡呼，然而他沒有再續任參議員。他已經八十歲，他累了。他的朋友都希望他能競選總統。他抗議道：「他們是要我死啊！」去了倫敦一趟回來以後，也許是在勞合．喬治[208]的影響下，他接受了參選總統，卻沒有什麼勁，以致他的政敵指控他鄙視國會。他是出了名的反教權人士，因此他反對法國和梵諦岡重修關係。此舉讓所有的天主教徒都起而反對他，而天主教徒是和社會黨站在同一陣線。福煦、白里安、龐加萊也起而攻擊他。在選舉前一晚的準備會議中，德夏奈爾[209]得到了大多數的支持。他拒絕隔天出席大會，並宣稱要是人家不顧他的意志，而他取得了多數票的話，他也不會上任。當天晚上他對巴赫斯[210]說：「我還能做個有用的人。但對我來說，這樣做最好。我八十歲了。別人不知道，我自己卻很清楚。有時候這很殘酷。」第二天，德夏奈爾當選總統。

他不無酸楚地接受「被迫退休」。這深深挫傷了他的傲氣。他退居旺代，住在靠近海邊一間孤立的小屋裡，並且從此拒絕讀別人寫他的評論，無論是好評或惡評。他的身體驚人地健朗。他去了埃及，還到印度做了一趟極度累人的旅行，回來以後還說：「我感覺比任何時候都年輕。」阿爾弗雷德．卡普[211]表示：「好像他越老累積的生命越多，而不是消耗生命。」但是這時的政治情勢讓他深感痛心。他在科西嘉薩爾田的一場演講中為凡爾賽和約沒有切實執行感到惋惜。他為美軍撤退、

205 譯注：康朋（Paul Cambon，一八四三－一九二四），法國政治家、外交家。
206 譯注：天藍色眾議院（chambre bleu horizon），天藍色是法國右派的代表色。
207 雷蒙．龐加萊的傳記作者。
208 譯注：勞合．喬治（David Lloyd George，一八六三－一九四五），英國自由黨政治家，於一次大戰時任內閣首相，後任自由黨黨魁。
209 譯注：德夏奈爾（Paul Deschanel，一八五五－一九二二），法國政治家，曾任總統。
210 譯注：巴赫斯（Maurice Barrès，一八六二－一九二三），法國作家、政治家。
211 譯注：阿爾弗雷德．卡普（Alfred Capus，一八五八－一九二二），法國記者、小說家、劇作家。

賠償問題、對德國讓步、他痛恨的白里安重新掌權，以及他所謂的法國道德沉淪而痛苦不已。他藉由別人來抗爭，創辦了《國家回聲報》，由塔爾迪厄擔任總編，卻以失敗告終。

關於美國在戰時與和平時期扮演的角色，《紐約世界報》詢問他的看法。他決定以私人名義到美國一趟，直接對美國解釋。他十一月十一日啟程，美國人熱烈歡迎他。儘管他已經八十一歲，還是在三個星期裡發表了三十場談話，試圖「喚醒美國人」。有廣大的民眾歡迎他，但是這趟旅行在政治上並未起任何作用。不久，法國與比利時軍隊因德國未能償還賠款而以軍事行動佔領了德國魯爾區，此舉激化了法國和美國之間的敵意。

回到法國以後，儘管有人主動和他接觸，他還是拒絕回到國會，但是他悲痛地看著政局的發展。他在一九二二年四月二十六日寫道：「我們任由勞合・喬治控管熱那亞，熱那亞的情勢一天比一天惡化。無論是和英國斷絕關係或是屈從英國，這兩者都是落入深坑裡……我痛苦得說不出話來。」還有：「被政府背叛、被新聞媒體背叛，這就是我們法國人民的命運。」他指責白里安對德國讓步。當龐加萊在一九二二年繼白里安之後出任會議主席，並且發生了佔領魯爾區事件，他認為這項佔領措施來得太遲，因而沒有任何作用。他認為這不僅沒作用，還很危險。他在給朋友的一封信上說：「我覺得您的龐加萊像個在火藥桶旁邊玩火的孩子。」

他以在海邊散步（走路或坐車兜風）、栽種玫瑰、接待訪客撫慰自己。他撰寫《狄摩西尼》。他在寫給朋友的信上表示：「我八十二歲了，這說明了一切。我身體還行，頭腦很清明，精神也不錯。」還有：「我沒什麼要求，在別人也無法指責我自私的情況下，我多少會快樂地死去，在正值際遇相反的德法兩國衝突期間死去。」他還撰寫了《思想的黃昏》。他在一九二五年十月對奧姆塞[212]說：「靠著這個[213]，我沒哭著過活，反而度過了很棒的四個年頭……這很奇怪，不是嗎？我的生命晚年和我曾經的為人，跟我的性格是矛盾的，而這都該歸功於我的工作。工作讓我得到消遣，工作教育了我。我再也不為所有這些嘈雜世事而煩憂。」

事實上，他極度疲倦，而且曾經爆發憂鬱。從他的信件和談話中，看得出他的憂鬱。繼任龐加萊的是左翼聯盟，他們想拉近和德國的關係。克里蒙梭為此暴怒。他見到重新恢復名譽的卡約、瑪爾維成了部長。白里安簽署了羅加諾公約，因而被看作是新的和平捍衛者。對克里蒙梭而言，這是一連串讓人無可忍受的侮辱。一九二六年「國家團結內閣」成立，他的兩大敵人，白里安和龐加萊，都躋身其中，克里蒙梭氣憤已極。當塔爾迪厄接受入閣時，他便與之斷絕往來。他寫了一封憤慨的信給要求法國償還債務的美國柯立芝總統。他預言將會有災殃：「再五年、再十年，只要德國人想，他們就能對我們侵門踏戶。」這倒是讓他說對了。他還說：「我們處在一個卑劣的時期。」荷內．本傑明[214]到他鄉間的家拜訪他，克里蒙梭對他說：「可憐啊，二十世紀的法國真是短命鬼，它完蛋了，而我漠不關心……一個配得上『人』這個稱呼的人在統治我們的侏儒之間倒胃口而死。我在這裡好得很。」他對未來做了悲觀的預測：「你們會面臨瓦解，這為時不遠了。白里安和德國會為你

212 譯注：奧姆塞（Georges Wormser，一八八八—一九七八），法國政治人物、歷史學家，曾為克里蒙梭作傳。
213 指寫作。
214 編注：荷內．本傑明（René Benjamin，一八八五—一九四八），法國作家、記者，為《退休的克里蒙梭》一書作者。

們預備好這個的。你們現在的和平變了質，遲早要沉淪。」他失去了所有的熱情、所有的信念。他說：「抱持希望？這是不可能的！我再也無法抱持希望，我再也不相信我曾經熱情相與的——民主。」

他和畫家莫內是好朋友。他請求莫內將他自己非常讚賞的《睡蓮》送給國家。美術行政當局將橘園提供給莫內，好讓他展示畫作。但是莫內（克里蒙梭稱他為「執拗之王」）表示他遭遇了種種困難，甚至取消了將畫贈與國家的計畫。後來他雖然還是贈了畫，但莫內在一九二六年十二月就去世了，沒見到畫作完整地安置在橘園。在六個月前，克里蒙梭失去了他十分依賴的朋友傑法[215]。他也失去了他的弟弟亞伯特，以及他忠心的女僕克勞蒂德。他感到非常孤寂，他說：「啊，走到了暮年真是悲哀！身邊再也沒有人了。」他的身體有點走下坡：「我真後悔自己身體這麼好，我唯一的毛病就是兩腿無力。」不過，他說工作讓他擁有「年輕人的愉悅心情」。他寫了一本關於莫內的書。一九二九年四月，福煦的《回憶錄》在福煦去世三週後出版了，內容讓克里蒙梭受了傷。書中福煦批評克里蒙梭的作為，克里蒙梭寫了一本《勝利的光輝與痛苦》來回擊。這個回擊讓他自己深感悲傷：「我尤其是怪他[216]不讓我在安靜的謙和驕傲中了我餘生，在這安靜中有我最美、最深沉的愉悅。」但他還是滿意地回憶自己的過去：「我擁有過一切……一個人所能擁有的一切……我經歷了一個人在這世界上所能經歷的最偉大時刻！孩子們，我經歷了停戰啊！」直到生命最後，他仍保有驚人的活力。他只在死前那一晚喃喃地說：「我老了。我雖雙手無力，但仍然緊緊抓住生命。」

儘管邱吉爾和克里蒙梭兩人的遭逢明顯很相似，但克里蒙梭老年健朗的身體還是和邱吉爾的身體形成強烈對比。一九四〇年，邱吉爾六十六歲時出任首相。在二次大戰勝利的時刻，他被認為是英國的拯救者，贏得了廣大的民心。然而，他也一樣在戰後被逐出權力圈，只是他受制於生物自然法則的命運和克里蒙梭的命運非常不同。

一九四〇年，邱吉爾被視為「天降的偉人」，整個英國都要求把大權交到他手中。在此之前，他曾長期任國會議員及部長。一九一一年，英國海軍艦隊變得強大，主要是他在擔任第一海軍大臣期間整軍經武。一九三〇年，保守黨敗選，使得鮑德溫[217]內閣倒台，當時為財政大臣的邱吉爾便離開此職。有十年的時間，他被排除在政治圈外。但他做了幾場非常出色的演說。他很早就瞭解到納粹會帶來嚴重威脅。一九三六年，他在保守黨的外交事務委員會演說，呼籲「國際聯盟」反對德國。新聞報導大大傳播了他的看法。他敦促英國應當重整軍備，並且斥責各國對希特勒讓步。大家在這時都指責他是好戰分子，但是當二次大戰開戰時，他就成了先知，大家為當初沒聽他的警告而自責。倫敦的牆上到處貼滿了海報，要求：「溫斯頓[218]上台執政！」當時的首相張伯倫[219]讓他出任第一海軍大臣。一九四〇年五月十日，德國入侵比利時，張伯倫辭職，由邱吉爾出任聯合政府的首相。這時他發表了著名的演講：「我能獻給大家的只有熱血、辛勞、眼淚與汗水。」此時他六十六歲。

215 譯注：傑法（Gustave Geffroy，一八五五－一九二六），法國記者、藝評家、小說家。
216 指福煦。
217 譯注：鮑德溫（Stanley Baldwin，一八六七－一九四七），英國保守黨政治家，曾三度任首相。
218 譯注：溫斯頓（Winston），邱吉爾的名字。
219 譯注：張伯倫（Arthur Neville Chamberlain，一八六九－一九四〇），英國保守黨政治家，曾任首相。

戰爭時期，他一人頂三人用。他早上八點鐘起床，工作到午餐時刻，小睡一個小時，然後工作到半夜兩、三點。從一九四三年十二月起，他的身體撐不住了。他在迦太基病倒，從此以後他再也不是同一個人。他的醫生賈克．莫罕每天記下他跟自己衰頹的身體奮鬥、跟失能奮戰的悲壯過程。他在一九四四年九月二十二日——他七十歲時——說：「關於心智的一切都很好。但我感覺很疲累。我非常清楚地感覺到工作完成了。我曾經有訊息要傳達，但現在我沒什麼可說了。從此我只能說：反制這些可惡的社會主義者。」過去深深影響了他。他寫信給斯科比將軍：「我們得守住雅典。完成這使命對您將是一大戰功。如果可能的話，就不流血，但必要的話，那就流血吧。」在一九五三年他評論自己的這道指示，他說他當時想到的是貝爾福[220]的一句話，就是貝爾福對在愛爾蘭的英國當局表示：「開槍別猶豫。」他還說：「這遙遠過去的回憶總是縈繞在我腦際。」說不定他是以這個遙遠的回憶來為自己辯白，但事實上他已經不像以前那樣適應情勢。在雅爾達會議上，如果說他對史達林做出了重大讓步，這不是他的錯。他確實機敏而堅決地護衛了自己的觀點，但是他的健康繼續惡化。他工作的能量減低了。他變得多嘴而囉唆，連內閣的成員都受不了。他向來專注於自己的想法，對別人的看法從來不感興趣，但是他這種孤立狀態後來變得更嚴重。他再也無法理解別人的意見，而且有點失去了現實感。因為他在倫敦街頭、在下議院裡大大受到喝采，他就以為保守黨在議會選舉準會獲勝。一九四五年，他信心滿滿地投入選戰，卻沒有花心思制訂一套堅穩的政見，只是表示若由工黨執政會引發災難。他說，工黨會採取國家干涉主義，並且會是警察國家。這番攻擊戰時和他多方合作的人的言論使得人民不安。大家心想以他的好戰性格，在戰時雖極有用，但在承平時期豈不有礙和平。自一九四〇年以來便陷入沉睡中的保守黨中心組織和群眾不再有接觸。相反地，工黨提出了很誘人的政見：社會服務、充分就業、降低生活支出、某些工廠收歸國有。他們對自己的政見做了極好的宣導。大家說：「工黨有政見，保守黨有照片：邱吉爾的照片。」

工黨大敗保守黨，邱吉爾辭職，他不免感到苦澀。他後來寫道：「我被英國全體選民攆走了，再也無法參與接下來的政務。」他受不了「失業」，陷入憂鬱中。有人建議他辦巡迴演講，他回答：「我拒絕像個參加競賽的老公牛到處招展，何況這公牛靠的不過是牠過去的功勳。」他在國會還保有議員的席次，但是有一段時間，他沒有任何政治活動。他退隱到鄉下，畫畫，著手寫回憶錄（比不上他第一次世界大戰的回憶錄那麼好，而且這次有很多人協助他撰稿）。接著他出任反對黨黨魁，重新勤勉地出席下議院會議。他攻擊政府採取的經濟措施，尤其是攻擊解除殖民化的政策。但他激烈的態度讓他的同黨人士感到為難，他們希望他退出政壇。一九四九年，他的病發作，成了聾子。他的記憶力衰退，行走也有困難。他說：「我精疲力竭。」他為古老傳統的消失感到悲傷，譬如牽引國王車駕的八匹白馬。在英鎊貶值後，國會遭到解散，再次選舉的結果是工黨失去了九十五個席次。艾德禮[221]仍是首相，但是邱吉爾隱約看到了復仇的可能，他在下議院發表了幾場出色的演說。一九五一年，伊朗事件、罷工事件再次使得國會遭到解散，接著由保守黨獲得勝選，邱吉爾重新出

220 譯注：貝爾福（Arthur Balfour，一八四八－一九三〇），英國保守黨政治家，曾任首相，在對愛爾蘭的立場上強力反對其尋求自治。

221 譯注：艾德禮（Clement Attlee，一八八三－一九六七），英國工黨政治家，曾任首相。

任首相，但是他工作的能量已大不如前。現在他最多只能工作五、六個小時，將大部分職務交給各部會首長來執行。他總是感到疲累，心裡很清楚自己的血壓太高。他還經常昏睡，也怕自己變得年老糊塗。他曾悲傷地抱怨說：「在智性上，我已經不是過去那個人。現在，準備演說是一大負擔、一大焦慮。賈克，告訴我實話：我會不會漸漸失去我所有的能力？」然而，儘管醫生勸阻他，儘管他身體不適而且還病發了幾次，他還是不願退出權力圈。英國女王頒授他嘉德勳章。但是一九五三年六月二十五日，在一次官方晚宴之後，他昏倒在地。跟一九四九年那次一樣，這次疾病發作是由動脈痙攣引起。他的嘴巴軟癱了，說話不清不楚。他覺得自己成了「一堆破抹布」。他康復了。十月時他在保守黨的年會上發表了長達五十二分鐘的演講，眾人報以熱烈掌聲。但是一九五四年四月五日，他在下議院的演講卻以失敗告終。他將氫彈的問題簡化為政黨之爭。大家對著他叫喊：「辭職！退休！」第二天他表示後悔：「人老了以後，會太過活在過去裡！」但是他不願放棄權力。在經歷了高低起伏之後，他還是明白了自己的景況：「唉！我變得這麼愚蠢！你們都幫不了我嗎？」他很訝異地表示：「賈克，變老是一件令人驚異的事。」莫罕問他身體上有什麼徵兆讓他訝異。他回答：「所有的徵兆。」他竭力留在首相的職位上，但是越來越力不從心。他現在連睡覺都要服鎮靜劑。他常常眼裡含淚。八十歲生日是他最輝煌的時候。當天晚上，他凝視著一幅人家送他當禮物的肖像畫，他對艾登[222]說：「這是一個該退休的人的畫像。您也同意這幅畫畫得不像我。」但保守黨內年輕的黨員卻寧願他退休。他會說些讓人訝異的蠢話[223]。他的精神日益不濟。在內閣閣員集會時，他常睡著。一九五五年，他終於決定請辭。他吃很多、酒喝很多，但菸抽得比從前少多了。他經常目光模糊、久久默不作聲、昏昏沉沉。他問：「我是不是正變得昏聵？」一九五六年，他中風。他耳朵完全聾了，人變得無精打采，經常沉默不語。他常到法國蔚藍海岸去，讀書，偶爾還會作畫。他在一九五九年又當選國會議員。他到巴黎去，法國戴高樂總統授與他解放勳章。他這時顯得很老、很疲憊。之後他就完全衰弱下去。最後五年他拖著一身病，衰老異常，頭腦不清。

甘地的身體向來健朗，他的活力更勝克里蒙梭。他投注一生的志業——從英國人手中解放印度——圓滿地完成了，但他取得的勝利最後卻殘酷地反過來對抗他。

決定將英國人逐出印度的甘地，在一九一九年開創「真理堅固」（Satyagrana）思想，也就是違抗英國人強加於印度人身上、嚴酷的羅拉特法。他呼籲大家採取不合作的態度來對抗英國人。一九二〇年他出任印度自治同盟的主席，到處旅行以宣傳他非暴力的抵抗運動。他提倡手工業復興，以抵制英國貨。他成功地癱瘓了經濟。同時，他從內部革新印度社會，致力於讓人不再對賤民懷有偏見。他要印度教徒和伊斯蘭教徒保持友好關係。這兩大宗教曾經長期和平共處，但是到了二十世紀，兩大宗教的中間階級在多座城市裡爆發了爭取地位和影響力的衝突。一九二四年，甘地為了讓兩大宗教和解而絕食。在這次歷經三個星期的絕食期間，他住在一位伊斯蘭教徒家中。然而，由於

---

222 譯注：艾登（Anthony Eden，一八九七－一九七七），英國保守黨政治家，曾任首相。

223 他頭腦不清地說：「在一九四五年，當德國軍隊數千人來降時，我拍了封電報給蒙哥馬利元帥，請他收繳他們的兵械。有一天當俄國往前推進時，這些兵械可能有必要還給德意志國防軍。」大家要求他解釋，他無法自圓其說。

他非常虔誠，他領導的運動深深帶有宗教性。尼赫魯[224]寫道：「有時我為我們政治裡這個漸次增強的宗教影響力量感到不安，不論它涉及的是印度教或伊斯蘭教。我一點都不喜歡這樣。」他補充說，至少在某些點上，他很難讓甘地調整態度：「他對某些觀念是如此堅定、如此根深蒂固，以致其他的在他看來都不重要……只要手段是好的，那麼目的就也會是好的。」

甘地七十歲時對上述這想法比從前都更有自信。他體魄強健，儘管多次絕食、長途跋涉、忍受酷熱和不舒適，但身體沒有衰敗之象，並且受到大家的崇敬，他希望自己能活到一百二十五歲。然而他主張國家統一，伊斯蘭教領導人真納[225]卻主張從印度分離，另行建立一個伊斯蘭教國家。二次世界大戰之後，承諾要撤離的英國人鼓勵印度成立一個臨時政府，伊斯蘭教徒拒絕加入這個政府；他們要求佔有居民主要是伊斯蘭教徒的幾個省分，於是爆發了殘酷的殺戮：在加爾各答，印度教徒和伊斯蘭教徒雙方各有數千人死亡；在比哈爾則有一萬名伊斯蘭教徒被殺。七十七歲的甘地這時去了印度教徒避難的諾亞克拉比。他拜訪了四十九個村莊，鼓吹非暴力，期間往往住在伊斯蘭教徒家中。在旁遮普、德里又相繼爆發了新的殺戮。甘地在他七十八歲生日那天表示：「我心中只有焦慮。我失去了活得長久的慾望。」他還說：「我不同意我最親愛的朋友們正在做的事。」還說：「今日處境下的印度，沒有我的位置……要是印度得沉陷在暴力中，我沒有任何活下去的慾望。」他只收到帶有恨意的信，有些是來自印度教徒，因為他責怪他們使用暴力，有些則來自伊斯蘭教徒，因為他反對印巴分治。國民大會的成員認為只有印巴分治才能避免內戰，因此在一九四七年六月十四日投票支持分治。甘地為此感到「絕望」。分治對他等於是「靈性的悲劇」。他等待了一輩子的印度獨立在一九四七年八月十五日宣告成立時，他拒絕參加任何慶典。印度人違反了他非暴力的原則，對他來說這原則甚至比獨立本身更重要。他說：「要是神愛我，他只會讓我在塵世再活一會兒。」他拜訪難民營，公開發表談話，盡全力調解印度教徒和伊斯蘭教徒，卻是白費力氣。在巴基斯坦，印度教徒被殘殺；在印度，伊斯蘭教徒被殘殺；錫克教徒則在兩地被殘殺。甘地自問：「我自己是不是有哪裡不對？」總是努力過和諧生活的他發現：「我遠遠沒有保持自我平衡。」他一生渴望的印度獨立卻只帶給他絕望。他後來死於暴力下，一位視他為叛徒的印度教徒暗殺了他。

他是沙特描寫的那種反目的論的犧牲者，這種反目的論是歷史進程中不可抗拒的：行動（praxis）僵固為「實踐—惰性」；在這種「實踐—惰性」下，行動會在未來世代的掌握下使得意義改變。一個年紀輕輕就死去的人不會見到事情起反轉；但是隨著時間，這樣的反轉卻是不可避免的。愛因斯坦是無辜的受害者。相反地，甘地該負的責任卻很明顯。尼赫魯早就不安地感覺到甘地煽動的宗教狂熱會引來災難。一心堅持非暴力思想的甘地，看不見在印度教徒和伊斯蘭教徒之間潛藏著暴力。他寧取原則，不見事實；寧取手段，不見最終目的。結果就是結局違反了他一生的志業。很少有人這麼具有悲劇性：在自己的行動完成之際，卻見到它徹底遭到扭曲。

224 譯注：尼赫魯（Jawaharlal Nehru，一八八九—一九六四），在印度獨立運動期間扮演關鍵性角色，為甘地所信任，並且是印度獨立後的第一任總理。

225 譯注：真納（Muhammad Ali Jinnah，一八七六—一九四八），印度、巴基斯坦政治家。他原為印度獨立而奮鬥，後來領導在南亞建立一個獨立伊斯蘭教國家的運動，之後擔任巴基斯坦的第一位總督，被譽為巴基斯坦國父。

如果說這三位政界的老年人最後都遭到了挫敗，這不是偶然。政治人物是創造歷史的人，也是被歷史扼殺的人。不管他做了什麼，他都體現了某段時間的歷史，無法脫離於此。即使他依隨世事潮流而行事，他在公眾眼中仍是採取某種策略、某種作風、某種法令的人。克里蒙梭是戰時中人，在戰後即被排除。邱吉爾也是一樣，他帶領英國取得勝利，但隨即被當成過時的人。甘地帶領印度取得獨立，但印度獨立卻引發了背棄他所有原則的局面。有些老年人看不見真相，忽視事情後來的發展否認了他們的過去，以致他們顯得落後於時代。

正因為大家將老年人趕下權位，是為了建立一個不同於他們的新路線，所以退下位來的政治界老人會指責現在，也預言不遠的將來並不會更好。不管怎樣，政治作為不是作品，它只會留存在回憶中，而不會有實體的東西流傳下來。在歷史的隨機性進程上，有作為的人有望留給後代的，只是他履行之事的回憶，以及他的形象。大部分人非常看重這回憶與形象。被趕下權位之後（有時甚至就在他們掌權時），他們會寫回憶錄，而這往往是自己的辯護書，往往會攻擊政敵，因此這回憶錄的歷史價值通常會受到質疑。他們會在未來的世代面前為自己的理念辯護，以反對當前的時代。在他們看來，當前的時代對他們不完全公正。

❖

我們大致看過了各個領域，除了少數幾個例外，老年人和他所處時代之間的關係大大地改變了。

這就是這個奇怪的短語所表達的：「在我那個時代」。阿拉貢在他的小說《空白或遺忘》中就記下了這件怪事。人們認為「屬於自己」的那個時代，是他醞釀並執行他志業的時候。但後來我們也見到了基於各種不同的理由，屬於他的時代會一去不回頭。時代屬於更年輕的人，他們在時代中踐行自己的活動，以自己對未來的願景賦予時代活力。沒有生產力、沒有效率的老年人，在他自己看來都像是個倖存者。也是為了這個原因，他很樂於轉而面向過去，因為過去是屬於他的。在過去他把自己看作是一個完整的人，一個活著的人。

屬於他的年代，也是許多和他同樣年紀的人的時代。跟過去比起來，今日我們比較少遇見喪事。從前，一個五十歲的人通常會經歷他父母、叔舅、姑嬸、兄弟、姊妹，甚至妻子、幾名子女的死亡。人生是一連串的葬禮，活得老等於被判處孤獨的活著。現在，一個五十歲的人，很多人只失去了他們的祖父母。但如果我們活到七、八十歲，會見到大部分的同代人死去，並且孤獨地活在一個到處是比較年輕的人的世紀裡。即使是以我自己的年紀，我和各個不同世代的關係也起了改變。只有一個世代的年紀比我還大，他們人數漸漸稀少，死亡窺伺著他們。從前為數極眾的「我的世代」，現在也變少了。當我還年輕時的年輕世代，現在都成了成年人，他們或者身為父親，甚至身為祖父，都好好地在他們的人生中安頓下來。要是我對一個主題想要有真正更年輕的觀點，就必須向年輕一輩的請教。再過幾年，我就到了塞維涅夫人所謂「我家中年紀最長的」那個年紀。從這時開始，我們會受到孤獨、悲傷的威脅。一七〇二年，妮儂．德．朗克洛八十二歲時，她憂鬱地發現那些活得老的人「擁有孤獨活在一個新世界的可悲特權」[226]。卡薩諾瓦在他隱居的悲戚城堡裡寫道：「一個人最大的不幸，就是在他所有的朋友死後他還活著。」賀蒂夫·德·拉·布賀東納在他《我父親的一生》裡很崇敬地提到了一位老年人，這位老年人對一個年輕人說：「孩子，別羨慕我的命運，也別羨慕我的年紀。我在四十年前失去了我最後一位童年友伴，我在我的國家裡、家庭中就像是一個陌生人。我再沒有任何人把自己當作是我的同類、我的朋友、我的同伴。活得太長是災難。」他說他對曾孫子那一輩的再也沒有任何感情，他的曾孫們也都忽視他：「我親愛的朋友，這就是事實，而不是城裡那些口才好的人說的那些好聽話。」

老年人不只是看著和他同一世代的人死去——往往，另一個世界取代了他的世界。我們前面也見到了有些老年人很歡喜，甚至很驕傲地，迎接這個改變，但前提是這個新世界不否定他的過去。要是他過去做的、相信的、喜愛的都受到質疑，他就會感覺自己像是被放逐。

有一種老年人讓巴爾札克很吃驚，他也盡情地描繪了他們，那就是：超越自己的時代以及他自己的老年人。譬如夏倍上校[227]，原先大家都以為他死在埃勞，沒想到他在流浪幾年之後又回到了巴黎，想讓大家認出他，以回到他妻子身邊，並取回他的財富。他的外表顯示了他的狀態：「這位老軍人又乾又瘦。他故意用假髮遮著額頭，顯出一股神祕的氣息。他的雙眼似乎覆著一層透明的翳……臉色慘白而發青，面如刀鋒……像是死了一樣……老人額上的帽緣在他上半部的臉上投射成一道黑影。這個自然而又古怪的效果形成一個強烈的對比，使白色的皺紋、生硬的曲線、像死屍般陰沉的氣息格外顯著。僵固不動的身體、沒有半點暖意的眼神，跟端肅憂鬱的表情非常調和。」他的妻子再婚了，非常有錢，拒絕把她手頭握有、屬於夏倍的錢還給他。他沒有力氣走訴訟程序：「他患了一種醫生都說不出名字的病……只能稱之為痛苦的憂鬱症。」慷慨的他決定在民事上仍然維持死亡的身分，但他妻子的行為實在讓他反感得想去死。他選擇消聲匿跡。他成了流浪漢，要人家稱呼他雅辛托斯[228]。最後，他住進了畢塞特赫的救濟院。

另一名倖存者是法西諾．坎納[229]，他出現在敘事者眼前時，正在一場婚禮上吹奏單簧管。「各位想像一下但丁的石膏頭像：滿頭銀白髮絲，被油燈的紅光照亮；因為雙目失明而使儀表堂皇的他表情更添辛酸與痛苦，因為他的思想讓他死了的眼睛重新活過來。而這雙眼睛，又在獨特而執拗的慾望刺激下，射出炯炯的光芒。這慾望鐫刻在他隆起的額頭上，上面皺紋密布，就像一堵充滿隙縫的老牆……在這位心裡似乎藏著注定被遺忘的奧德賽的老荷馬身上，有種崇高又暴虐的東西。這種崇高是如此真實，終而戰勝了卑賤；而這種暴虐是如此強韌，終而打敗了貧困。在他那顯得高貴而蒼白的義大利臉龐，灰白的眉毛將陰影投射在眼眶凹處，表現出各式各樣的強烈激情。它可以使人為善，也可以使人為惡；可以使人成為囚犯，或是成為英雄。他的身軀裡藏著一頭獅子，這頭獅子把力氣都白白耗在對著關住牠的鐵籠欄杆嘶吼，弄得自己疲累不堪。絕望的火焰已經熄滅，化作了

226 我們還記得斯威夫特在描寫斯楚德布拉格（不死之人）時，就已經預感到會有這種處境。
227 編注：出自巴爾札克同名小說《夏倍上校》。
228 編注：雅辛托斯（Hyacinthe），希臘神話中的美少年，因忌妒的西風之神捉弄，被其好友太陽神阿波羅所擲的鐵餅誤擊而亡，流出的血長成美麗的風信子。
229 編注：出自巴爾札克同名小說《法西諾．坎納》。

古老傳統，僵固在他那個時代的偏見裡。他譏笑新派的軍人，不把拿破崙．波拿巴當一回事。一天早上，他一邊穿著衣服，一邊要兒子向他報告下次戰事的計畫，卻又不聽兒子說話。他對政治情勢、軍事情勢一清二楚，但是他以嘲諷、鄙夷的態度看待現實世界。他「笑起來乾而冷，讓人很不愉快」。他是家中的暴君，讓女兒瑪麗驚恐不堪。他壓迫她，還拒絕和她分開。因為他，她沒結婚。在兒子要再娶娜塔莎時，他非常生氣；接待娜塔莎時，他故意穿著睡袍、戴著棉線帽，還以令人不快的神氣指責她。娜塔莎心裡受了傷地離開了他家。他雖然人越來越老，但身體依然健朗，只掉了一顆牙，但是他越來越容易為世上發生的事惱怒，越來越抱持懷疑的態度。後來他有點生病了，指責女兒故意要惹他生氣。安德烈為妹妹講話，老公爵先是有點尷尬，似乎很侷促不安，然後反擊說：「你給我滾！永遠不准再踏進這裡一步。」

他失了理智，任由法國管家布希安娜小姐諂媚他。他很任性。他把自己關在辦公室裡八天，然後又繼續建造、種花。他跟布希安娜小姐賭氣，也跟女兒賭氣。他假裝忽視戰爭。他總是很忙碌，睡得很少，每天晚上換房間。當敵軍已經來到聶伯河，他還表示他們越不過尼曼河。他越來越不重視真實景況。他兒子寄給他一封內容讓人不安的信，他卻認為這封信宣告了法軍失敗。後來他重讀了一次信，才突然明白危險將至。他命令女兒離開，女兒拒絕拋下他。他大發雷霆，但內心其實很高興。法軍抵達以後，他穿上軍服，佩上所有的勳章，準備去見法國統帥。但在半路上，他疾病發作，身體右半邊癱瘓了三個星期。他深受痛苦，想說話卻沒辦法。這時他對全心奉獻的女兒心軟了，撫著她的頭髮，終於成功地吶吶說了一句話：「一切都要謝謝妳。」他表示想見兒子，然後才想起來他人在軍中。他低聲說：「俄國輸了，他們讓俄國輸了。」他口中的這個「他們」傳達了他對當前時代的敵意，在這個時代中他認不出屬於他自己的時代。他哭了起來，然後平靜下來，不久後就死了，只在床上留下一具乾癟的屍體。

老年人面對死亡的態度

一名倖存者，在其他人眼中是一個被判處緩刑的死者。但他是這麼看自己的嗎？他是怎麼感受生命終局的臨近？

不同的社會背景，會對老年人和死亡之間的關係產生不同的影響。在某些社會中，整個族群會因為生理上的衰頹，或因為生存景況讓人不想再活下去，而任憑自己漠不在乎地死去。這時，死亡對任何人都不是問題。另有些社會則是在老年面臨死亡時，以儀式來崇敬老年的死亡，老年人因而變得有價值，受人稱羨——雖然有些人希望能夠逃避死亡。在傳統社會中（身為父親的期望後代能延續他所成就的），跟在今日的工業社會中，老年的面貌並不相同。然而，死亡之中有種跨歷史的元素，那就是：不管在哪個時代，死亡破壞我們的身體，使我們不再於世界中存在[231]。從古代到現代，從那些描寫老年人面對死亡的態度的證言來看，有不少古今皆同的想法。

這種面對死亡的態度會隨著年紀而有所差異。兒童初次認知到死亡時，會讓他大受震憾。年輕

231 即使我們期待能在另一個世界重生，死亡還是將我們從這個世界拔除。

人痛恨死亡，雖然他比其他人更有能力直率地面對死亡。要是有人要取他的性命，他會起而反抗；但是往往他不畏冒生命之險、不畏捨命。他並不那麼看重生命，因為他將生命奉獻於更崇高的事物。他對生命的熱愛是出於慷慨，這慷慨可以使他犧牲生命。成年人的態度則來得較謹慎。他異化為自己的利益，基於這利益，他拒絕從世上消失：要是他消失了，他的家庭、他的財產、他的任務該怎麼辦？他不常想到生命的終局，因為他全心投入字自己從事的活動，但是他會避免做危險的事，會注意自己的健康。

對老年人來說，死亡不再是概括而抽象的命運。這是一件即將來到而屬於個人的事。愛德蒙．德．龔固爾在他的《日記》裡，於一八八九年八月十七日寫道：「沒錯，生命是無限長的，大部分人活在這樣的幻象裡，在此之前我也是如此，但現在我已沒這個幻象了。」所有的老年人都知道自己不久就會死去。但是在這種情況下，什麼是「知道」呢？我們留意到龔固爾這句話中反面的表達法：他再也不相信自己是不會死的。但我們是怎麼想自己是會死的人呢？

死亡和老年屬於同一個範疇，也就是沙特所謂「無法成為真實的」。「為己」既不能觸及死亡，也不能向死亡投射而去；死亡是我的可能性的外在界限，而不是我自己的可能性。我對其他人來說是死了，對我自己來說卻不是：在我的存在中，其他人才是「會死之人」。從其他人的觀點來看我自己，我知道自己是會死之人——就像我知道自己老了。因此這種「知道」是抽象、概括、由外在設立的。我的「必死性」並非我私密體驗的對象。我沒有忽視它；我在我的預料中、我的決定中、在我對待自己像對待其他人中，都顧及到這件事，但是我沒有經歷到它。我可以藉著幻想，想像我的屍體、葬禮，來逼近死亡。我可以想像我不在場——但這還是我在想像。我的死亡不可避免地糾擾了我的願景，但是我永遠無法確知死亡。我無法確知我「會死之人」的處境。

老年，跟死亡這個「無法成為真實的」一樣，我們能以各種不同方式來承擔，而且它和死亡這個「無法成為真實的」之間的關係，也不是每個人都相同的。每個人根據他的整體景況，以及他之前的選項，對這關係做出選擇。一個覺得自己還年輕的老年人在面對死亡逼近時，比四十幾歲罹患不治之症的人更會起反抗之心。他並沒有改變：他的活力、他在世界中的利益無損，但一個外來的判決讓他知道了他生存的機會只剩十幾年！受不了人家把他當老年人看待的卡薩諾瓦，儘管他抑鬱、孤單、衰頹，他還是對未來極度的好奇。他在七十歲時寫道：「喔，死亡！殘酷的死亡！死亡是怪物，它驅趕專心看著他非常感興趣的一齣戲的觀眾離開劇院，在戲還沒演完之前。光是這個理由，就足以讓我們痛恨它。」七十歲的科幻小說家威爾斯——在一九四〇年的戰爭之前——把自己比作一個剛得到新玩具、父母卻要他上床去睡覺的孩子：「我一點也不想把玩具收起來。我痛恨死去。」即使意識到自己的年紀，只要我們仍有所作為，都會痛恨死亡破壞了我們的計畫。就像雷諾瓦。他從來不想停止作畫，不想停止進步。

隨著年歲增加，有時對死亡的厭惡會減輕。精神和身體都衰弱不堪的斯威夫特，在寫給波蘭格布洛克[232]的信上說：「我在您那個年紀的時候，時常想到死亡。但是現在，經過了十幾年，這個念

232 譯注：波蘭格布洛克（Vicomte Bolingbroke，一六七八—一七五一），英國政治人物、哲學家，他和同一時代的大作家多有交遊。

頭從沒離開我，卻比較不讓我驚惶了。我的結論是，上帝減緩了我們的畏懼，同時也減弱了我們的力氣。」當他假設上帝讓我們在生理狀態和焦慮之間取得平衡，這種悲觀態度在這時也轉成了一種奇怪的樂觀態度。雖然乍看之下很矛盾——往往越接近死亡，死亡就越不令人害怕——但對這件事，得找其他的解釋。佛洛伊德假設[233]，年紀越大，「死之衝動」就越會壓過生之慾望。不過，大部分的精神分析家都放棄了這種說法，佛洛伊德也沒也解釋年紀與「死之衝動」之間的關係。那麼，為什麼會年紀越大就越加漠視死亡呢？

事實上，死亡臨近這個想法是錯的。死亡既不遠也不近：它根本「不在」。不管哪個年紀的人都受到外來災禍的威脅。沒人知道災禍會在什麼時候發生。老年人知道他「很快」就要死去；這個死亡的必然性，對七十歲的人來說和對八十歲的人一樣都是存在的，而且「很快」這個說法對八十歲的人來說也和對七十歲的人一樣含糊。談老年人和死亡的關係並不正確，因為老年人——就像所有的人一樣——只和生命有關係，重要的是他活下去的意志。有一句俗語很清楚表達了它所要說的：跟生命做了結。渴望或接受死亡，意味著渴望或接受「跟生命做了結」。如果老年的衰頹越來越嚴重，生命也就變得越來越難承受。這是很正常的事。

為了接受上述這個說法，我們只要記得老年帶來痛苦和殘疾也就夠了。首先是身體上的疼痛。佛洛伊德承認：是疼痛，而不是死之衝動讓他動念想死[234]。這是所有在身體上受折磨的人的慾望。另一方面，活得久也意味著在我們所愛的人死後仍然倖存。基本上，有些老年人（像是托爾斯泰）或是出於自私，或是為他們的願景所苦，他們比較不敏感，而且比較容易承擔哀悼。對於那些重視感情的其他人來說，他們會沒有慾望存留在塵世間。維克多．雨果在茱麗葉死後開始渴望死亡。威爾第在他妻子去世後，就只等待著死亡。

當世界起了變化，或世界變得無可忍受時，年輕人保持著改變的希望，老年人則不抱這樣的希望，他只能期待死亡。安納托．法蘭斯、威爾斯、甘地就是如此。又或者是，老年人已無法指望再超越自己的景況，而這對他們難以忍受。一八九四年四月三日，龔固爾在他的《日記》裡寫道：「在我不斷受苦的情況下，每個星期持續的疾病發作，加上我上一回在文學上的嘗試沒有成功，再加上我覺得沒才華的那些人獲得極大的成功，還有，天吶，再加上對最親密友人的友誼的不確定感，死亡在我看來再沒有前幾年那麼陰鬱了。」

尤其是，即使老年人沒遭遇到什麼特別的不幸，通常他都還是會喪失活下去的理由，或是發現他再也沒有活下去的理由。如果說死亡讓我們感到不安，那是因為它無可避免地是我們的願景被掩蓋的一面。也就是說，當我們停止有所作為，死亡便什麼也毀壞不了。為了說明有些老年人為什麼屈服於死亡，我們會以精力耗損、疲倦不堪來做解釋；但如果人活著只要混日子就夠，那麼老年人也可以滿足於他緩慢下來的人生。只是，對他來說，活著，就是要超越自己才對。生理上的衰頹使得超越自己、熱情成為不可能。它破壞了我們的計畫。從這個角度來看生理上的衰頹，使死亡成為

233 一九二〇年，佛洛伊德寫了《超越快樂原則》。他在那時認為所有的人都有回到無機狀態的基本傾向。他直到生命末期都重複這種說法。不過，在他的一些信件中卻顯示他有時是懷疑這種論說的。

234 參見〈第二部〉三二〇頁。

糊的狀態就不會持續。

幾名調查人員詢問了退休工人退休金管理局的一所養老院裡的院友：他們會想到死亡嗎？他們對死亡是怎麼想的？回答如下：「總有一天會走到那一步的」、「我會想，我會常常想到死亡」、「當我不能再呼吸，那將會是解放」、「當我有陰鬱的念頭時，我就會想到死亡」、「與其受苦，倒不如死了」、「我們活著是為了死去」、「有些人會想到死亡，但死亡嚇不倒我」、「我不會想到死亡。我們活著是為了把位置讓給別人」、「我已經幫自己買了墳墓」、「我們知道我們都得死」、「我常常想到死亡，那對我會是解放」、「我不會想到死亡。我們總是見到有人死去」、「人生就是如此。死亡是人生的延續。當我心情不好時就會想到死亡」、「我們沒必要知道自己什麼時候會死」、「總有一天會死的」、「自從我到這裡來以後我會想到死亡，在城裡時我比較不會想。我不想被一身病拖著、不想受痛苦」、「我還滿常想到死亡的」、「不管有錢沒錢，大家都會死。人生就是如此」、「真令人難過。養老院裡有些比我年輕的人死了」、「總會有那一天的」。這些回答在哪種程度上是誠摯的？他們可能因為靦覥而沒說實話，可能為了向自己掩飾自己的焦慮、為了讓人有好印象而沒說實話。不過，他們大致近似的談話值得注意。大家都寧願死亡而不願受苦，而當人心情陰鬱時，就會想到死亡。這似乎不是死亡引發了陰鬱心情，而是當我們處在陰沉悽慘的處境時，死亡便揭露了它帶有威脅的荒謬性。死亡不是讓人擔憂之事。我們會為明確的現實感到憂慮，但我們並無法掌控這些現實，像是健康、金錢、不久的將來。死亡是屬於另一類的事。由於死亡是「無法成為真實的」，它顯得模糊而不明確。它的必然性是從外在捕捉的。「不管有錢沒錢，大家都會死。」我們會想著死亡，卻無法真正思考它。

「我們沒必要知道自己什麼時候會死」，這個回答特別值得注意。要是死期不是在迷濛的未來，而是確定了下來，並且近在眼前，那麼老年人對待死亡的態度想必會不一樣。歐里庇得斯在《艾薩蒂絲》中指出老年人抱怨他們的處境，並表示希望死亡，但當死亡就在眼前時，他們並不願面對死亡。在《艾薩蒂絲》中，埃德曼斯的父親堅決拒絕代替他兒子到地獄去。托爾斯泰老年時表示他漠不在乎死亡，卻細心照料自己的健康，細心到讓宋妮雅非常惱火。盧梭在《一個孤獨漫步者的遐想》中表示：「所有的老年人都比小孩更依戀生命，而且不甘不願地邁向死亡。」「他們在這一生中所有的作為，到最後卻只見到自己是白花力氣。」他這個說法是存心逗弄人。盧梭認為我們必須享受現在，而不是為了會被死亡吞噬的未來而犧牲現在。事實上，並不是因為氣惱一輩子的努力都白費了，才使人痛惡死亡，而且不是所有的人都痛惡死亡。但即使許多老年人已經失去所有生存的理由，他們還是緊緊抓著生命。在《寧靜而死》中，我描寫了我七十八歲的母親是怎麼緊緊攀附著生命直到她最後一口氣。這就是當事人的生理處境——也就是我們以一個含糊的字眼所稱的「活力」——由它來決定他是要反抗死亡，或是投向死亡的懷抱。我信仰虔誠的祖母覺得離開世間能得到安息，而我同樣虔誠的母親對死則有一種動物性的畏懼。很多老年人都有過這種害怕心理，而「會害怕」就是在他的身體裡意識到拒絕死亡。讓老年人的死亡變得溫和的，是那令他疲困不堪的疾病，或者是他們沒意識到發生在自己身上的事。

儘管如此，有些死亡清醒而平靜。當身體與精神上所有活下去的慾望都熄滅之時，老年人寧願要永恆的安眠，不想再搏鬥、不要再日日煩憂。對老年人而言，死亡不是最糟糕的惡事，證據就是有許多老年人決定要「跟生命做了結」。有鑑於今日社會加諸大部分老年人身上的物質景況，對這些老年人而言，殘喘求生是白白浪費力氣的考驗。我們可以明白為什麼會有許多人寧願選擇縮短生命。

第七章　老年與日常生活

儘管老年人變衰弱、窮困、在時代中遭受流放，但他仍然是同一個人。他是怎麼日日應對這種情況？這種情況給了他什麼機會？他以什麼來防衛這種情況？他能適應這種情況嗎？要付出什麼代價呢？

因為所有的資格、能力都是一種限制，我們難道不能假設：失去資格、能力的個人可以贏得對世界敞開的機會？他不必再工作了，他不再向未來投射而去：他難道不能好好享受現在可以充分休息的餘裕？八十幾歲的克勞岱爾在他的《日記》裡寫道：「有一人為昨天嘆息！有另一人為明天嘆息！但得到老年以後才會懂得『今天』這個詞所蘊含之明顯的、絕對的、不容置疑的、無可取代的意義！」有人表示單單只是活著就很幸福，譬如茹昂多就寫道：「在我過去的人生中，我從未感受到像現在一樣自己是以細細的絲線與世界連結在一起，細得就好像它隨時要斷了一樣。這使得我很高興自己還存活著。」還有：「存活下來是一件非常棒的事。我們不再依戀什麼，但我們對事物更加敏感。」莫里亞克[237]也說了類似的話：「我不覺得我和世事、和人人都斷了連結。不過，光是活

237 參見《內心回憶新錄》（*Nouveaux Mémoires intérieurs*）。

著就夠我忙的了。放在我膝頭上的手裡還流著的血，這片我感覺在我體內拍擊不休的海洋，這並非永恆存在的潮漲潮落，這快了結的世界要求我們時時注意，在最後一刻來臨之前時時要注意：老年，就是這樣。」「我想要什麼都不想，但只要我活著，只要我人在這裡。」

老年人的現在被過去吞沒

老年人比年輕人更是處在「把握今朝」的時期，也就是豐特奈爾所謂「種什麼因、得什麼果」的時期。竇畢涅表示：「這是享用的季節，不再勞苦。」但這是錯誤的。我們已經見到，今日的社會在賦予老年人空閒時間的同時，奪去了他們享受空閒時間的物質條件。即使那些免於窮困、拮据的老年人，他們也得謹慎照顧自己變得脆弱、易疲累的身體，照顧自己往往衰殘或是因痛楚而行動困難的身體。性愛、美食、美酒、香菸、運動、走路等這一類即時歡愉，老年人要享受它們必須非常節制，甚至不准享受這些歡愉。只有特權階級，可以部分減輕不能享受歡愉的失落感，像是他們能以坐車兜風來取代走路。

即便是這些人，他們感受到的這些歡愉能否滿足他們，也讓人存疑。很多老年作家抱怨他們日子過得枯燥乏味。夏多布里昂就說：「時光將我的手握在他手裡。在凋萎的時日中，再也沒有什麼可採擷。」根據夏多布里昂，是過去的重擔使得現在變得黯淡。「在我們見過尼加拉大瀑布以後，其他的瀑布再也不算是瀑布。我的記憶不斷地以我的旅行來否定我的旅行，以山嶺來否定山嶺，以我的人生來摧毀我的人生。對於社會、對於人，我也有了同樣的情況。」沒有很老的斯湯達爾也在他的《羅馬漫步》中抱怨道：「唉！所有的明確知識在某一點上都像老年一樣，最糟糕的老年症狀是『對生命有明確的知識』，它使得你無法對生命熱情、無法瘋狂行事。在見過義大利以後，我想要在那不勒斯找到忘川，把一切都遺忘，然後重新開始旅行，如此度過我的人生。」叔本華也有類似的想法：「老年只有一半的生命意識……慢慢地，由於長時間習慣同樣的感受，智慧就會變得如此精疲力竭，任何事件所產生的效果會越來越小。」阿拉貢在《處死》中，很懷念「消逝的鮮嫩世界」。他在《未完成的小說》中寫道：

「我在人群中總感覺自己是陌生人
我耳朵聽不清，我對許多事都失了興趣，
白日對我再也沒有那變幻莫定的柔嫩光澤；
再回來的春天也沒了變化，
春天再也不為我帶來丁香的沉甸；
當我聞到玫瑰香時，我想我還記得過去。」

現在被過去吞沒，茹昂多也感受到了：「隨著我們老去，一切都具有回憶的樣子，即使是現在也是。我們把自己看作是已經過去。」這種對世界看法的耗損，以及我們所感受到的悲傷，沒有人

---

238 編注：斯湯達爾（Stendhal，一七八三—一八四二），法國作家，以小說《紅與黑》聞名。

我們在自己身外所遭逢的價值、目的，是我們投入活動所得的果實。我們周圍之所以形成了一片空洞，是因為我們不再有熱情、不再有活動力。安徒生的玫瑰、睡蓮靜默了下來，是因為他已經不再有創作的渴望。「活在剎那」這一類道德觀都是錯誤的，因為這些道德觀不知時間的真實。過去、現在、未來這三個時間的「綻出」（ek-stases）只能一起提出；現在並不在；「為己」只在建基於過去並向未來自我超越時才存在，是藉由我們願景的光照，世界才揭露出來。願景若是變小，世界也會變貧乏。放棄我們所做的事，並不是享受慵懶的甜蜜滋味，而是在讓未來變得貧瘠之時，宇宙也變小。要是知覺被習慣「削弱」了，要是事物顯得褪色並沉陷到過去中，這不是因為我們有太豐富的回憶，而是我們的視野沒被新的願景擦亮。

老年人和年輕人一樣不滿足於這種莫里亞克所夢想的不動性——當莫里亞克宣稱「活著」就夠他忙的時候。但是他自己的行徑卻正好相反：他從來沒像他在生命最後幾年時寫那麼多作品。什麼都不想要、什麼都不做，是判處自己處於麻木不仁中，許多退休人員就是沉陷在這樣的麻木不仁。不幸的是，當老年人過去所做的事已經不能再做時，他們很難再找到起而行動的理由。極少有人會利用空閒時光來成就自己的志業，或是發現過去沒想到的新可能。在美國，有兩個這一類的例子很有名。

莉莉安．P．瑪爾丹離開史丹福大學之後，成了老年人的「首席顧問」。她六十五歲時，學會了用打字機；七十七歲時，她學會開車；八十八歲時，她搭船上溯亞馬遜河；九十九歲時，在四名六十歲女助手陪同下，她開墾了二十五公頃的農場。還有一位人稱瑪．墨澤斯的老太太，在七十五歲時無法再從事體力勞動以後，她開始畫細密畫。一百歲時，她完成了她最著名的作品《耶誕前夕》。她在一百零一歲時死於紐約。

這兩個例子實屬例外。我們已經見到甚至在我們的「行動」（praxis）之內，往往很難開闢出一條新的道路。更不用說，聲稱能夠隨意地創造興趣或樂趣都不過是幻覺而已。斯湯達爾表示：「只有我們在三十歲以前所享有的樂趣，是能夠永遠讓人感到愉快的。」花很多時間在繪畫上的邱吉爾抱怨說：「到了晚年，我們很難創造新的興趣。」

也就是這個原因，一旦上了年紀，我們便會失去學習新事物的興趣。極少有人是像蘇格拉底一樣就在當下為了求知而求知，通常我們都是懷著某種目的。要不然，又有什麼好處呢？沒有願景，會使我們失去求知的慾望。老了的聖—艾弗爾蒙寫道：「事實上，我在書裡尋找的是我喜歡的而不是有教於我的事。隨著我投身事物中的時間越來越少，我就越來越沒好奇心去學習。」盧梭在他《一個孤獨漫步者的遐想》中也有類似的想法：「就這樣身處於我舊有知識的狹窄範圍內，我再也不像梭倫[243]一樣在一天一天老去之際擁有求知的快樂。我甚至必須阻止自己去學習我現在無法掌握的東西，這是一種危險的驕傲。」老年人身上有一項讓人訝異的特點，就是他們對智性活動失去了慾望，以致八十二歲的安德烈．齊格弗里德[244]表示：「老年即等於好奇心的傾頽。」史都華．彌爾[245]說他

243 譯注：梭倫（Solon，約前六三〇—前五六〇），古希臘的政治家、立法者、詩人。
244 譯注：安德烈．齊格弗里德（André Siegfried，一八七五—一九五九），法國社會學家、歷史學家。
245 譯注：史都華．彌爾（John Stuart Mill，一八〇六—一八七三），英國哲學家、經濟學家。

的父親是：「當鮮嫩的青春與好奇心都乾萎時，他把生命當作了悲傷之事。」他很自然地把青春和好奇心連在一起講。

莫里亞克在他的《內心回憶錄》裡，尤其是第二卷，頻繁地指出他對新書、新唱片再也沒有好奇心。他很訝異紀德在年紀很大以後仍然「極度關切新聞和文化」。然而，即使是在紀德身上，我們也見到他漸漸對一切漠不關心。他在《日記》裡於一九四一年七月三十日寫道：「生命的終結。有點委靡的最後一幕：又重提過去，說同樣的話。我想要出人意表的新景況，卻不知道該創造些什麼。」八十歲時，他在《誠心所願》中寫道：「我不覺得我的智性能力有衰弱的跡象，但是又能拿它做什麼用呢？」

老年人缺乏好奇心、對事事沒有興趣，會因他的生理狀態而更形嚴重。對世界保持專注，讓他覺得疲累。即使賦予他們生命意義的價值，他們往往無力再確立這些價值。因此，當普魯斯特最後一次見到德．夏呂斯先生時，這個從前顯得秀異無比的人卻已失去他傲然的貴族氣派。德．夏呂斯先生遇見他從前鄙夷的德．聖－厄偉爾特夫人時，這時卻把她當王后一樣地向她致意。「他過去所有的故作風雅，都被他竭力裝出來的羞怯和他脫帽時提心吊膽的熱情一下子化為烏有。」普魯斯特說，他做這動作無疑是因為「一種近乎肉體的溫柔，一種對生活現實的超脫。這種溫柔和超脫出現在那些已經在死亡陰影下徘徊過的人身上，是非常激動人心的」。

老年人對智性和情感的漠不在乎，可以使他完全滯怠下來。斯威夫特老了以後，覺得任何事都再也與他無關：「我醒來時是處在一種對世界發生的一切、對我周邊的一切都漠不在乎的狀態……

以至於我整天當然就留在床上。我是為了禮儀和擔心生病才下床。」

日子過得最愉快的老年人，是那些有多重興趣的人。他們要從事新的活動比別人來得更容易。克里蒙梭退出權力圈子以後，他轉而寫作。要是一名學者在他的學術活動減少以後投入政治中，他就能夠更把精力耗在政治領域裡。即使是這樣的例子，對一個人來說，他還是很難放棄他過去最在意的事。我們當中大部分人都經歷了這種惡性循環：不再有活動力會使好奇心、熱情更低落，而我們的漠不在乎會使得世界顯得更蕭條，在這世界中我們再也見不到行動的理由。死亡就此落定在我們身上和事物上。

貝當將軍：老年人的野心

有一種熱情是老年人注定會有的，那就是野心。不再能探取世界，因而也不再知道自己是誰的老年人，他想要出風頭。他失去了自己的形象，極力要在自己身外將它找回來。他覬覦勳章、榮譽、頭銜、法蘭西學院院士的佩劍。他生命的活力熄滅了，他不再知道什麼是瞄準真實目標、真正飽滿的慾望和熱情，他現在找的是虛假的幌子。最讓人吃驚的例子就是貝當將軍[246]。戴高樂將軍自一九二五年起就表明貝當將軍是「兩種同樣強烈卻互相矛盾的現象：老得對一切都不感興趣，卻老得對一切都有野心」。事實上，這兩個特點一點都不矛盾，它們還能互為解釋：因為老年人並不具

246 譯注：貝當將軍（Philippe Pétain，一八五六－一九五一），法國陸軍將領、政治家，也是法國維琪政府的元首。

體擁有什麼，所以他們想要抽象地擁有，也就是說，不管擁有什麼都好；以這種空洞的方式想要擁有一切，等於什麼也不要。很年輕的人身上也一樣有這種模稜兩可。阿諾伊[247]劇作中的安蒂岡妮說：「我什麼都要，立刻就要。」她這麼說是因為她雙手是空的。我還記得十八歲的我在日記裡是如何堅決地寫下這句話：「我什麼都說。我要把話說盡。」而我當時其實沒什麼要說的。當一個人心裡再也沒有興趣、沒有好奇心、沒有情感時，這人就會有空洞的野心，以及連帶而來的虛榮心。

貝當年輕時非常有獨立判斷的精神：他反對當時流行的不顧一切進攻的說法，主張待敵軍來襲時再加以反擊。他也認為法國應該要有重型火砲，使得法國軍事部痛恨他。他的晉升也受到了影響。他曾經語帶苦澀地說：「我曾經是老中尉、老上尉、老上校，不管我到哪個階級，我都是老的。」他的冷漠、嚴酷、自負讓他身邊的人印象深刻。他的朋友法約爾[248]在一九一四年十一月寫下貝當「會毫不遲疑地將平庸的人革職、將懦夫槍殺。在我們和德軍作戰時，他說，我扮演了屠夫的角色」。一九一五年一月，貝當將二十五名開槍自殘一隻手以逃避戰爭的士兵綁起來，丟到敵軍的戰壕裡。這時法約爾又寫道：「有性格，有活力！但是說到底，這樣的性格不就是冷酷、野蠻？」在貝當探訪受傷的士兵時，布瓦爾上校寫道：「他總是一副沉著、堅定的態度，彷彿漠不在乎。」加利埃尼[249]也說到他：「這個人是一塊冰塊。」戰爭期間，他下令血腥殘害想逃避戰爭的士兵便可證明這一點。然而，他拒絕浪費士兵兵力。大家認為他是凡爾登戰役的勝利者。他獲頒軍人最高榮銜：法國元帥。

法約爾寫道：「他自以為了不起。」貝當的一位軍官也說：「他喜歡榮耀。」年紀越大，他的虛榮心越強。身為戰爭最高顧問團主席、軍隊監察長的他，無法原諒福煦也得到了他的榮耀。他在一九三〇年於法蘭西學院發表談話時，就指責福煦簽了停戰協定。他也永遠不能原諒戴高樂在一九三八年時獨自在《法國和它的軍隊》這本書署名。這本書的主題，他早在十五年前就想到了，只是他從未動筆寫下。

自一九一四年起，他就非常擔心自己失去記憶力。事實上，他的記憶力很快地衰退了。洛爾將軍[250]指出：「記憶力衰退。對過去的事，元帥的記憶力良好，但對新近發生的事，他再也不能掌握，或是掌握得很差。」他可能是因為「老得對一切都不感興趣」，而不再關注現在。他的健康良好，布瓦爾上校把這說成是「對一切都漠不關心使他老年過得極好」。他的自私自利讓所有接近他的人都印象深刻，戴高樂便寫道：「元帥現在是個冷血心腸的人。他再也不慷慨，也不再堅決。」他有時心不在焉——「有時會走神」——而且時間持續得越來越長。陸斯陶諾—拉寇[251]說，有些日子他甚至應該在他額頭上寫下「因太老而打烊」。他還表示：「他對內閣倒台或一位知名人士死亡的態

247 譯注：阿諾伊（Jean Anouilh，一九一〇—一九八七），法國劇作家，他最重要的作品是一九四四年創作的《安蒂岡妮》。

248 編注：法約爾（Émile Fayolle，一八五二—一九二八），第三共和時期的法國元帥。

249 編注：加利埃尼（Joseph Simon Gallieni，一八四九—一九一六），法國元帥，曾於一九一五年一戰期間擔任法國戰爭部部長。

250 編注：洛爾將軍（général Émile Laure，一八八一—一九五七），曾於貝當的維琪政府擔任內閣祕書長。

251 譯注：陸斯陶諾—拉寇（Georges Loustaunau-Lacau，一八九四—一九五五），法國軍人出身，曾任職維琪政府，後投身政治。

度，就像他在等一輛汽車到來一樣感興趣，或者說一樣不感興趣。」對所有和他自己有關的事，貝當都相當看重，但是對於沒直接觸及到他的重大事件，他非常冷淡。

一九三八年，他沒想要重掌權力。當居斯塔夫・厄維[252]到處宣傳「我們要貝當」時，貝當很惱火。賈基諾[253]對貝當說：「您會成為會議主席。」貝當回答他：「我每天只能工作三、四個小時。」然而根據戴高樂的說法，他的野心並未稍減。「不管什麼事、什麼人都阻擋不了老元帥往野心的路上邁進。他的傲氣需要發洩。他再也控制不了他內在的惡魔。」在佛朗哥政權結束之後，他接受了駐西班牙大使的職務。戴高樂還說：「他接受出任大使。年老的他野心仍很大，不管什麼職位，他都會接受的。這真是可怕而且可悲。他的狀況已經無法承擔任何責任。」在西班牙時，他常常失去記憶力，他一名屬下說：「貝當每天只有兩、三個小時是貝當。」

他對現在的漠不關心、對過去的執持，解釋了某些事，單以衰老一詞並不足以說明。回到巴黎以後，他在一九四〇年六月奉命組閣，但他幾乎從不開口說話。不過，根據羅杭・艾納克[254]的描述，有一天有人問他要怎麼解釋法軍的潰敗，他回答：「說不定我們太早放棄了養鴿人和信鴿。」顯然他還記得在第一次世界大戰保衛沃堡一役中，信鴿扮演了重要的角色。他的老年野心解釋了為什麼他會接受簽署停戰協定。不過，他也相信福煦在一九一八年十一月十一日簽署的停戰協定是個嚴重錯誤，因為它最終使法國輸掉了戰爭。當福煦和德國簽署停戰協定時，貝當哭了。他想像著一九四〇年的停戰協定會使德國遭受類似的災難。一位親近他的人表示：「上一回的停戰協定糾擾著他。」

他不斷地談到祖國、法國得救、法國人的利益，但是魏剛[255]注意到，貝當簽署停戰協定（我們都知道其中條款非常不利於法國）的時候，貝當的臉上流露出陰險的滿足神情，理由是人家找他來拯救法國。他以為自己對過去那些妨礙了他生涯的人、對後來那些想分享他榮耀的人大大報了一仇。接下來幾年，他任由自己陶醉在奉承、喝采中，陶醉在擁有表面的權力中，這甚至讓他歡喜地說出「我比路易十四更有權勢」這種話，而事實上他是被直接統轄半個法國的德國人所掌控。後來，他對巴黎公爵說：「我傳承了皇家的傳統。我拜訪了外省。大家送我禮物。就好像處在君主時代。」停戰協定簽署兩年後，貝當元帥的妻子對馬西斯[256]夫婦說了這可怕的話：「你們不知道這兩年來他有多高興！」

和他同進出的副官博諾姆指出：「老年人的冷漠在他身上越來越嚴重。隨著一年一年過去，他越來越不在乎外在的災難。」還有達爾朗[257]表示：「這個人會在他周圍製造乾冰。」貝當對什麼都無動於衷，只求滿足自己的虛榮心，所有和他的溝通都斷了線。再沒有什麼事、什麼人能與他交流。

---

252 譯注：居斯塔夫．厄維（Gustave Hervé，一八七一－一九四四），法國政治家，先為社會黨，後為法西斯。
253 譯注：賈基諾（Louis Jacquinot，一八九八－一九九三），法國政治人物。
254 譯注：羅杭．艾納克（Laurent Eynac，一八八六－一九七〇），法國律師、記者、政治人物。
255 譯注：魏剛（Maxime Weygand，一八六七－一九六五），法國將軍。
256 編注：馬西斯（Henri Massis，一八八六－一九七〇），法國作家、文學評論家，曾任職於維琪政府。
257 譯注：達爾朗（François Darlan，一八八一－一九四二），法國海軍總司令，曾是維琪政府僅次於貝當的重要領導人物。

當他任由德國人採行對付猶太人的初步措施時，莫爾達克[258]將軍對貝當說：「元帥，您讓您的制服蒙羞了。」貝當回答：「我才不在乎。」而在這時期，他榮譽一詞不離口。

就像許多年事已高的人一樣，他有時會表現出情緒化的跡象，但是他的行事作風沒受到影響。貝當的辦公室主任杜．穆蘭．德．拉．巴爾岱特表示：「我看過這個陰鬱、厚顏無恥、殘酷的老頭聽說在沙托布里昂被德軍槍殺的人殉難時哭得像個孩子。」有那麼一會兒，他意識到自己失了榮譽，於是他說到自己要去自首，但第二天一經人勸阻，他隨即打消了念頭。他為阿爾薩斯－洛林地區的人的命運掉了幾滴眼淚，但是當羅伯特．舒曼[259]對他談起這些人，他立刻打斷舒曼的話說：「這件事會讓軍需補給更複雜，也會讓法國情勢更複雜。」一九四二年冬季自行車競賽館大搜捕[260]的一則報告似乎讓他大受影響，但他很快就鎮定下來，說道：「這些猶太人對法國的影響不總是好的。」

他的心不在焉、重聽往往是假裝的，因為他要避免和人對話。他有能力（至少每天有幾個小時）瞭解人家對他說的話，只不過，瞭解與有意去瞭解之間的聯繫是斷掉的。博諾姆說：「輸送帶斷了。」他還說：「他成了非常自私的怪物。這是年紀造成的。」當德國人要求貝當讓魏剛退休時，博諾姆請求法蘭斯瓦．瓦隆丹（維琪政府的軍團執行長）說服貝當別對德國人讓步。有這麼一幕可怕的情景（一旁還有十幾名驚愕不已的人在場），瓦隆丹甚至對貝當說：「當心，有一天法國人會在你肩章的星星上吐口水。」貝當看看周圍，像是想要求助一樣，但他最終還是不發一語。瓦隆丹寫道：「他頭腦很清醒，但是年紀毀了他的意志。」他有時會說：「我失了榮譽，我必須離開……」但他終究沒有離開。

他非常看重食物。當米歇爾．克里蒙梭[261]要求他別讓當時囚禁在波塔利堡的雷諾[262]和曼德爾[263]落入德國人手中時，貝當只是說：「這我沒辦法。」然後又說了一句：「您留下來吧。今天我們有美味的科西嘉島龍蝦。」當索勒博格上校為美國白宮傳話，問貝當願不願意瞞著德軍避到阿爾及爾去，貝當只以過去作為回應：第一次世界大戰、美國潘興將軍[264]、美國遠征軍。然後，他從口袋裡取出一張菜單說：「啊，我們今天有好菜！」

他向來喜歡追求女色，性慾也不曾完全止息。當時是農業部長的勒華．拉杜希[265]就說：「某幾個晚上，在元帥夫人睡了以後，我、元帥，以及元帥兩、三名老朋友，在公園飯店的一個房間裡，

258　編注：莫爾達克（Henri Mordacq，一八六八－一九四三），法國將軍，在克里蒙梭於一九一七年末組閣時擔任其軍事內閣首長。

259　譯注：羅伯特．舒曼（Robert Schuman，一八八六－一九六三），法國政治家，曾任法國總理，為歐盟建基者之一。

260　譯注：冬季自行車競賽館大搜捕（Rafle du Vél' d'Hiv'），事件發生在一九四二年德軍佔領下的巴黎。當時德國祕密警察要求法國政府交出猶太人，法國政府力求表現一共搜捕了一萬三千多名猶太人，送進冬季自行車競賽館，後再送至各地的集中營。

261　譯注：米歇爾．克里蒙梭（Michel Clemenceau，一八七三－一九六四），法國政治人物，部長會議主席喬治．克里蒙梭的兒子。

262　譯注：雷諾（Paul Reynaud，一八七八－一九六六），法國政治人物，一九四〇年任法國總理，一九四一年時因反對貝當附德的行徑而被貝當逮捕下獄。

263　譯注：曼德爾（Georges Mandel，一八八五－一九四四），法國政治人物，在德軍佔領法國時加入法國反抗軍。

264　譯注：潘興將軍（John Pershing，一八六〇－一九四八），第一次世界大戰時的美國遠征軍總司令。

265　法國國會記者杜赫努在著作《貝當與戴高樂》中引用這段話。作家朱勒．華也曾說過這件事。博諾姆說：「要是法國人知道，他就慘了！」

一位有名探險家的妻子跳起舞來，舞姿淫蕩，上衣褪到了腰間。老元帥非常愛這樣的演出。」

在希特勒躲過一次暗殺時，貝當想發個電報恭喜他，向來對他極有影響力的梅內特醫生試著勸阻他，但勸阻不了。他寫好了電報。加布里埃爾·尚德[266]走進辦公室，看到了電報，對貝當說：「元帥，這會讓你蒙羞。」貝當回答：「那該怎麼辦？」尚德說：「就這麼辦。」他撕了電報。貝當沒反應。後來，他當著德國馮·納布洪將軍的面，打一隻停在戰略地圖上的小蚊蟲，在他打死蚊蟲的同時還大叫著說：「哎！一個德國佬！我打死你！」隨後他又彬彬有禮地說：「我們法國人喜歡把事情概括化。不是所有德國人都是不好的。」

一九四四年，他被德國人帶到德國西格馬林根軟禁。他說自己表現得像個囚犯。事實上是梅內特醫生懇求他表現得像個囚犯，他卻沒聽進去。他仍和德國人選來當「流亡政府」首長的布里農[267]保持聯繫，也和班特勒－芬克維持良好的關係，而班特勒－芬克曾欺騙他，強行將他帶到德國。梅內特醫生說他很痛心，貝當「總是逃避一清二楚的情況」，甚至「沒勇氣護衛自己的名字」。然而在戰後，當他知道自己即將在法國受審判時，卻又很有自尊地自願回到法國。受審時，在讀了由他的律師群寫的聲明之後，他假裝耳聾，不回答任何問題。最後，他對他的律師們說：「這案子真有意思。我學了很多東西。」

在監牢時，他讀了點書，還試著學英文。一九四九年起，他完全失去理智，常把兩次大戰搞混。某年的十一月十一日，他用力拍桌嚷道：「唉呀，德國佬！我打敗了他們。」

他生命最後幾年不特別值得注意。他的精神衰頹到某種程度，我們甚至不能再說什麼漠不關心。

至於野心，情況也不允許他再有野心。但是在維琪政府那幾年，我們像是透過放大鏡看到了這個「空洞的」野心之恐怖與不幸。許多老年人都受制於這種野心。他們不想做任何事：他們眼中唯一重要的，是他們自以為扮演的角色，而為了這個角色他們願意犧牲任何事，甚至犧牲他們原先假裝高舉的價值。在貝當身上，這種矛盾很強烈。身為德國人傀儡的他卻自以為握有權力，嘴邊總是掛著榮譽與祖國，其實是失了榮譽，而且叛國。他固執己見，聽不進別人的話。有機會掌權的時候，自負和自私會使這種有野心的人變得非常危險。

老年人的無聊煩悶與悲傷、不安

只有一小部分特權階級能夠有野心，大部分人經歷的是虛榮心。通常老年人沒有辦法對抗他們存在的空洞。除非他們精疲力竭的身體只渴望休息，否則他們在這失了顏色的世界中變得無欲無求會讓他們陷入無聊煩悶。叔本華認為老年人並未意會到無聊煩悶，因為對他們而言時間過得太快了，但他重提了亞里斯多德的話：「人生是處在運動中的。」他自己也說「活動是幸福的必要條件」，還表示：「完全不活動很快就會讓人無法忍受，因為它會引發最可怕的無聊煩悶。」

266　編注：加布里埃爾．尚德（Gabriel Jeantet，一九〇六－一九七八），法國記者、極右派活躍分子，曾被延攬至維琪政府參與宣傳工作。

267　譯注：布里農（Fernand de Brinon，一八八五－一九四七），法國律師、記者，政治人物，在二次大戰期間與納粹合作。

的確如此。要是人生不向目標超越而去，要是存在落入了滯怠不動中，它會引發沙特所描寫的「嘔吐」。年輕人就經常體認到這件事。他們還沒探取這個世界，他們淪為赤裸裸的存在。對年輕人而言，就像對老年人而言，世界噤了聲；處在似乎沒有出路的圈圈裡，這緘默讓他們的希望全落了空。我在年輕時曾有兩、三年時間感覺異常的無聊煩悶，因為離開了童年世界，卻又還沒步入成人世界，什麼都不能做。我不再期望有什麼能引起我的興趣。然而，從這個觀點來看，年輕人和老年人之間有很大的差異：年輕人不會對世界漠不關心；一些含糊的願景、一些明確的慾望可以讓年輕人心動不已。年輕人之所以無聊煩悶，是因為這個社會、他的父母、他的景況壓制了他往前衝的動力。只要這個壓制一解除，只要見到了出口、結識了新的人、出現了有利的機會，這圈圈就會被打破，年輕人就會找回好奇心，重拾對生命的慾望。而老年人之所以會無聊煩悶，是因為他的處境或他的漠不關心使得他不再有願景、不再有好奇心[268]。我們前面也見到了，在養老院裡，甚至在養老院外，會有個讓人暈眩的大洞：極度的無聊煩悶讓人喪失了一切的可能性，甚至使人失去排遣無聊煩悶的慾望。

要是老年人排斥他的時代，就再不會有能讓他擺脫無聊煩悶的事。但即使他仍關注周遭的事物，缺乏目的也還是讓他的人生呈灰暗。紀德在一九四一年九月十九日寫道：「靈魂沒有目的，會陷入無聊煩悶裡。」後來他在《誠心所願》中以「厭食」一詞來描寫他一切的慾望都滅絕：「我對那還能為我帶來生命的一切已經沒有太大好奇心……我已經活夠了，我不太知道該怎麼運用我還在塵世的日子。厭食，是無聊煩悶醜陋而呆板的一面。」他有時覺得自己不再屬於活人的一分子。

一九四二年十一月十日，他寫道：「在新的布景裡，演出同一齣戲的同一幕。我早就不再活著了。我只是佔了某個人的位置，而人家誤以為這個人是我。」

布景、戲劇這些字眼傳達了某種現實感喪失的感覺，而這在他《誠心所願》的一段文字中表現得更為明顯：「我訝異地發現我昨天極度嚴肅地問自己到底是不是真的還活著。整個世界都在，我也的的確確見到了世界！但見到世界的真的是我嗎？……一切都存在著，也繼續存在下去，一點也不需我介入。世界一點也不需要我。有很長一段時間我是缺席的。」他在這裡寫的是失去自我感的經驗，這和我們在某些精神衰弱患者身上所見到的類似：再沒有什麼讓他們感興趣，再沒有什麼能吸引他們，他們也再沒有計畫、願景。世界在他們看來像是紙板做的布景，而他們自己是活死人。

至於還繼續工作的老年人，他們往往有種不抱幻想的心情，因為他們知道自己快觸及盡頭了。我們見到有些藝術家到了晚年會超越自己，譬如米開朗基羅的《聖母憐子》便是最美的作品。但即使在這樣的時候，他們知道那不過是重複自己的作品。這種令人疲憊的單調重複，使他們產生一種「這有什麼用？」的可悲感。我們從林布蘭最後的自畫像中，便可讀出他對自己的這種詰問。老了的米開朗基羅雖然繼續雕塑，但他不抱幻想地看他自己的作品。他把自己的雕塑稱為「傀儡」。

---

268 年輕時也有一番「憂鬱」心情的波特萊爾，他也見到了沒有好奇心和無聊煩悶大有關係：
「什麼也不比瘸了腿的白天長，當多雪的年頭飄下團團雪片
煩悶，這無好奇心生出的果實，就有了永生那樣的無邊無際。」

葉慈在他的一首詩[269]中，寫了一位好批評的人和一位老作家的對話。老作家一開始為自己感到慶幸：

「作品已經完成，他老來哼著歌說，
就照我小時候所想的一樣；
任由蠢蛋去咒罵，但我什麼都沒錯過。
我將事情做得美妙完滿。
那幽靈卻唱得更響：那又怎樣？」

威爾第毫無歡喜之情地寫下了他最後幾部歌劇，這些歌劇卻是最美的。所有已完成的事物會留在心裡「這悲哀的芳香」，年老的創作者對此特別敏感。他們沒有「和自己的存在接合起來」，而且從此他們知道無論自己完成了什麼事，他們再也不會和自己的存在接合起來。

不再獻身於某些目標、不再要求自己，迫使老年人處在無聊煩悶中。他們當中有些人非常看重無聊煩悶可以拿懶散來做補償：他們不用再花費力氣做什麼，他們可以變懶散。我們記得豐特奈爾、愛默生讚嘆老年，因為老年可以放任自己沉陷到自己之下。邁入老年以後的聖－艾弗爾蒙說：「懶散不無甘甜。」

根據茹昂多的說法，「在那構成一生的感官、心理、精神過度操勞之後」，老年代表了「真正的大假期」。「老年臨近時帶來了絕對的閒暇。我們不必再為求得成功而把自己繃得緊緊的……多麼讓人放鬆！」「老年的特權是：它不會贏得什麼，也不會喪失什麼。」老年人極少有罪惡感。他們能以年紀作為辯解、托詞；年紀使他們不用再於職業上與人競爭。年紀也使他們不用再在性事上與人競爭。性無能、性冷感都成為正當的。所有的貧乏不足都成了正常，輕率冒失、無能力都是可以接受的。某些瑕疵也消除了：醜陋可以說是被年歲帶來的毀損給掩蓋了；有些年輕時容貌可憎的女人，後來回想起來甚至顯得美。有些人在成年時為自己的身分而受苦、適應不良，成為老年人以後反而得到了好處。

只不過，別人對他們的寬容讓他們付出了高昂的代價：大家會事事原諒他們不如人，因為他們從此被人看作是「不如人的」。他們再也不會喪失什麼，因為他們早就什麼都失去了。他們不再有罪惡感，而為此付出的代價是：他們當中有許多人感受到衰頹的苦澀。成年人將他們當作小孩看待、當作物看待。事實是，在生理上、經濟上、社會上，他們的情況漸漸惡化。老年人所做的各種測試中，都顯現出他們對自己反感；他們的經濟條件越差，對自己的這種反感也就越強，而這有可能引發長期的憂鬱。

269　即他的〈那又怎樣？〉（What Then?）一詩。

巴朗胥[270]寫道：「讓人不快的不是死亡，而是變衰弱。」「我在赫卡蜜耶夫人[271]身上、在夏多布里昂先生身上感受到他們的衰弱。也就是說，我感受到這對他們來說有多麼悲傷。」一個擁有某種權力的人不會甘心喪失這權力。邱吉爾就緊緊巴著權力不放，貝當則是寧願擁有虛假的權力，而不要榮譽。集團總裁、工廠老闆、公司董事長的權力被架空之後，即使他們仍保有名譽，他們的心靈只會感受到痛苦。就算是在一些看起來特別有利的例子裡，老年人還是為自己身心衰頹而痛苦。面帶微笑、慈祥和藹、眾人關心她的妮儂・德・朗克洛，在老年時寫信給聖—艾弗爾蒙說：「大家都說和別人比起來，對老年我沒什麼好抱怨的，但要是過去有人要我過現在這樣的日子，那我會上吊去死。」五十八歲的維吉尼亞・吳爾芙於一九四〇年十二月二十九日在她的日記中寫道：「我痛恨老年的嚴酷。我感覺得到老年臨到。我咬牙切齒。我變得尖刻。

觸探露水，我的腳較不敏捷了。
對於新的感受我的心也比較不敏感了
而且被壓垮的希望要蹦跳起來也比較不敏捷了

我剛打開馬修・阿爾諾德[272]的書，抄下這幾個句子。」

對老年感到不快，可能激化成為反抗。就像伊歐涅斯柯說的：「我怎麼能夠接受這樣的景況？我怎麼能夠讓時間重重地壓在我們身上地活下去，就像馱了重負的驢子一樣？這是不可容忍的。我

們應該起而反抗。」（《日記隨筆》）

萊里斯也說：「在我的深處有什麼東西遭到破壞，我無法期望再看到它恢復原狀。總讓我覺得害怕的老年，終於在我身上落定了下來。這場粗暴而短暫的危機，是我反叛老年的一場注定失敗、但為維護榮譽而不得不戰的大戰，我每天越來越相信這件事。」（《小纖維》）

反抗是白費力氣；大家最後總會屈服，雖然不無遺憾。大部分的老年人陷入了抑鬱。亞里斯多德就曾注意到：「他們再也不會笑。」鮑加爾內醫生寫道：「邁入老年的人最常見、最明顯的一個特性，肯定就是喪失了歡樂之心。」

過了六十歲的卡薩諾瓦在一封信裡寫道：「至於我的《回憶錄》，我就只寫到這裡為止，因為在五十歲以後，我就只有流露出悲傷，而這讓我更感悲傷。」巴朗胥寫道：「赫卡蜜耶夫人繼續把事事變得悲傷，夏多布里昂先生讓自己陷入悲傷中，安培[273]把時間耗費在悲傷之中……我覺得悲傷襲來。」

愛德蒙．德．龔固爾在他的《日記》中儘管很少談自己，卻透露出深沉的悲傷。他在一八九〇

270 譯注：巴朗胥（Pierre-Simon Ballanche，一七七六—一八四七），法國作家、哲學家。
271 編注：赫卡蜜耶夫人（Madame Récamier，一七七七—一八四九），巴黎社交名媛，主辦的文學沙龍聚集眾多政治、文學、藝術界名人。
272 譯注：馬修．阿爾諾德（Matthew Arnold，一八二二—一八八八），英國詩人、文學和社會評論家。
273 編注：安培（André-Marie Ampère，一七七五—一八三六），法國數學家、物理學家，古典電磁學奠基者之一，電流的單位「安培」即以其姓氏命名。他與比他小一歲的巴朗胥是好友。

年六月十七日寫道：「老年的重擔、衰殘的感覺顯現出來。離開巴黎之後遠離了朋友、熟人，使我心裡陰鬱非常。」

紀德在他生命最後幾年，試著在他的《日記》裡，尤其是在他的信件中，裝出一切都很好的樣子。但是他在一九四九年七月一日從聖保羅—德—逢斯寫信給馬丁．杜．加爾，坦承：「我這幾天剛度過可怕已極的深沉憂鬱，起因於我也不知道是什麼的心旌搖惑，起因於這些地方無法呼吸的氛圍（對我來說），起因於我的孤獨（皮耶和克勞德坐車離開三天），起因於我的遊手好閒……真是可怕極了。」

一九五〇年六月十五日，他在義大利蘇連多寫道：「儘管有卡薩琳和尚．藍貝爾[274]作陪，儘管天氣晴和，儘管旅行讓人開心，儘管健康狀況幾乎讓人滿意，我剛度過了在我這長長一生中最痛苦的幾天。我還沒走出隧道，但至少我已瞥見出口。」

一九五〇年七月十一日：「唉！我沒有胃口……還有其他的，好奇心也都闕如。我不太知道我能夠在哪裡得到真正的、深沉的、持久的快樂。」

有個年輕女子寫信給我，信中談到了她的父親：「七十歲的他只有些小病小痛，而且大部分時候這些病痛還是他想像出來的。他常處在悲傷中，越來越常感到悲傷。他悲傷地讀著書，浮面地讀。他悲傷地聽我們說話，他連笑也很悲傷。有一天他在他房間裡吹口哨，卻突然停了下來。他想必是在問自己：這又有什麼用？」

老年人的悲傷不是由某一事件或是因特別的景況引起的。悲傷往往和啃噬他的無聊煩悶有關，和覺得自己無用的苦澀、羞辱的感受有關，和孤獨地處在一個對他們漠不關心的世界中有關。

老年的衰頹不只是衰頹本身很難承受，它還使得老年人在世界中處於危險的境地。我們在前面已經看到：他們在疾病邊緣、在窮困邊緣混著過日子。他感到一種令人焦慮的不安全感，他的無能為力使他的不安全感更強。

那些陷於被動中的人為煩惱所纏。當女人不採取行動，她們就會受煩惱啃噬。老年人也是一樣。他們不斷想著他們沒有辦法排除的危險，這念頭卻也是白費。即使威脅不會臨到他們身上，他們只需知道自己對事事無能為力，就足以讓他們感到不安。因此，他們享有的平靜其實是不牢靠的。未來充滿了讓人驚懼的可能性，因為他們再也無法掌控未來。落在他們身上的災難是，他們從負責任的成年人突然轉變為依賴他人的物。這種依賴性使他們必得受到別人的支配，即使這種依賴性在某些時候讓人感受不到，此時他們還是感覺得出來。例如，從在退休工人退休金管理局一處養老院中所做的調查就看得出這一點。事實上，受訪的院友得在養老院住到他們去世為止，他們卻無法相信這件事。他們當中許多人害怕會被趕出養老院，沒有任何濟助地流浪街頭。他們享有的舒適生活也讓他們感覺不安。他們說：「很難相信我們可以繼續這麼過下去……我擔心這不會繼續下去……我發現在這裡我們人數還不是很多。我心想為什麼會這樣？是不是因為費用太高？是啊，我心想以這

274 編注：卡薩琳和尚．藍貝爾（Catherine et Jean Lambert），兩人為夫婦，卡薩琳是紀德的女兒，尚．藍貝爾是法國作家、語言學家。

麼少的人是不是還會繼續下去……這裡真是好極了，我心想這還會持續嗎……他們應該知道他們在做什麼，但這還是讓我們有點困惑……」

當我有點衰殘的外婆答應住到我父母家的時候，她變得猜疑心很重，變得有點巧詐。她常懷疑自己給我父親帶來負擔。她什麼都不缺，但是她會在櫃子裡、在許多隱密的地方藏香料蜜糖麵包、餅乾等，偷偷一個人品嘗。

即使大家讓老年人日子過得安全無虞，他還是很警覺，因為他不信任成年人，是那分依賴性讓他懷有戒心。他知道支應他生活的孩子、朋友、姪子（不管是經濟上的支應，或是他們會照顧他、讓他住在家中）可以拒絕接濟他，或只是有條件的救助他。他們可以拋棄他，或是強迫他做他不願意的事，像是強迫他換地方住，這是他畏懼的事情之一。他瞭解成年人會口是心非。他擔心成年人支應他只是基於世俗道德的要求，而不是出於對他的敬重或是感情。他會心想，人家是受制於輿論而救濟他，而輿論是可以起變化的，又或者人家會出於其他因素而不支助他了。老年人畏懼的不幸——疾病、衰殘、物價高漲——可能會引發他人做出不利的改變，而原本的不幸會顯得更可怕。他們一點也不期望自己不可逆的自然衰頹會因為他親近的人的行為而受到遏止，或是受到補償。他們毋寧是懷疑親近的人會加速他衰頹的進程，例如要是他成為殘廢，他們會把他送到安養院去。

同樣地，有配偶的人也和其他人一樣感到不安，而且這不安甚至更嚴重。其中一人的不安會引發另一人的不安，並且彼此強化。他們各自都承擔了雙倍的不安：承擔了自己的，以及配偶的。

習慣的作用

老年人為了抵抗自己景況的不穩定、抵抗自己內在的焦慮，他會試圖起而護衛自己，也就是說必須將他大部分的態度都解釋為防禦（至少一大部分是如此）。幾乎所有的老人都有這樣一種態度：他們都躲進固有的習慣中。美國醫生暨詩人O．W．霍姆斯寫道：「老年人有一個標記比所有的身體徵兆都更令我訝異，就是他們會形成某些習慣。」這個事實不容置疑。但是習慣這個詞有多層含義，必須將它們區分出來。

習慣，不是作為呈顯的過去，而是作為以我們的態度、行為所經歷的過去；這是讓我們可以走路、說話、寫作等等依程序組織的行動和無意識行動的總體。在一般的老年中，依程序組織的行動和無意識行動並不會起變化，甚至它們的角色會擴大，因為它們為例行公事而服務。我今天所做的就是我昨天做的，而昨天做的就是我前天做的，如此不停地循環下去，便產生了例行公事。為了走路，我參照舊有的依據，但是我可以走新的路線，而例行公事是每天重複散同樣的步。也就是在這層意義上，習慣通常隨著年歲而加強。例行公事的原則主要是為了節省時間、精力，每個年齡層的人都會有做例行公事的表現。因為細細考慮不重要的事實在是浪費時間，所以我們就此採用某個同樣的作息時間表、採用某種同樣的空間配置、固定到某個商家、某家餐廳。但是當我們年輕時，我們不會嚴格遵循這些規則，而會即興而為、任性而為，做出新的選擇。老年人總是不安地迎接新事物；做選擇讓他們心生畏懼；從他的猶豫、遲疑中便可看出他的自卑感。對他們來說，遵循固定的行事規章來得簡單多了。依程序組織的行動、無意識行動是為重複的行為而服務，也就是說，走路的機制是用來不斷重複一樣的散步路線。習慣讓我們不用艱難地適應每個景況，習慣讓我們在問題提出之前就有了答案。邁入老年以後，我們比過去更加嚴格地維持固有的習慣。康德向來遵守嚴格的紀律，老年以後，嚴守紀律更成為他的信仰。托爾斯泰老了以後，每天的日子都安排得極有條理。矛盾的是，遊手好閒的人比還在社會中勞動的人更有必要依賴習慣。要是他們不想陷入委靡停滯的日子，就必須有明確的時間作息來與之抗衡。他們的生活就具有一種準必要性（quasi-nécessité）。老年人以做些對他們而言是必要的活動來避免讓人厭惡的過度閒閒沒事做，藉此避免了問自己這個讓人焦慮的問題：要做什麼好？每時每刻他都有事做。我還記得我的祖父是怎麼規劃他的時間：讀讀報紙、查看他的玫瑰花、吃午餐、睡午覺、散步，這些活動依永遠不變的次序進行著。

老年人的心理活動越是衰微，習慣的作用（它以無意識行動和例行公事這種雙重形式來表現）就顯得更為重要。習慣尤其可以暫時緩和記憶減退。有人[275]細細記錄了一個幾乎完全喪失記憶卻行為得宜的女人的例子。她雖然不記得人，卻能以不同的態度來對待護士、醫生、清潔婦、其他的院友，並意識到他們隸屬於不同的社會階級。她知道自己喪失了記憶力，而且要是有人想讓她喚起回憶，她會很惱火，但是她有健全的判斷力，有能力辨別事物，也很樂於開開玩笑。她永遠都活在此時此刻，既沒有過去，也沒有未來。

依程序組織的行動、例行公事，只有在外在世界正確地安排，並且不引發任何問題時才能運作。也就是說，每個事物必須在它的位置上、每件事必須按時發生。因此，部分基於這樣的原因，只要稍有一點紊亂就會讓老年人以一種病態的方式惱火起來。這也是因為躲在常規與習慣的簾幕後面，保障了他們最低的安全感。要是別人違逆了他的習慣，他會不知道這樣的違逆會到什麼程度。嚴格遵守習慣的癖好雖然是為護衛自己，但它多少也具有一種挑釁的性質：要人尊重他的癖好，對事事無能為力的老年人來說是唯一能讓別人接受其意志的方法。因此在《戰爭與和平》中，博爾孔斯基老公爵立了許多僵固的習慣，以表現他的威望。因此八十一歲的歌德在兒子死後，他把原本做得相當差勁的家務操持在自己手中，在他周圍建立了精細的秩序。他睡覺時把櫥櫃的鑰匙放到枕頭底下，每天早上秤一秤當日該吃多少麵包。

我們見到了老年人之所以堅守自己的習慣，理由不只一個。但是他也習慣擁有習慣，這使得他執意沉埋在喪失了意義的癖好中。每天下午和某幾個朋友在某家咖啡廳玩牌，這是一個一開始由自己想出來或是由自己做選擇的習慣，因此每天重複做這件事是有意義的。但要是玩牌的人因為「他的」桌子被佔了，因此而生氣或因此而不知所措，這是讓自己處於滯怠不動的約束中，使得他難以適應新景況。這種沉溺在習慣的癖好使得事事變為不可能，譬如為了找不到我們習慣的食物而拒絕到外國去旅行。要是老年人任由自己沉陷在這種癖好裡，他就會僵化而殘缺。

相反地，當習慣妥善地融入了生活，習慣會豐富人生。習慣中蘊含著某種詩意。要是有某種儀式——例如英國人喝茶的習慣——重複我昨天所見到的儀式，而且明天還能重複見到這儀式，那麼現在這一刻即是過去的重現、是預先發生的未來。我以「為己」的模式來經歷過去、現在、未來的

275　參見保羅．固爾邦《心理學日誌》，一九二一年。

綜合，因而我達到了（只是虛幻地達到，因為過去、現在、未來的綜合並沒有真正地實現）存在者所追尋的存在。藉著習慣會發生一種結晶作用，這種結晶近似於斯湯達爾談到愛情時所描繪的那種結晶：這樣一個對象、這樣一種物、這樣一種活動，獲得了向我們展示整個世界的能力。沙特在《存在與虛無》中描述了在他人生某個階段，不再吸菸的決定對他是多麼痛苦：「可能被抽著菸的我感到的存在：這是普遍散布在事物中的具體性質。對我來說，似乎我將從這些事物中把這性質抽拔出來，而且，在這個普遍的貧乏之中，似乎不太值得過活。」老年人比其他人更加重視具有詩意的習慣：他混淆了過去、現在、未來，習慣將他從時間中救拔出來，而時間是他的敵人。習慣賦予他在此刻再也遇不見的永恆性。

因為習慣賦予世界某種質地、賦予時間流逝一種魅力，不管處在哪個年紀，要是我們放棄一個習慣就會失去某種東西。但是年輕人不會失去自己，因為他的存在是處於未來、願景的實現中。老年人畏懼改變，因為他們在害怕自己不知道怎麼適應新景況的同時，看不到開敞的未來，只看到和過去斷裂。因為他們什麼都不「做」，便認同於他們過去生活的環境與節奏：從中拔除出來，就等於與他的存在本身分離。福樓拜在寫給妹妹卡洛琳的信中表示：「可憐的孩子，我們老了以後，妳想像不到習慣會主導一切。所有離開我們的事物都一去不返，我們感覺得到死亡走向了我們。」

因此，習慣對老年人來說是一種本體上的安全感。透過習慣，他知道自己是誰。習慣在向他保證明天會是今天的重複之餘，也保護他免受擴散的焦慮侵擾。只是，依賴這樣的習慣會違逆別人的隨意行為，並且帶來危險；依賴這樣的習慣，也會因為有賴於別人的意志而面臨危險。因為習慣讓他能夠抗拒焦慮，所有的焦慮便集結在習慣上。如果必須放棄習慣，老年人會感覺到「死亡走向了他」。

事實上，要是老年人不幸得放棄習慣，這往往教人無法忍受。如果說我的外婆受得了住到我父母家，這其實是因為她在做這個決定之前，經過了長時間的考慮。但一個突然遷居的老年人，儘管他是住到子女的家，他仍會不知所措，甚至往往覺得絕望。這種遷居使得一半的人在一年內死去。一對老配偶在其中一人死後，另外一人在幾小時後或幾天後死去的情況並不少見。很難說這樣的死亡是因為情感上的分離或是改變了習慣而造成的。

維持習慣意味著我們看重自己所擁有的；那些屬於我們的事物，因此可以說是僵固的習慣。也就是說，我們所擁有的事物，指出了我們有某些將事物據為己有的重複行為。擁有一個花園，意味著我們可以每天下午散步其中；擁有一把扶手椅，就是我可以每天晚上坐在其間。我們的所有物也保證了我們本體上的安全感：擁有事物的人，便是他所擁有的事物存在的理由。我的物品就是我自己。

「我所擁有物品的整體反映了我的存在的整體。」[276]物品的擁有者，跟他擁有的物品之間有一種奇妙的關係。老年人因為他不能再藉由行動而存在，因此就要藉由「擁有」來存在。這也是為什

276 參見沙特《存在與虛無》。

麼他通常很吝嗇[277]。他的吝嗇落在了具體的事物上：老年人痛恨別人使用他的物品，甚至碰觸他的物品。他的吝嗇也表現在抽象的事物上：金錢。金錢代表了未來的保障，它保護老年人不受他不穩定的景況侵擾。但是這種出於理性的解釋，不足以說明他吝嗇的原因。我們有時會見到一個死於窮困的九十歲老人在他的床墊下藏著錢財。金錢是權力的同義詞，它意味著創造的力量。老年人很神奇地認同於它。凝視、觸摸他的財富，讓他有種自戀的滿足感。他在自己的財富裡認出了自己，而且他也在金錢裡找到對他而言是極為必要的保護。「擁有是一種對他人的防禦」[278]：透過我所擁有的，我取回了對他人而言等同於我的存在的物品，因此並不是由他人來決定我是誰。老年人藉著自己的財物保有自己的身分，來反對那些說他只是個物的人。

但是，在這一點上也一樣，他的防禦系統在這個世界蒙受危險：他人可以竊走他的金錢、詐取他的財物。吝嗇成為一種癖，它以神經過敏的方式呈現，因為原本被用來預防焦慮的財物這時成了他焦慮的根源。同時，以吝嗇作為護衛自己的辦法，對他人往往也是一種攻擊、挑釁。老年人以拒絕在財務上支助自己的孩子來作為報復，或者，要是他的孩子在經濟上依賴老年人，老年人會讓他們生活過得窮困。這是他所保有的唯一權力，他以讓他的孩子感受到他擁有這份權力為樂。

老年人不穩定的情緒反應

焦慮使得老年人採取全面而徹底的措施來對抗外在世界的攻擊。他無法翦除世界，他只能減縮自己和世界的關係。有很多老年人，對世界的不信任引發了彼此的溝通斷裂。他們在智性上很難再對新的想法開放，但他們也樂於把自己封閉起來，因為他人的介入都包藏著威脅。話語都是陷阱。他們認為別人都想要操縱他們，所以拒絕聽從。這說明了他們當中許多人都飽受重聽之苦，引不起他們興趣的話語只會從耳邊滑過。反之，他們會很神奇地有能力聽見想聽的話語[279]。不只重聽，他們也或多或少是啞巴，至少對某些主題而言是如此。特別是在觸及經濟來源的問題時，他們顯得奸詐而故弄玄虛。別人越不知道他們的事，就越無法干預他。

往往他們會更徹底地隱匿起來。他們不只藉由行為護衛自己，而且還清理自己的感情。美國的老年學家卡明斯就說，他們「不投入」，也就是說：他們切斷和別人的感情連結。因為他們心理上是脆弱的，所以很需要和他人切斷感情。我們不確實知道這是為什麼，因為我們不太瞭解衰老影響神經系統的方式。但是事實上，他們的自主神經系統不穩定，因此使得他們的行為像是孩子。他們情緒變動極大，感情的表達常來得極端，動不動就哭。歌德從七十三歲以後，經常無緣無故地眼裡含著淚。托爾斯泰老了以後常常哭：聽音樂時哭，大家對他喝采時哭，宋妮雅生病時哭，他生病時宋妮雅全心全意照顧他時也哭。邱吉爾老了以後也常哭。杜思妥也夫斯基讓索克勒斯基老親王有這種孩子氣的易感：他的臉「從極度的嚴肅轉為極度的開心」，也動不動就啜泣起來。在他和「少年」

277 對佛洛伊德來說，這個吝嗇可以從他回到了肛門期來解釋。但是「回到」這個想法在我看來非常晦暗不明，而且以肛門期性慾來解釋吝嗇有所不足。

278 參見沙特《存在與虛無》。

279 我們已經見過貝當就是如此。

分離之後又和他重逢，這讓老親王淚流不已。在杜斯妥也夫斯基的小說《群魔》裡，五十三歲的特羅菲莫維奇已經有老態：多疑、多慮。他因為忠於自己的政治信仰，離開了供養他的富有寡婦。在一場他護衛自己想法的演講會上，他不禁抽搐地痛哭起來。

這些不穩定的情緒反應讓人疲累，可能引發討厭或有害的結果，因為我們要是可憐某個人，就必須幫助他，花時間、花錢在他身上。為了節省精力，也為了提防危險，老年人把自己封閉起來。托爾斯泰在面對他孩子的死亡時，表現出的冷酷無情也著實讓人驚訝。他從五十八歲起變得冷硬、嚴酷。他失去了一個四歲的兒子，他表示從前自己會覺得很悲傷，但現在一個孩子的死亡在他看來是「合理而良好的」，因為這是上帝的旨意，而且死去的孩子能夠更接近上帝。他六十七歲時，七歲的兒子瓦涅齊卡死去。他似乎較偏愛這個兒子。他的死讓托爾斯泰驚惶不已。但是在葬禮第二天，他卻宣稱這件事是「慈悲」，因為這讓兒子更接近上帝。他立刻重新投入工作，並且在信上表示：「沒有死亡這件事。他沒死，因為我們都愛他。」他偏愛的女兒瑪夏以三十五歲之齡在一九〇六年去世。女兒垂危時，他一直握著她的手，但是他在日記裡寫道：「這只是肉身死去，因此是不緊要的。」他沒進去墓園裡，而是回到書房，寫下：「我們剛剛帶她走，掩埋了她，因著上帝，我心情不錯。」誇大情感表現伴隨著情緒冷感——在老年的歌德和其他許多老年人身上都有這樣的特點。

托爾斯泰、歌德向來是以自我為中心的人。成年時感情較為熱絡的人，到老年時會比較不那麼冷漠。他們的眼中有其他人，但這又是怎麼樣的程度、在什麼樣的條件下？對於這個問題，我們很難做出一個概括的回答，只能提出幾點觀察。

老年人和老年人之間的關係很曖昧不明。在他們擁有共同的回憶而且思想接近時，他們喜歡相處在一起。有些人——譬如克里蒙梭——偏好和老朋友維持良好的友誼。不過，他們彼此也在對方身上照見自己，照見看了並不愉快的自己：從中發現的衰老徵兆，讓他們氣惱。在紀德和「小婦人」長久友誼的最後一段時間，紀德往往抱怨她耳背，時時和他唱反調。有時候，很老了的人之間會起無謂的競爭：每個人都為他人活得和他一樣久而生氣。我就認識一個老年人，他不耐煩地等著他最後的幾位敵手過世，因為他想要成為唯一擁有某些回憶的人，成為唯一能向人講述這些回憶的人。不過，老年人最普遍的態度是漠不關心，這在男人身上尤其明顯。老婦人和老婦人比較有共同的利益，因此她們之間更有默契，也更有理由爭吵。

很多老夫妻同住在一個屋簷下，卻彼此各過各的日子。我們也見到另有一些人他們的關係不安、挑剔、猜忌多疑。雖然他們是誰也離不了誰，卻不會幫助對方好好地活。只有一小部分的老夫妻真的能夠和睦相處。

老年人的情感能否平衡，尤其要看他們和子女的關係而定，但這關係往往不好。做兒子的沒有完全克服他年輕時對父親的怨恨之心；就算他克服了，往往是在象徵性地殺死父親之後，也就是他脫離了父親，或甚至是他取代了父親。當作父親的赫然發現自己的兒子已是成年人，他會度過「反向的伊底帕斯情結」階段，也就是說他必須重建他和兒子的關係。根據他是否能和諧地和兒子建立關係——這要看他自己和他兒子的態度而定——他在老年時對兒子的感情或是深情的，或是矛盾的，或是帶有敵意。老年人要求自己的權利和不信任的態度，主要是針對兒子而來。他意識到兒子們沒耐心地承受了他的權威，或是沒耐心地承受了負擔照應他的責任。通常，女兒們喜愛、敬佩她們的父親，她們不會想殺了他，以完成自我；她們對他的感情是純粹的，而他也這麼回報她們，像是安蒂岡妮、寇蒂莉亞和她們父親的關係就是如此。但是有時候，在女兒結婚以後，做父親的會嫉妒，他感覺到自己被遺棄，向她表現出怨恨之心。至於女兒這一邊，她們往往採取成年人慣有的態度：表現出優越感，以及沒耐心。母親對兒子的愛在情感上最不矛盾。要是兒子單身，對老年的她而言，兒子就是她幸福的泉源；要是他結了婚，她也一樣感覺到被遺棄，會變得尖刻、嫉妒媳婦。母親和女兒之間，母親會在女兒身上尋找認同，但是做女兒的不一定能克服她青少年時期對母親的敵意。她會遠離母親，保持著從母親身邊解脫出來的意志[280]；老母親為此而痛苦，並會責怪女兒。至於母親這一邊，當女兒成為成年人以後，會威脅到她自己的青春，讓她度過一段「反向的伊底帕斯情結」時期。她們之後的關係，很大一部分有賴於這個危機是怎麼解決的。而父母親和他們孩子配偶之間的關係非常多樣：婆婆和媳婦的敵對是老戲碼。不過，如果媳婦是個未曾享有母愛的女人，她和她丈夫的母親會親如母女，婆婆也會從這媳婦身上感受到她在自己女兒身上未感受到的情感，婆媳的關係因此非常正面又熱絡。這種情況並不少見，因為母親和女兒之間的關係失敗很常見。媳婦和公公之間、女婿和岳母之間也可能有類似這樣的情感轉移，但畢竟還是較少見。在女婿和岳父之間，更是少有真正的感情聯繫。不過，上述這些說法實在很約略。上下兩代之間的關係，絕大部分要看每個人彼此之間是不是意氣相投。

老年人對孫子的感情，是讓他們感覺最溫暖、最快樂的。但是在一開始，事情不總是這麼單純。有時對老爺爺、老奶奶來說，孫子的出現反而讓他們「反向的伊底帕斯情結」更加艱難。在我引用過的一項調查裡，也就是調查一群五十五歲的老師對年齡的意識，結果顯示那些已經當祖父的表示他們感覺自己更老了。至於祖母的態度，往往一開始時很矛盾。要是她對自己的女兒懷著敵意，就也會對女兒的孩子懷著敵意，因為女兒是藉由孩子來確認自我而逃脫了她；但要是她認同女兒，她也會愛她的孫兒，雖然會氣惱自己只能在孫兒身邊扮演次要角色。她愛她的兒子，也及於愛兒子的後代，但是她孫兒也是她所嫉妒的媳婦的孩子。由於女人通常是藉由做母親來提高自己的身價，因此老婦人和女兒、媳婦之間在這方面的競爭可以很激烈。女人比男人更難克服當孫兒出世時自己又老了一世代這種令人不快的感覺。男人不會和兒子、女婿爭奪做父親的身分。另一方面，大家也比較少要求男人在教養孫兒上助一臂之力。因為這樣，他通常比祖母更為漠不關心。但是如果他也擔負教養孫兒的責任，他對孫兒的感情會一樣溫暖而較少矛盾。雨果、沙特的祖父都扮演了祖父的角色，也都真心而熱烈地愛著他們的孫子。佛洛伊德在孫子死後，不僅哭了，還覺得活著沒意思。

大部分時候，當孫子到了十幾歲時，祖父母都已經接受自己是老年人了，這時身為祖父母的身分讓他們很滿足。所有做父母會有的矛盾——像是認同於子女的慾望，或是瞭解子女的慾望、罪惡感、挫折感——對做祖父母的來說，他們都避開了。他們可以無由地、慷慨地愛他們的孫子，因為

280 就像格里農夫人和母親塞維涅夫人。

他們對孫子既無權利也無責任。養育孫兒的重責大任、對孫兒說不、為了未來犧牲現在，這些都不是他們的義務。另外，孫兒常常會以柔情對待他們；在面對嚴厲的父母時，孫兒會到祖父母那裡找尋慰藉，也不會對祖父母感到嫉妒，不會在他們身上尋找認同，不會怨恨他們、反叛他們——這些都是他和父親、母親之間關係惡劣的原因。成為青少年、成年人以後，在他們的過去裡，他們和祖父母的關係沒讓人感覺有負擔。孫兒對祖父母的感情，彌補了祖父母和他們子女之間的不良關係。祖父母在和年輕的孫兒接觸時，會感覺自己變年輕。家庭關係之外，老年人很珍惜和年輕人的友誼：這友誼讓老年人覺得他們所處的年代依舊是他們的年代，也促使他們變年輕，將他們帶到未來無窮的時光。對老年人來說，這是抵抗威脅他們的愁悶最好的辦法。不幸的是，老年人和年輕人的友誼非常稀有，他們分屬不同的兩個世界，而這兩個世界之間少有聯繫。

和子女、孫子之間的關係，對女人來說通常比對男人來得重要。年紀讓女人沒跌得像男人那麼深，因此她在行動上有更多的可能：她比較不覺得苦澀、比較沒那麼多訴求，她比較不「抽身」而出。她也比較習慣為他人而活、透過他人而活。她在年紀大了以後仍然會處在子女、孫子身邊。這可能是好事，也可能是壞事。

老年人的防衛行為

一般而言，老年人即使對家人、朋友懷著感情，他還是會和他們保持距離。因為他對世界越來越不在乎，這就越有助於他自我中心主義的發展，而且他也在刻意培養自己的自我中心主義。這是一種防衛，也是一種報復，因為別人不依照應該對待他的方式對待他，而且因為他只有自己可依靠。老年人把時間、精力完全花在照應自己上。七十歲的羅傑·馬丁·杜·加爾以一封意味深長的信回答了一位指責他保持沉默的朋友：「我變老了，我的活動越來越縮減，我一天比一天從世界上多抽退一些。自從我沉浸在哀悼中以後，除了我自己的命運之外，我很難再對其他東西感興趣（甚至包括我自己的命運……），而且我的注意力只能集中在某些個人的煩惱上，其中一個佔去很大位置的煩惱就是我的工作[281]。這不表示我背叛了友誼，而是這友誼的生命力變得孱弱，就像生命力本身變得孱弱一樣……我很快就感到疲累。我每天晚上都精疲力竭，我需要很多睡眠、很多清靜，而我的白天顯得很短，即使是春天也沒延長白日的時間。我得避免浪費精力，避免自我封閉，避免專注於在我身上的那兩個不可溝通的世界：一個是我有時會漫步其間、過去那個廣闊而荒涼的世界，另一個是隨著我而變得有限、縮小的現在世界……我定居在這世界噪雜森林中的小木屋裡。」

隱退有時會帶來清靜、安寧。對盧梭來說也是如此。盧梭一開始承受不了年歲的重擔。他在《一個孤獨漫步者的遐想》中解釋他為什麼會繼續相信上帝時，對自己的狀態做了一番陰沉的描述：「今日我的心悲痛欲裂，我的靈魂因無聊煩悶而沉陷，我的想像力如驚弓之鳥，頭腦也已為周遭駭人的迷團所攪亂，各種智能也因老年和焦慮而喪失全部活力，我是不是要心甘情願地解除我積聚起來的精神力量？」稍後，他想開了：「我孑然一身，確實只靠攝取我自身的養分在生活著，但我自身的

281 他不太抱信念地寫一部長篇小說，從好多年前就開始寫，而且從未完成。

卡蜜耶夫人就是蓄意如此。

華格納並不屈服於老年，把老年看作是屈辱。他把這股怨氣發在妻子寇西瑪的身上。他指責寇西瑪對她的老父親李斯特太過有感情；他有時會爆發怒氣，惹得她哭了。

不過，格外會引發老年人怒氣或恨意的是新興世代，因為他感覺自己被他們剝奪了。他很樂於向他們預示他們的未來會是一團糟。就像歌德在一八二八年對愛克曼[282]談到人類時，他說：「我看到上帝再也不會在人類身上找到歡喜的時代到了。在這樣的時代裡，祂得重新毀滅一切，以創造年輕的世界。」他認為法國的當代文學是「絕望的文學」。「以一種令人厭惡的雜亂，瘋狂地處理了恐怖、可憎、殘酷、可鄙的主題，這就是他們的魔鬼活計。」一八三〇年，他預言了野蠻時期即將來臨，他甚至在一八三一年說：「我們已身陷其中。」在死前不久，他寫道：「從混亂的激動開始，一個混亂的學說統轄著世界。」

聖－艾弗爾蒙已經注意到老年人這種封閉在自己的年代、從他們的無知中取得優越感的傾向：「似乎他們長長的人生讓他們再也不知道怎麼和人一起生活……所有他們做的事在他們自己看來都是善的，而所有他們不知道怎麼做的事，都被歸為是惡的……因此他們就擁有了審查一切的威權。」阿蘭指出：「老年人會頌讚他們的青春、指責環繞在他周遭的事物，這是眾所周知的事。」

也是因為這樣，囚禁在過去中的愛德蒙．德．龔固爾不滿意他的時代。他說：「報紙裡再也沒什麼新聞。」他在一八九五年四月七日的日記中寫道：「喔，這個時代！對蠢事狂熱，馬拉美、維利耶．德．利爾－亞當[283]，這兩位青春的偉大人物都是如此！」他還在一八九六年三月三十一日寫道：「新的刊物顯得老態、教條、學究氣，而且這些刊物對外國文學抱有不理性的狂熱。」

第一次世界大戰爆發時，剛遭受一次輕度疾病發作而損及健康的羅丹，對茱蒂特．克拉黛爾[284]說：「我們正處在衰頹的時代；戰爭標明了我們當前的精神狀態；這是個野蠻的時代；無知統轄一切，修復師損毀了雕塑……歐洲完蛋了……它會變得像亞洲一樣。」我們也見到了克里蒙梭退休以後其實是鄙夷他所處的年代，而且他還扮演了卡珊德拉[285]的角色。

老年人的偏見會惹惱人，但我們必須瞭解這些偏見的來由。被新世代遺忘、不受新世代尊重的老年人抗拒別人評斷他，不管是在現在或是在未來。

暴虐待人、迫害他人、預言災難發生等這些事，只有少部分仍擁有一點威望的人會這樣做。絕大部分的人都沒有威望。受到暴虐對待、迫害、訕笑的人反而是他們。即使人們得體地對待他們，大家還是把他們當作是物，而不是主體。大家不會諮詢他們的意見，不把他們說的放在心上。他們從別人看他的目光，感覺到自己陷入險境。他們懷疑那目光不懷善意。詹森博士對包斯威爾[286]說：

282 譯注：愛克曼（Johann Peter Eckermann，一七九二—一八五四），德國詩人、作家，於歌德的晚年時期擔任其祕書，因作品《歌德談話錄》而知名於世。

283 譯注：維利耶．德．利爾—亞當（Auguste Villiers de L'isle-Adam，一八三八—一八八九），法國象徵主義作家、詩人、劇作家。

284 譯注：茱蒂特．克拉黛爾（Judith Cladel，一八七三—一九五八），法國小說家、傳記作家、文評家，曾為羅丹作傳。

285 譯注：卡珊德拉（Cassandre），希臘羅馬神話中特洛伊的公主，有預言能力，但沒有人會相信她。

286 譯注：包斯威爾（James Boswell，一七四〇—一七九五），英國傳記作家，曾為英國文人薩姆爾．詹森（Samuel Johnson，一七〇九—一七八四）作傳。

也有些例子是，老年人適應不良的行為不是他故意的，而是可以用精神衰退來解釋，一如說話囉哩囉唆、顛三倒四，是老年常見的特徵。老年人轉而面向過去，無法採取未來，便不免會煩惱。他不斷地喚起過去的回憶，高聲複述那些他擺脫不了的擔憂。他因為記憶減退、因為沒有能力獲取新事物而被判處於停滯中。但是，往往他荒唐脫軌的行為多少是有意為之的。舊金山的一位老年學家路易·庫普蘭發明了「老年犯罪」這個觀念；就和少年犯罪一樣，老年犯罪是因為老年人感覺自己被排除在外而產生的。它不會以暴力來表現，而是以「反社會行為」來表現。庫普蘭醫生傾向於把老年人看成像昆蟲學家從外在來描述的一個物種一樣。他忘了老年人是根據自己的處境來決定自己行為的人。他們很多態度是出於抗議的心態，而且是他們的處境讓他們起而抗議。養老院裡的院友（尤其是男性）有一點讓人很訝異，就是他們都很髒。為什麼會這樣？這是因為人家輕忽他們，所以他們又何必遵守衛生和禮儀規定呢？他們對親友表現出來的怨恨行為，看來像是出於精神官能症，但實際上只是一種攻擊性或是自我保護性的行為。有個老年人以風濕症為藉口，躺到床上去以後就不再起床，但他其實是和孩子吵了一架。有另一個老年人，因為孩子把他的店搶走，他就全身赤裸地在花園裡散步：他用不穿衣來象徵——就像李爾王撕毀自己的衣服一樣——兒子惡待他。他們大小便失禁，往往是出於報復之心；拒絕吃飯、拒絕出門、拒絕洗澡、做些失禮的事，通常也是他有所訴求的方式。在老年人身上常見的不正常遊蕩行為也一樣。老年人因為在家中的角色不能讓他滿意，就整天在外遊蕩，不告知家人。他其實不知道自己在找什麼，但他裝出一副在找東西的樣子。他藉此向家人表示他可以不靠他們，而且他也樂得去想像自己讓家人擔心了。

在薩爾蒂科夫—謝德林[287]的《戈洛夫廖夫家族》中，對女性的老年有極為動人的描寫。書中寫的是阿林娜．彼得羅夫納的悲劇，就像是李爾王的悲劇、左拉《土地》裡老富昂的悲劇。這樣的悲劇通常發生在男性身上——也就是被剝奪所有的悲劇。這位俄國小說家從一位或是多位真實人物中得到靈感（從他自己家族中見到的例子），對女主角各種反應的描寫非常細緻生動。

阿林娜．彼得羅夫納是地主，對他人、對自己都很嚴苛，而且吝嗇得要命，從年輕時就只為擴增自己的地產而活。她揮汗如雨、耗盡精力、犧牲了許多事物，終於成功累積了許多地產。農奴的解放讓她張皇失措，她再也不知道怎麼過日子，儘管年紀還沒損及她的體力，她還是將財產分給了她的後代，也就是她的兩個兒子，以及她死去女兒的兩個女兒。她的大兒子尤大是個狡猾、很會巴結人的傢伙，幾乎奪光了母親的財產。她離開了戈洛夫廖夫家（她大兒子從此是一家之主），住到二兒子保羅家。保羅是個酒鬼，她住在他家，兩人勉強共存。但是保羅生了重病，命在旦夕。向來跋扈的阿林娜．彼得羅夫納這時候不知道該拿自己怎麼辦（因為她痛恨她的大兒子），悲痛異常：「她終於坐下，哭了起來……這真是酸苦而徹底的絕望，加上一點也無能為力的執拗。老年、衰殘、遭人拋棄，這一切似乎只會招來死亡，死亡是唯一讓人得到安寧的出口；但是在同時……過去的回憶激勵著她，將她維繫在塵世……焦慮，一股要命的焦慮攫住了她……為了家庭著想，她一生克勤克儉，甚至虐待自己、苛刻自己，忽然間她卻發現自己沒有家庭！」我們已經看過，像這樣悲痛地

287　譯注：薩爾蒂科夫—謝德林（Saltykov-Chtchédrine，一八二六—一八八九），俄國諷刺作家、小說家。

看清實相，往往是老年人承受的命運，而且在別人等著他死亡之時，他往往更加緊緊抓著生命，因為就像盧梭所說的，他們受不了人生是一場空，受不了「他們白白費了力」。

保羅死了以後，阿林娜．彼得羅夫納不願再和尤大扯上關係，便將她僅剩的一點錢拿來修整孫女的房子「波哥希約卡」，然後和兩個孫女住下來。這時候，在生活失去了目標之時，她忽然痛苦地感覺到自己上了年紀：「阿林娜．彼得羅夫納從來沒想過有一天她會成了吃閒飯的人；而這一天，就在她第一次感覺到自己精神、體力都已不濟時暗暗地來到了。這樣的時刻總是突如其來地降臨，儘管這人也許早就精神、體力不濟，但他還是挺了下來，然後突然之間，最後一擊重重襲來……這一擊，立刻讓一個原本還勇氣十足的人無可抵抗地倒下。」她在管理她的財產時並未遭遇太大的困難，但是她再也沒興趣管理財產，而且她的體力衰竭。「老年衰殘的她再也無法出門……她騷動不安，她掙扎搏鬥，但是她對一切已無能為力。」

她兩個孫女想要離開，而她們很訝異祖母竟然能心平氣和地接受她們的請求。這不光是因為她在失去體力之時也失去了她原有的專制性格，而且因為她不再抱有幻想的老年開啟了她的心胸（有時是會發生這種事）：「在這種轉變中，衰老並未單獨發揮作用，此外還有理解了某種更好、更公正的事也發揮了作用。命運最後的幾次重擊不僅沒有壓制她，反而讓她那到目前為止從不曾有光透入的頭腦一角清明了起來。」在看清悽慘的現實以後，她瞭解孫女的渴望是合理的請求，她沒有力氣反對她們，便讓她們離開了。

但是這時候，她周遭是一片難以承受的空白。她感覺「自己突然擁有無窮無盡的自由——無窮無盡到她在自己眼前只見到一片空白。」她請人堵死了許多房間，只留下兩間房。她也遣走了僕人，只留下兩名老女僕。「空白的感覺不久就滲進了她以為可以作為屏障的那兩間房。無可填補的空虛寂寞，讓人心生悲愁的無所事事，這是她得面對的兩大敵人……不久後，體力和精神也跟著崩解。因為無所事事，使得她更無力抵抗這崩解，而這崩解使顯得更加殘酷……原先是她厭煩所有的人，現在則是大家厭棄了她。」從前那麼活躍的她，現在卻落入讓人昏睡的遊手好閒中，這遊手好閒「漸漸使她喪失了意志，把阿林娜·彼得羅夫納帶到了她幾個月前無可想像的境地中，即使是作夢也想像不到。這個從前根本沒有人敢說她是老太太的女人堅強而穩重，卻從此成為廢人，沒有過去、沒有未來，只有她存活的這一刻」。她幾乎整天都陷入昏睡。「然後她哆嗦了一下，醒了過來，精神渙散了好一陣子，眼睛望著遠方……她這人最好的部分就存在這種一片光禿禿的景況裡。」她凝視著遠方，心裡什麼也不想，然後又落入老年人慣有的昏睡中。有時候回憶浮現她的心頭，但「只是片片斷斷，一點也不連貫」。有些回憶讓她心頭一緊，她哭成了一團，然後她很訝異地問自己為什麼哭。「她就好像存在和她個人無關似地活著。」

夜晚對她是種折磨。在這棟偏處一隅的老房子裡，她什麼都怕：怕寂靜、怕黑、怕聲響、怕燈光和黑影。她早上六點就起床，人疲累不堪。她吃得少，而且吃得不好。她畏寒。「她越是衰弱，她想要活下去的慾望就越強烈，或者說……想要讓自己享有一點甘美的慾望，而且死亡的想法完全不存在。過去，她很怕死，現在她似乎完全忘了這回事。她渴望自己從前沒得到的一切……饒舌、貪吃、出於算計地討好別人，迅速在她身上發展起來。」她夢想著舒適的住家，以及她從前在戈洛夫廖夫家吃的美食：當時過的真是「好日子」。她漸漸沒力氣再讓自己對大兒子懷著怨氣。「從不好惹的專橫過渡到屈服、逢迎，只是時間的問題……尤大……突然變得不那麼可恨。」從前大兒子對她的冒犯，她都忘記了。阿林娜・彼得羅夫納為拉近大兒子踏出了第一步。她向大兒子索討戈洛夫廖夫家的資源（菇、魚、雞），兒子請她來家裡中吃飯。阿林娜・彼得羅夫納答應了，從此她常常到大兒子家吃好吃的，晚上安心地在那兒過夜。她對尤大的同居人非常和藹，三個人晚上會一起玩牌。最後她就住進這個她曾經恨透了的大兒子家裡，並死在他家。

我們發現應該徹底排除一個偏見，那就是認為老年能帶來平和心境。自古以來，成年人就試著樂觀地看待人類的處境；他們讓不屬於自己的年紀擁有自己所沒有的德行，譬如「孩童就是天真無邪」、「老年人就是安詳平和」。他們想把人生這最後的階段當成所有令人痛苦的那些衝突的解方。這雖然便利，卻是個幻想。這幻想會讓人以為——儘管我們都知道老年人承受了痛苦——老年人是快樂的，於是任由他們面對自己的命運。事實上，老年人深為焦慮所苦。墨跡測驗能揭露老年人的真實景況，即使對那些認為自己一點也不焦慮、聲稱對自己狀況很滿意的老年人也是一樣。根據墨跡測驗法的量表，一九五六年在美國確立了老年人的典型樣貌：「老年人在面對墨跡測驗時懷有戒心、焦慮、支吾搪塞……他們顯現出內向、不成熟的性格，並帶有一點幻想、不真實的色彩……他們和別人的關係有困難，不太需要感情……僵硬、刻板、智力低落。」我們在老年人身上見到了所有這些特點。在我們看來，這些特點就是老年人遭遇到那些困難的成因。

治療過許多老年人的賀維齊醫生[288]，在賈柯芭・馮・維勒德的小說《大廳堂》序言中寫道：「只有小說家會相信老年人是快樂的，不管是好的小說家或糟糕的小說家。老年只有一種，那就是在醫院裡長臥不起的病人，以及坐在安樂椅裡享有亡夫遺產的寡婦——這兩種人的命運都一樣……奇怪的是，這些半僵化了的人卻和他們在成年期、孩童期時沒兩樣。往往，他們幾乎不比在成年期或孩童期來得更好，他們卻仍然渴望活下去。慾望、熱情、任性也一樣殘存在他們身上。我所認識的老年人裡，沒有人因為歲月而變得更有智慧或更安詳平和，像書裡寫的那種和藹老人家一樣。」

事實上，享有亡夫遺產的寡婦，命運好過安養院裡的院友——賀維齊醫生要說的是，她也一樣有焦慮、有煩惱。他說得有道理，但我有異議的是，賀維齊醫生說得太嚴酷。為什麼老年人就得比他自己在成年期或孩童期時來得更好？當一個人的一切都被剝奪了以後——像是健康、記憶、財源、威望、權力——他是很難挺立為人的。老年人因受到剝奪所做的搏鬥顯得可憐而可笑，包括他的怪癖、慳吝、奸詐或是會惹惱人，或是會遭訕笑，但其實這搏鬥是悲壯的。這是拒絕陷落到人下人的地步，拒絕其他成年人要他們縮減為蟲子、縮減為滯怠之物。勉力在這種困局中保持最基本的尊嚴，其實非常有英雄氣概。

❖

288 譯注：賀維齊醫生（Jean Reverzy，一九一四—一九五九），法國醫生、小說家。曾於一九五四年以處女作《過道》獲頒賀納多文學獎。

有些老年人拒絕別人以「一個為了挺立為人而搏鬥的衰弱之人」來定義他。茹昂多表示：「對年輕人喜好的景致、樂音不敏感的老年人，他們一樣有顯得特別的視野，一樣也會發現美妙的迴響。」就像小孩子不是未完成的成年人一樣，老年人也不是有所殘缺的成年人。他是一個完整的人，自有他特殊的經驗[289]。情況也許是這樣，但孩童的世界往往被視為是獨特的，而老年人世界（就像作家們在他們書裡所提到的一樣）和成年人世界的差別在於前者有殘缺、不足。我對老年人的睿智同樣也持懷疑的態度。紀德在一九三一年一月二十五日的日記中重述了蒙田的想法，而我同意他這想法。他表示：「我全心鄙夷這種我們只藉著冷淡或厭煩才達到的睿智。」

然而，我們不能完全否決我在這一章開頭所提出的「老年人失去資格有時反而會帶來更豐富、更解放的人生」此一假設。五十到六十歲之間非常害怕死亡、害怕衰老的蕭伯納，六十歲以後卻宣稱他的「第二童年」開始了，因為他感受到了自由、冒險、不必負責任的甜美滋味。紀沃諾[290]在他七十歲那年的一次訪談中也表達了同樣的想法。保蘭[291]在死前不久也說過：「老年很有意思，我們體會到了一堆原先以為書裡才有的感受[292]。」

老年的解放力量

約翰．考柏．波伊斯在他的一本小書《論老年》裡大加頌揚老年。根據他的說法，老年人可以從事「這個被動的活動。藉由它，我們人體機能是和『無生命』混同起來的」。老年人的幸福，在於他可以趨近這種「無生命」。我們變得越來越孤單；「無生命」即是孤單。「在曬太陽取暖的老年人和曬太陽取暖的燧石之間，有一種難以形容的相似性。」終於卸下工作、職務的老年人可以投入凝神靜思的歡愉中。波伊斯說，他小時候很訝異地發現他爺爺動也不動地坐在沙發上看著傍晚的光線與陰影時，他爺爺對他說：「你要記得，到我這把年紀，除了這個以外，我再也不能做別的了。」波伊斯心裡想，爺爺一點也沒必要為此感到抱歉。老年人有權利什麼都不做——終於再也沒有任何義務！終於享有安寧！老年人處在人生的律法之外。就像孩子一樣，老年人是無關道德的。這種無關道德，帶來了「神奇的平衡、內在的光亮」。

事實上，波伊斯的老年滿足而開懷。他在成年時期從未感到安心自在，因為他有許多不得不做的工作，像是上課、演講。這些工作使他不能投入他唯一覺得有樂趣的事，像是凝神靜思、作白日夢。他的行為舉止往往顯得很古怪，甚至在朋友看來都是如此。隨著年紀增長，他的怪癖行為反而顯得正常。他能快樂地沉浸在「無所作為」之中。事實上，他的閒散讓他寫出許多好書，而寫這些書是需要投入許多精力的。他是極少數能夠在退休以後完成此前被壓抑下來之志向的人。

波伊斯的例子是個例外，但老年一般來說擁有某些好處也是真的。被拋置在人類之外的老年人，等於避開了人生不免遭逢的束縛、異化。雖然大部分老年人沒有從這個擺脫束縛、異化的機會中得

289 這是雅各布·格林在一八六〇年提出的一個著名論點，我曾經引用過。
290 譯注：紀沃諾（Jean Giono，一八九五—一九七〇），法國作家，作品多描繪普羅旺斯的鄉村世界，著有《種樹的男人》等。
291 譯注：保蘭（Jean Paulhan，一八八四—一九六八），法國作家、文評家、出版商。
292 邱吉爾也說過老年是一種令人驚奇的經驗，不過他是在惶恐不安的心情下說的。

利，但這種機會是有的，只有某些人會抓住機會。

一個在失去工作之時也失去了社會身分的人，他痛苦地感覺到自己被縮減為什麼都不是。他會因此消沉喪志。又或者，如果他曾經是個享有特權的人，為了撫慰自己什麼都不是，他會再次想要出風頭：他會貪圖職位、角色、頭銜、名譽。然而，他可以從他「什麼都沒有」當中認清事情的實相、汲取力量，就像李爾王。當李爾王失去一切，他擺脫了華麗的外表、揭穿幌子（他曾經受這幌子的欺騙）。許多老年人在受到社會的排斥後，反而得利，因為他們不必再花心思取悅社會。我們會在老年人身上見到這種對輿論漠不在乎的態度（亞里斯多德稱之為「厚顏無恥」）。它是自由解放的先聲。這種態度也使他們免除了虛偽。有調查人員徵詢了一群年紀各不相同的老年人，問他們在他們人生中最重要的事是什麼。六十歲到七十歲的人回答是擁有親人的愛、有事做；八十歲的人回答得很突兀：「吃」。事實上，對其他大部分人來說真的也是這樣。在維多利亞公寓，很滿意他們新景況的院友表示：「終於！我可以做我自己！我再也不是某人的妻子、某人的雇員。我是我自己。」他們不再以社會職司來定義自己，感覺自己是個個體，不再以社會律令來決定自己的行為，而是根據自己的喜好來決定。他們也說：「我終於可以做所有我想做的！」前面提到的那些住在太陽城裡的老年人，他們沒有任何文化活動，也沒有任何我們稱為「具有建設性」的活動。從太陽城創立以來就照顧這些老年人的一位觀察員表示，他們不再覺得從事這些活動是必要的。從前，受制於社會的壓力，他們假裝對這些活動感興趣；現在，他們真的在做自己。

尤其，對女人來說，高齡對她們是解放。她們一生對丈夫順服，對孩子犧牲奉獻，這時她終於可以為自己著想。深受社會約束的日本中產階級女性往往到老仍然精力充沛。有人跟我提過的一個例子是，一位日本女性為了享受她最後的年華，在七十歲時離了婚，而且她一直很高興這件事。老婦人起而反抗向來壓抑她的義務與禁制，這是布萊希特[293]在《無恥的老婦人》中處理的主題。這篇小說後來還拍成了電影。女主角是七十二歲的寡婦，她是家中的恥辱，因為她抵押了房子，去做一切她想做的事，像是坐車閒逛、喝紅酒、上電影院、晚睡晚起。她再也不理睬社會的禁忌，跟一個社會地位比她低的補鞋匠往來。從前人家強迫她遵守「做人的尊嚴」，現在她把它踩在腳下。她只聽從自己的衝動行事。的確，有很多老婦人依然堅持維繫她們向來遵循的價值，也打算要年輕世代遵循這些價值，但她們的處境可以為她們帶來解放的可能。

自由令人膽顫，這就是為什麼老年人有時會拒絕自由。紀德獲頒諾貝爾文學獎時，沙特對他說：「啊，現在您再也沒什麼好贏、也沒什麼好輸的了。您現在可以隨心所欲地自由行動、自由表達。」紀德以懷疑的口吻回答：「喔！自由，自由……」再者，他最挑釁的書不是寫於他人生最後那幾年。不過，有其他作家將年紀看成解放，從此不必在意輿論。就像莫里亞克在一九五三年七月二十八日的《記事簿》中寫道：「這就是衰頹的好處。太久以來，我們太過有名、太為人所識，以至於我們的談話（不管是說得好，還是說得不好）改變不了他人對我們的觀點。」年輕時，他很少從事政治參與。衣索比亞的法西斯侵擾、西班牙內戰——根據他自己的說法——讓他「微弱地喊了一聲」。

293 譯注：布萊希特（Bertolt Brecht，一八九八—一九五六），德國劇作家、詩人、現代劇場改革者，代表劇作有《四川好女人》、《勇氣媽媽》等。

法國遭德軍佔領期間，他寫了《黑色筆記》，之後他就「昏睡過去」。獲頒諾貝爾文學獎以後（他在卡薩布蘭加大屠殺那天獲獎），他寫道：「我從昏睡狀態醒了過來，決心再參與政治。在卡薩布蘭加的屠殺之後，這場發生在摩洛哥的悲劇讓我和年輕的天主教徒重新有了連結；我又成了一九〇四年『犁溝運動[294]』時的莫里亞克，成為巴斯克的莫里亞克、西班牙內戰時的莫里亞克，法國－馬格里布委員會（France-Maghreb）創立了。」在另外一段文字裡，他又談到了這個時期：「從此，我開始政治參與。」他在一些文章中抗議阿爾及利亞的酷刑並參與示威。一九五八年，因為欣賞戴高樂將軍，也或許因為累了，他從抗爭活動中抽身。

在文字裡表現得自由而膽大的伏爾泰，言行上卻很謹慎，幾乎常讓人有口是心非的感覺。他到了老年以後，才積極起而批判社會的不寬容和不公。他風聞卡拉斯案件[295]時是六十六歲，努力弄清楚這個案件。他為了和可疑的人見面以取得資訊而旅行各地，也詰問涉案的家庭成員。他心裡有了譜，透過自己的關係採取行動。一七六二年（他六十八歲時），他發表了一篇抨擊短文，激發了輿論。最後終於讓原判撤銷。伏爾泰負擔了所有的訴訟費用。三年後，他竭力為希爾凡夫婦辯護。這對夫婦被控將他們的女兒投入井中，因為她在宗教信仰上想改宗。事實上，他們的女兒發瘋了，投井純粹是自殺行為。這對夫婦本來可以拋棄所有家產逃亡，讓人用畫像代替進行處決。伏爾泰一直抗爭到一七七一年，為他們爭取平反。一七六六年，拉．巴賀[296]騎士被處決後，伏爾泰歷經了一段恐怖的黑暗時期，避難到克雷夫。但是他重新振作起來，又介入了其他幾個案件。在蒙拜伊夫婦被控殺父的案件中，丈夫已經被處決，妻子因為懷孕暫時免刑。在妻子被羈押牢獄期間，伏爾泰成功證明了這對夫婦無罪。

某些老年人身上有某種不屈的性格，甚至具有某種英雄氣概。他們漠不在乎地冒自己生命之險。馬勒澤布[297]在一七九二年為路易十六辯護時，已經七十二歲：「審判時，仍然要稱他為『國王』，並且（在對他說話時要稱他）『陛下』。」一名國民公會議員對他說：「誰讓你這麼大膽？」馬勒澤布回答：「我看輕生命。」[298]他在一七九三年十月被捕，並且拒絕為自己辯護，然後在細心地調了調手錶後，氣定神閒地走向斷頭臺。其他老年人雖不至於冒險喪命，但仍冒著失去自己的名譽、自己的職業生涯之險。就像美國著名的兒科醫生斯波克，因為反越戰而入罪。他在一九六八年（他當時八十歲）宣稱：「以我的年紀，我怎麼會不敢和斯托克利．卡邁克爾[299]一起示威。」

對那些一輩子都在冒險的人，往往在他們老年時，他們的果敢行徑會散發出特別的光彩。羅素

294　譯注：犁溝運動（le Sillon），一八九四年時由一位法國政治人物馬克．桑尼耶（Marc Sangnier）創立的政治思想運動，拉近了天主教與共和思想。

295　譯注：卡拉斯案件（l'affaire Calas），一七六一年到一七六五年發生在法國土魯斯，案件涉及了天主教與基督新教之間的信仰衝突。此案件後因伏爾泰的介入而知名。

296　編注：二十歲的法國貴族拉．巴賀因羅織的瀆神罪名而受酷刑折磨，伏爾泰曾運用影響力為他平反，但最後拉．巴賀仍遭到處決，行刑者又將在拉．巴賀房間找到的伏爾泰著作《哲學辭典》釘在他斬首後的身軀上施以火刑。這個事件也成為十八世紀宗教不寬容的受害者象徵之一。

297　譯注：馬勒澤布（Chrétien-Guillaume de Malesherbes，一七二一－一七九四），法國政治人物、法官、植物學家。

298　參見米什萊《法國革命史》。

299　譯注：斯托克利．卡邁克爾（Stokely Carmichael，一九四一－一九九八），美國黑人民權運動領導人，曾激烈批評越戰。

一向很固執、勇氣可嘉，但一九六一年他八十九歲時的表現更是精彩萬分。身為百人委員會成員的他起而反對核武，敦請民眾為此和平示威。儘管警方禁止這次的活動，他還是和眾人席地而坐。他的年紀、名聲使這項行動大為轟動。他不得不為此受到懲戒。事實上，他坐了七天的牢。教宗選舉會則是錯看了老年；他們以為龍嘉利紅衣主教是無害的，便選了他當教宗[300]。這位教宗向來做他認為該做的，什麼都不畏懼。當選教宗為他開啟了無數的可能性，他也善加利用。以若望二十三世為名的他，當選三個月後就不聽別人的意見，翦除所有的反對勢力。他進行教會改革，召開大公會議，會議議題大多由他提出，而且儘管後來被中止，但這些議題開啟了變革，其影響與日俱增。看一個身體衰殘的老人仍滿懷無畏的熱情，真會讓人覺得感動。八十幾歲的艾彌·坎恩擔任法國人權聯盟的主席，當他為班·薩多克[301]的審判出庭作證時，他幾乎站立不住。他在庭上宣讀了他兒子寫的一封信，信中揭發阿爾及利亞民族解放陣線成員受到的酷刑，他因此起而控訴法國政府和軍隊，其激烈程度可讓比他更年輕的許多證人想望不已。

就心智方面來說，老年也可能是一種解放的力量，因為老年能讓人擺脫幻象。老年會帶來清醒的頭腦，但也會伴隨著往往滋味苦澀的幻想破滅。從童年、年輕時開始，人生像是往上高升；在一切順利的情況下——或者是他工作有進展，或者是孩子的教育帶來歡喜，或者是生活水準提高，或者是知識豐富了——到成年時仍然有往上高升的感覺，但是到了老年，突然發現自己除了墳墓以外再也無處可去。我們到達了頂峰，而頂峰即是往下墜落的開端。葉慈說：「人生是為永遠不會發生的事而做長期的準備。」

有時候，我們知道自己不用再為任何事做準備，我們明白了我們以為自己往一個目標邁進其實是受了騙。原本，屬於我們的歷史是有目的性的，老年以後我們的歷史無疑被剝奪了它的目的性，於是他意識到自己「無用的熱情」。這個發現使我們不願再活下去，叔本華表示：「再也沒有這些賦予生命魅力、激勵我們活動的夢想。我們只有到六十歲時才會明白《聖經．傳道書》的第一節經文。」托爾斯泰在老年時更辛辣地寫下：「我們只有在迷醉中才活得下去。醉意消散以後，我們會發現一切不過是欺瞞，愚蠢的欺瞞。」

要是一切都是虛空或欺瞞，那麼，事實上我們能期盼的就只有死亡。不過，如果人生沒有自己的目的性，並不表示它就不能有目標。有些活動對人有助益，而且在人與人之間的關係裡，人觸及了他們的真實性。一旦幻想被掃除，這些不會異化、不會神祕化的活動與關係會永存。我們可以繼續期望和他人以文字來溝通，甚至在年輕時求盛名的慾求消散之後。矛盾的是，人老了以後往往會懷疑起自己已臻顛峰的作品。林布蘭、米開朗基羅、威爾第、莫內就是如此。這樣的自我懷疑甚至可能讓作品更豐富。這往往也是巧合：年紀會帶來技藝精熟、帶來自由，另一方面卻也會起而對所謂的典範抱持異議。起而行動，同時把他的行動「置於一旁」，這是通往真實自我之道。真實自我

300　編注：龍嘉利紅衣主教於一九五八年十月出任教宗，當時他已七十七歲。

301　編注：班．薩多克（Ben Saddok），為發動殖民獨立抗爭的阿爾及利亞民族解放陣線成員，於一九五七年五月在巴黎暗殺了親法的前阿爾及利亞議會副議長阿里．謝卡爾。此案於審判期間引發法國輿論關注，辯護律師找來多位聞人出庭作證，包括沙特、卡繆等人，以爭取班．薩多克不致被判死刑，最後他被判無期徒刑。

比謊言更難承擔，但是當我們達到真實自我之時，我們只能為此感到慶幸。這是年紀所帶來最有價值的東西：它掃除了盲目崇拜與幻想。

也許有人會對我抗議說，我們其實可以更早掃除這些的。例如我從很久以前就接受了存在者尋求存在是白費力氣，因為「為己」永遠不能成為「在己」。在《事物的力量》最後，我本應該接受這個注定的失敗，不要夢想這個我遺憾它不存在的絕對（「絕對」指的即是「為己」成為「在己」）。但是，就跟「預見」並非「知道」一樣，「知道」也不是「體會」。所有的真理實相，都是在變異中逐漸生成的。人類景況的真理實相只有在我們自己的未來終結時才顯現出來。

要是我們不再有任何目標，擁有自由、頭腦清明也沒有什麼大用；要是我們還對未來抱有願景，擁有自由、頭腦清明就很有價值。老年人最幸運的是，他仍可以有許多目標，而這比身體健朗來得更重要。日子過得活躍、有用，能讓他避開無聊、衰頹。他活在其中的時間是屬於他的，通常用來界定老年人的防衛行為、攻擊行為不再適用他身上。可以說，他不再被看作老年人。但這一切的前提是他在盛年時曾經投注心力和時間對抗。然而，在我們這個不擇手段開發、利用的社會裡，大部分人是沒有可能投入和時間對抗的活動。

❖

老年人的精神疾病

前面說過，跟其他年齡層比起來，精神疾病更常發生在老年人身上[302]。不過直到十九世紀末為止，大家對此的認識不多，因此全把它歸為一類，那就是老年失智。這方面，是瑞士醫生威勒在一八七三年開啟了新紀元。他對這個問題的研究後來有許多人跟進。一八九五年，法國波爾多舉辦了一場關於老年人精神病的研討會。自此之後，對老年性退化的精神官能症、精神病的研究多了起來。然而，正因為老年是一種「正常的不正常」，所以往往很難在伴隨著衰老而出現的心理失調、病理性精神疾病之間劃出界線。有些老年人情緒、行為的改變是疾病的前兆，有些則可以由他景況的改變來解釋他的神經質。無論如何，有很多病例明顯是屬於病理性的。老年人的身體很脆弱，而他們在社會上處於不利的地位，這直接或間接地（透過器質性功能的退化）對其精神狀態產生嚴重的負面影響。他們的存在景況和性處境對於精神官能症、精神病的發展可以有助益。

當一個人「沒辦法在他的自我身分認同中找到和他人的良好關係，又找不到內在令人滿意的平衡時」[303]，他會成為精神官能症患者。精神官能症患者有種種症狀，這些症狀其實是對讓人難以承受之處境的防衛。許多精神病專家堅持認為，這種「身分認同的虛弱」主導了精神官能症患者的人格。不過，老年人主要的困難之一，正好就是維繫自己的身分。僅僅只是知道自己老了，就會將

302 我再提一次，在美國，在十萬名同一年齡層的人當中，十五歲以下患有精神疾病的有二．三人，二十五歲到三十四歲之間有七十六．三人，三十五歲至五十四歲之間有九十三人，在老年人則有二百三十六．一人。

303 參見愛伊醫生的《精神病學手冊》。

他變為另一個人，而他自己沒有辦法意識到這另一個人的存在。另一方面，他失去了他的資格，以及他扮演的社會角色，讓他再也無法定義自己，再也不知道自己是誰。當「身分認同的危機」沒克服——這種事常發生——老年人就只能處於慌亂不安中。

另一方面，精神分析家——很多精神病專家也和他們同一立場——認為精神官能症會表現出性衝突。這性衝突或是根植於當事人小時候的歷史，或是根植於他目前的困難。和成年人比起來，老年人更受到童年期的困擾，因為盛年時的審查、防衛機制都崩坍了。如今，他的性處境讓他很難受，因為雖然還有原慾，但往往性活動對他已再無可能。這種景況應該從機能不全的角度來處理。我們可以這麼想：往往我們稱為「正常地適應景況」是不可能的事。

老年人常見的精神官能症如下：

一，妄想型的性格障礙精神官能症。我們發現大部分這種人的反應很極端。他們以「性格障礙的盔甲」來保護自己。他們的戒心、攻擊性加劇。他們患有疑病症，抱怨自己身上有種種不適，像是疼痛、疾病、頭痛、消化道失衡。他們指責身邊的人不為他們的健康操心，沒讓他們接受治療。他們常提出要求，常為病態的嫉妒所苦。他們的情緒變化無常，常暴起躁動。朵爾托醫生針對老婦人區分了兩種型態的性格障礙：一是被動型的，她們自閉自縮，憎惡人生、變化、情緒感受，而且病態地害怕死亡；二是過度膨脹自我，有妄想的傾向。

二，焦慮的精神官能症。根據佛洛伊德，這種精神官能症是因「身體的原慾」（la libido

sexuelle somatique）和「原慾的心理發展」之間的差距而起。不過，大部分老年人身上都有這個差距。我們前面也看過，基於其他的理由，他們通常也受焦慮的折磨。許多老年人沉陷於精神官能性憂鬱症。處於這樣狀態的人，無聊、憂愁、不安在他們身上會表現得更為極端。

三，歇斯底里疑病症的精神官能症。這種病症的根源向來在於潛伏性精神官能症，於衰老時表現出來。在這種情況下，衝突的根源是在兒童期；這些症狀象徵性地構成了慾望與防禦（防禦，就是不准滿足其慾望）之間的妥協。在情感關係上，當事人對他親近的人很暴虐；他會以生病為藉口，要求家人照顧他，沉湎於情緒勒索；他會假裝受病痛的折磨；有時，從他壓抑下來的焦慮中會產生身體的不適。他會有搔癢症、各種不同的疼痛、消化不良、排尿困難等毛病。

四，強迫症或畏懼症的精神官能症。這在老年人身上比較少見。

有些老年學家——尤其是布拉強－瑪爾居斯醫生和貝季紐醫生——認為老年人的精神官能症根源向來在他們的童年期和少年期。這一點已經在歇斯底里疑病症的精神官能症中得到證實。然而，佛洛伊德認可「根源於個人現今景況」的精神官能症存在；在這種精神官能症中，當事人會起而抵抗他們現下的衝突。而且佛洛伊德這個觀念適用於許多老年人的焦慮：他們的處境——不管是在性事上，以及在其他各方面——解釋了他們罹患精神官能症的理由：精神官能症是他們的防禦系統。

精神官能症不會涵蓋當事人整個人。當他整個變了質、形成了新的結構，我們則可以說他是精神病。老年人最常見的精神病是退縮性憂鬱病（mélancolie d'involution）。克雷佩林醫生在一八九六年將這種退縮性憂鬱病單獨提出來，並加以描述。這種憂鬱症特別好發於女人身上。它是衰老特有的，因為患有此症的人在之前沒有任何病態的症兆。要是從憂鬱症的普遍性來考量什麼是憂鬱症，我們很容易就明白老年人容易感染此症。

這是一種「強烈的抑鬱狀態，生活在一種精神痛苦的感覺中，而且它的特點是減緩並抑制精神和心理動作的作用」。佛洛伊德把這種狀態類比為服喪。憂鬱症患者即使並未有親人喪亡，卻會表現得宛如喪失了什麼一樣；他抱怨的其實是喪失了自己。他會說：我什麼都不是，我什麼都做不到。特別是敏考斯基指出，這種自我的喪失會引發自我價值受到低貶的痛苦感受，而且當事人會因此自閉在自己的過去中。敏考斯基還表示，憂鬱症是一種「時間之病」。未來被攔阻了，當事人再也無法奔向未來，在未來他只見到死亡。而在現在，他也只是個無能為力的人：他感覺自己存在於空洞中，因為要命的無聊而痛苦。就像西班牙厄拉莉公主所說的：「無邊無際的大草原，什麼都打破不了它的單調。」他「滿是空洞」。他在荒蕪的世界裡僵化了。在這世界中，他對什麼都不再感興趣，什麼也都觸動不了他。他不再活著。現在的虛無，使他成為他過去存在的奴隸。他承受了過去的命運。要是他感到焦慮，那是因為他承受了過去的重擔：他因為自己過去曾經是什麼樣的人、做了什麼事而擔心未來。他無法介入或干預以避免後果。他注定處在被動性中。

這種對憂鬱症患者的描述，適用於大部分的老年人：喪失了自己、自我價值低貶、未來被攔阻、無聊、無能為力。因此，老年人往往是憂鬱症患者也就一點也不奇怪了。

然而，不是所有的老年人都是憂鬱症患者，而且一個人要成為憂鬱症患者必須有一些特別的情況。退縮性憂鬱病的表現往往始於某種涉及情感的處境，像是守喪、分離、移居；或是一種由於老年而變困難的景況所引起。它的徵兆是無聊、厭煩、虛弱、疑病症、愧疚、在性上有罪惡感。

老年憂鬱症病人和年輕的憂鬱症病人有同樣的症狀。老年病人的精神病可以有多種形式：它或是簡單的，或是木僵的（stuporeux）、焦慮的，譫妄的。不管是哪種形式，有個特點加入前述我所描繪的情況裡，那就是罪惡感。佛洛伊德表示：病人又出現了攻擊性，針對他失去的那個我。我說，通常老年人身上極少有這樣的罪惡感，但必須看在此它是以什麼形式出現。這時，當事人不認為他該為自己應負責的機能不全或錯誤負起責任。他的罪惡感是經受的後果；它是命定的，註記在過去中，對此他無能為力。這是命運強加給他的暴力。

在「木僵的」憂鬱症中，病人很僵直：他一動不動，也不說話。可以說他不再活著。這種麻痺甚至到了緊張症的地步。這種憂鬱症在老年人當中很常見，因為他們有身體基模的障礙，以至於在他們採取了一種姿勢以後，就一直保持這樣的姿勢，不會調整它；而在緊繃太久之後，他們沒辦法要自己的肌肉放鬆，甚至往往拮抗肌會不配合。

要是他避開了身體這種僵直，他還是會封閉在習慣中，也會拒絕新的事物。他所有的姿勢都是刻板的，會一直重複這些姿勢。有時候他會完全緘默，有時候他會衝動地發出顯然沒意義的話語。他會頑固地違拗外來的命令，違拗他人的要求或命令。他再也沒有任何活動。根據精神分析學家的說法，這種倒退是故意而為的。它讓他自己不自覺的慾望得以實現；病人失去了將原慾傾注於除了他自己以外的事物上之可能性，並回歸到自體性慾（auto-érotisme）。但是大部分的精神病專家認為，這種倒退毋寧是經受的後果，而不是「實現出來的」。倒退取決於身體機能引發的精神病理學結構。衰老的機能不全會帶來自我貶低，對此，當事人會以不再活著來做反應。

與其被動地閉縮起來，某些憂鬱症患者是以焦慮躁動來做防衛。病人會精神躁動不安，會有悲觀的念頭，不斷回想負面的事。對他而言世界並不存在；他自己也不再存在。往往這種焦慮會以疑病症的形式呈現。在醫院裡接受治療的疑病症患者有半數以上超過六十歲，而且絕大部分是女性。他們因為自己的身體或身體某個部位感到不安，總以為自己生了病。有些人一直處在驚慌的狀態（這會影響他們的健康），而表現出呼吸失調、噁心、腹瀉等在極度害怕時會有的症狀。有時躁動會達到頂點，像是在地上打滾尖叫、極度的歇斯底里。老年人焦慮的憂鬱症有時會有劇烈的表現，像是他們會發燒、不再進食，或是身體再不能接受食物，造成的營養不良有時會引發死亡。

譫妄的憂鬱症往往伴隨著幻覺、幻象、夢境般的妄想。當事人會系統化他的罪惡感，並把這罪惡感投射到他人身上以此自衛，也就是說，他認為自己受到迫害。自我控訴和受到迫害的想法，有時會以一種僵化的形式在好幾年時間裡反反覆覆地出現。有時病人會以各種詮釋來豐富自我控訴和受到迫害的想法。有些人會否定一切的妄想。

所有的憂鬱症患者都有死亡的欲求。他們不再覺得自己活著，而且想要徹底滅絕。既然死亡是未來唯一的遠景，他們希望能越快死越好。許多人甚至嘗試自殺。

我們發現憂鬱症患者常有生理失衡的現象，像是消化問題、心血管毛病、自律神經失衡。對那些願意接受測試的人，研究者在他們身上並未發現明顯的智力缺陷。不過，由於他們的躁動或違拗行為，我們很難衡量他們的心智能力。

養老院裡有許多憂鬱症患者，原因在於院友常被當作物一樣對待，而且他們等於和世界隔離。在他們身上，虛無的感覺非常強烈。

有時候，憂鬱症的發作只會持續六到七個月，但這也只是暫時減緩，大部分時候都會再復發。再者，有時候憂鬱症會「轉壞」。焦慮、譫妄或是緊張症的狀態會永遠停駐，或是會產生因心理生活停止而引起的智力衰退。

躁狂狀態是對憂鬱症的防禦，在老年人身上很少見。不過，確實有不少老年人患有「慢性譫妄精神病」。偏執狂是在「我的實相」與「世界」的關係失衡時發展起來的。有時候是「我」極度的擴張，把所有的實相都吸收進去，世界變得任憑他揑塑，再也不提供任何抵抗。相反地，有時候是「我」縮小了，「世界」壓垮了「我」，當事人會有自己是「卑下」的妄想；他會有罪惡感，並覺得自己不值得活著。有時候，這種譫妄是介於上述兩種極端之間的中間狀態，也就是說「我」仍然像上述第一種狀況一樣是世界的中心，但「世界」指控「我」，誇大地處罰「我」可能犯的錯——這是受迫害的妄想。在老年人身上，「我」（他或多或少喪失了「我」）和「世界」（他無法探取世界）的關係深深地受到干擾，很容易患上偏執狂。

克雷佩林醫生單獨就「老年損害譫妄」（délire de préjudice sénile）來談，並加以描述。根據他的說法，這種譫妄尤其好發於女性身上。這是一種受迫害的妄想，由戒心所引發，也由許多老年人常見的易怒所引發。病人會抱怨他們的健康遭受的損害，會說自己吃的食物讓他們生了病，會指

所有的失智症患者之間有個共通點，就是記憶力逐漸喪失。他們患有逆行性失憶症，有點像是希博所描寫的失憶症一樣：當事人不再聚焦於當下，而且從不穩定到穩定的、從沒組織到有條理的、從最近到過去的，他的回憶都崩壞了。無法聚焦於當下和遺忘，使得當事人有時間－空間定向障礙，他不知道自己活在什麼時候、活在什麼地方。這個遺忘往往會使他沒目的地遊走各處。患者無法知道自己身在何處，因而找不到自己的路。在患者身上，對時間的意識起了變異，敏考斯基就很強調這一點。因為沒有了過去，他就只活在現在這一刻，但是他是以無時間性的普遍性來認知現在這一刻；不論是什麼，在他看來都不是新的。一位女性病患對她見第二次面的醫生說：「我認識您很久了，我立刻就認出是您。」患者立刻就想依照過去——從未存在過的過去——的模式來安排現在。還有另一位女性病患，以一種出入社交界的口吻，對著來她養老院房間為她做檢查的醫生說：「真抱歉，要是我事先知道您會來，我會準備好餐點的。」就好像她向來會邀請醫生一起進餐似的。因為回憶都不是真的，患者會在現在這一刻發明缺乏真實性的即時性過去。彷彿在面對他空洞的記憶時，他需要確定時間有延續性，因此他會說他「剛剛」做了什麼事、他兒子「剛剛」來看他、醫生「剛剛」對他說了什麼等等。

失憶症也會影響到語言。患者會先忘記專有名詞，然後忘記抽象的字，然後忘記具體的字。就像許多失語症案例一樣，他們的日常活動會受到干擾，注意力會減弱，知覺會變得模糊，這會引發錯誤認知。在個人生活上，當事人會缺乏判斷力，會有脫離常軌或是不受控制的反應。不過，他對於他人、對於世界通常會有中肯的看法。

性格障礙的表現也很明顯，患者很易怒，還會尖刻批評。他非常在乎自己的財物。他會連續幾個小時抱怨同樣的事。通常他並未意識到自己的狀態。不過，有些人時而會意識到自己的狀況，於是會感到難過、哭泣。

隨著狀況的惡化，患者的反應會越來越失衡。他會聽任自己依衝動行事，尤其是在性方面，他往往很衝動。慾望再也不受心理機制的審查，因此他將慾望表現出來，並且開始實際上做些滿足自己慾望的事，使他做出一些隸屬法醫學管轄的行為。不過，從生理的觀點來看，他身體可能仍很健朗。

老年失智的演變是在幾個月或幾年的時間裡發生的。這演變可以使它後來的情況類似於它剛開始的情況，像是躁動、意識紊亂、譫妄，最後會導致失智、惡病質，而引發死亡。

老年失智有個特殊的表現是「老年失憶」——一九〇六年，頭一次有人對它做出描述。老年失憶和老年失智在解剖學上具有同樣的特性，在女性身上尤其常見。它是以順向性失憶症、時間－空間感定向障礙，以及出於補償心理而杜撰事件為特點表現出來。當事人仍保有某些經驗，尤其是女人會讓人以為她們沒有生病：她們穿著合宜，甚至非常注意儀表地出現在大家面前，態度和藹地談話；乍看之下，她們看起來完全正常。但是在所有的老年失憶患者身上，失憶的情況非常明顯。出於補償作用，患者會自己創造出一些回憶，他會作夢，會在辨識上出錯。這是一種富於想像的「記憶譫妄」，幾乎都展現一種自以為偉大的譫妄。他們會有綜觀全局的眼光，並會理想化自己的人生。他會表示自己跟世界上的重要人士有往來，自己擁有可觀的財富。有時他也會揭穿自己的謊言，並為此開懷一笑。

老年人往往常見另一種形式的失智，那就是「血管性失智」。由於老年人口增加，也由於老年人的生活條件變困難，血管性失智症的發生率提高了許多。這種失智症起因於腦血管病變，從六十幾歲開始就會表現出這種病症，尤其是在男人身上，原因大概是他們更常喝酒、抽菸，而且他們也比較常操勞過度。血管性失智，很多是以輕微而多樣化的方式表現出來，如下：

一，當事人有高血壓和周邊動脈的毛病。他表現出精神虛弱、疲憊、頭痛的狀況。他悶悶不樂，無法集中注意力。他會過度激動，有時這過度的情緒會引發他產生疑病症，特別是在遭遇退休的衝擊時。

二，當事人患有焦慮的憂鬱症，或是木僵的憂鬱症。

三，有時（但這種情況極少見）他會受到躁狂的折磨。

四，他常會落入意識紊亂的狀態。

五，他會起譫妄。

失智本身往往是由激起嚴重毛病的中風連帶引起的，也可能是以抑鬱或意識紊亂狀態作為開端。它有時會以不完全失智（démence lacunaire）的型態出現，患者對自己心智和情感上的失衡會有意識。心理能力退化往往近似於老年失智。我們經常搞混這兩者。失智症患者的記憶力會出現嚴重問題，像是健忘、記憶喪失，以及有時患者會意識到自己犯下嚴重錯誤。他們的注意力會減退，觀念聯想薄弱，想像力貧乏，精神生活十分單調。特別引人注意的一點是，情感表達失衡：患者會突然一陣哭一陣笑。要是我們相信測試結果，他的智力衰退並不像我們以為的那麼嚴重。與其說他的智力受到毀壞，不如說是受到遮蔽，不再能自由處置。

在發生「雙側亞延髓病變」（lésions subbulbaires bilatérales）時，我們會說是「假性延髓症候群」。它是以高血壓、發音困難，以及吞嚥困難為特點。患者會突然大哭或大笑，會發出聽來不像笑聲而類似吠叫或嘶叫的奇怪聲音。他會以小碎步走路，而且當患有無法安靜坐著的病症時，他不得不不斷地走動。他再也無法控制自己的括約肌。

萎縮性老年前期失智，也就是皮克氏病和阿茲海默症，是一種由延髓障礙所引發的早發性老年失智。

必須補充的是，某些器質性疾病也會發生在老年人身上，與生理的衰老無關。有些是因梅毒引起的全身癱瘓，好發於六十歲之後；病患往往會有一種自以為偉大的譫妄，其他年紀的病患也會如此。腦中毒、水腫、腦瘤都可能引發譫妄和幻覺，有時候是可以治癒的。有些精神疾病不是因大腦而引起，而是和其他器官有關，特別是神經系統和內分泌腺。

精神官能症往往能成功地靠著受到精神分析所啟發的療法來治療。老年人都很樂意嘗試這樣的療法，因為他們喜歡重新沉浸在自己的過去中。跟年輕人比起來，他們比較不會和回憶對抗。即使事情很難受，他們也比較容易接納：直到目前為止他們所逃避的現實，他們會接受它。只是他們雖然意識到這件事，卻要很慢才從中受益，因為他們是沒有經過內在衝突去意識到這個意識。很多疾病是可以有效地以化學藥物來治療。

今日，我們認為，如果老年人的社會處境不那麼可悲，他們當中很多人是可以避免疾病的。法國社會學家巴斯底德寫道：「我們可以捫心自問：老化（sénilité）是不是生物性衰老（sénescence）的結果，還是說，它其實是排斥老年人的社會所造成的人為產物。」他還引用雷彭醫生的話說：「我們甚至很有理由問，是否老年失智的舊有概念（它是由所謂的腦性障礙所引發）應該徹底修訂，而且，是否假性失智並非由社會心理學因素所引起，因為被安置在配備與管理均不合宜的機構而迅速惡化，就好像被關入精神病院裡，病患在當中無人聞問，缺乏必要的心理刺激，生活必需也都被剝奪，只等著死去，而人家也希望他快快死去。我們甚至想說：老年失智的症狀說不定是假象，它往往是由於沒有能力照料、沒有預防能力、沒有讓老年人得到復原應有的照顧所導致。」

第八章　老年的一些例子

當老年人不是經濟景況、生理景況皆被貶低為人下人的受害者時，儘管他老化變質，也仍然是他曾經是的那個人；他的老年絕大部分有賴於他的盛年。伏爾泰的開放態度，讓他有個美好的老年（儘管他身體有殘疾）。相較之下，夏多布里昂卻有個愁慘的晚年。一樣受肉體折磨的斯威夫特和惠特曼兩人——斯威夫特厭惡人類，惠特曼熱愛人生——他們對老年的反應很不同：前者的憤慨使他的痛苦加劇，後者的樂觀幫助他克服了厄運。然而，這種事的前因後果一點也沒有確鑿的邏輯性。疾病、社會環境可能破壞了一個活躍、寬厚之人的晚年。過去所做的選擇和現在的意外互相影響，給了每個老年人不同的面貌。我們接下來要檢視幾個例子，以說明老年人的景況。

❖

雨果（一八〇二—一八八五）：「我的老年有新的綻放」

老年被看作是人生存在的最高冠冕，這情況雖然很少有，但並非不存在。我們已經見到柯爾納侯、豐特奈爾就是如此，他們一輩子過著謹慎而節制的日子以為老年做準備。維克多．雨果的例子更是明顯，他在還年輕時便在作品中賦予老年人尊榮的位置。他的例子讓人想到，我們在人生之初就預備著老年，不管是有意識到或沒意識到。一些偶然事件，特別是疾病，可以使老年變質，但是每個人都以自己如何過日子來界定他的老年。前面已經看到，對人類的厭惡讓斯威夫特創造了斯楚德布拉格，這使得斯威夫特自己在晚年時也成了某種斯楚德布拉格。而雨果將他夢想成為的可敬老人形象賦予了波阿斯、艾維哈德努斯、尚萬強等人物，後來他也果真成為可敬的老人。

我們都知道雨果在十四歲時寫下：「我要成為夏多布里昂，要不就什麼也不是。」事實上，他夢想的是拿破崙享有的榮耀。在他的詩劇《瑪希雍．德洛姆》前言中，他寫道：「為什麼現在不會有個詩人可以與莎士比亞抗衡，就像拿破崙可與查理曼抗衡？」身為詩人、預言者、先知的雨果，想要成為精神世界的教宗。他等著年紀賦予他這個權力，而他的表現向來符合這個期望。拉馬丁在一八四八年[305]時讓自己處於可怕的老年中，而雨果在一八五二年流亡時，保全了自己的老年。他成為了他夢想成為的榮耀的象徵。

我們前面已經見到，雨果在年事已高時，性生活仍然很活躍。一直到一八七八年，他的身體都很健朗。一八七三年，龔固爾看見雨果光著頭、充滿生命力，身邊是蒼白地躺在長椅上的兒子法蘭斯瓦－維克多，就覺得很侷促不安。雨果對自己還能四階、四階地爬上樓梯感到很驕傲，自以為身體無懈可擊。福樓拜在一八七七年寫道：「這老頭子比過去任何時候都顯得年輕、有魅力。」雨果時時保持歡喜、愉快的心情。他晚年時有一位熟人說：「他那雙有內眥贅皮的小眼睛，在他的周遭投射出歡樂的煙火。」他工作能力的強度絲毫未損。有時候他似乎沒了靈感，但他仍對自己的創作掌控良好。一八六九年，他寫下這些私密的詩句：

「老了以後，我們從三腳家具過渡到單腳支架……
別了，那美好的衝勁、飛躍……
這些都結束了，我們成為赫利孔的中產階級。
我們在深淵邊緣租了一間有陽台的小屋。」

然而同年的一月七日，他在一封信上寫著：「啊，我就知道我不會老，相反地我只是長大。就這樣，我感覺到死亡臨近。這對靈魂真是何等的考驗！我的身體衰頹，我的思想增長。我的老年有新的綻放。」他在一八六六年出版了《海上勞工》，這部小說大獲成功。他接著寫作《笑面人》。他的想像力並未因年紀而枯竭，這實在是難得一見。他創作劇本《托爾克瑪達》。這時爆發了戰爭。他到布魯塞爾去，再申請回巴黎的護照，他表示，因為他想要加入國民自衛軍。從他的祕密文件，可以看到他的野心其實更大：他等著共和派讓他掌握權力，因為他在流放時期便身為反對派的靈魂人物。他私下決定，他會接受權力，而且一等法國得救，他就退出權力圈。但是當他到了巴黎以後，

305 編注：一八四八年法國爆發二月革命，成功推翻了當時的國王路易—菲利普一世，由拉馬丁等人組成臨時政府，建立了法蘭西第二共和國，當時拉馬丁五十八歲，他並以候選人身分參加十二月的總統選舉，結果慘敗。

臨時政府已經成立了，一點也沒想到要求助於他。不過，有大批群眾在車站等他到來，並且對他歡呼致意。他先是在陽台上，後來在他的敞篷馬車上，對群眾發表了四次談話。他說：「在你們歡迎我的這一個小時裡，我二十年的流放都值得了。」他接見了無數訪客。對於共和派冷落了他，他很是失望，但他還是採取了行動。他寫了一篇〈致德國人〉的文章，但沒獲回音。他還寫了一篇〈致巴黎人〉，寫道：「公民們，大家一起上戰場！」人們在劇院裡朗讀他的政治諷刺詩集《懲罰集》，所得的收入用來買了三具大砲。他當選巴黎議員後，拒絕幫助巴黎公社的朋友顛覆臨時政府，因為面對敵人，他認為顛覆政府太過危險了。不過，國民議會只讓他覺得反感，他寫道：「我要帶著流放的想法到波爾多去。」他在國民議會裡擔任左派的主席。他拒絕簽署由梯也爾提出的「可憎條約」。在其他人想要取消加里波底[306]的法國國民議會議員資格時，雨果起而護衛他。議會中，大家不讓雨果發言，雨果憤而辭職。

他在一八六八年喪妻。在波爾多時，他的兒子查爾死於中風，他把棺木運回巴黎，然後他到布魯塞爾處理遺產繼承問題。巴黎公社的暴力行為讓他很震驚，但是在他〈不報復〉這首詩中，他祈求遷到凡爾賽的政府當局不要嚴厲懲罰巴黎公社社員。槍決公社成員一事讓雨果很憤慨：共計有六千名囚犯被殺害，巴黎公社成員則是殺害了六十四名人質。雨果表示他會為流放的人提供避難。比利時政府將他驅逐出境，於是他來到盧森堡。在盧森堡，他繼續抗議對巴黎公社的報復行為。他寫了《凶年集》、《九三年》，以及為《歷代傳說》新的合輯寫了詩。回到巴黎以後，他並不受到歡迎。梯也爾答應他不會放逐羅什福爾[307]。一八七二年一月的選舉，他落選了，因為大家怪他為巴黎公社社員辯護。他又出發到格恩西島。他繼續創作只寫了初稿的作品，也開始創作《自由的戲劇》。他也寫詩，收錄在他《靈台集》、《詩興》、《最後的詩束》中。一八七三年，他回到巴黎。十二月時，他的兒子法蘭斯瓦－維克多過世。他寫了詩，這些詩是他最美的詩作之一。他最後這些創作的特出之處在於，他結合了大膽的創新和因循舊章。他的用字遣詞和對意象的運用從未如此自由過，任何誇張過分的表現都不會讓他退縮。他是個冒險家。在節奏上的高超技巧，意氣飛揚、迴盪低吟，具有某種自然天成的況味。這是一種既驚人的年輕，又帶有年齡印記的詩。

雨果喜歡朗讀他新近完成的作品給朋友聽。有一天晚上，他對朋友說：「各位先生，我七十四歲了，我的創作生涯才剛開始。」他朗讀詩作〈父親的耳光〉。他接待了很多政治界的朋友，他們都希望他回到政治圈。他當選了參議員，請求大家投票支持大赦巴黎公社社員，但只有十票表示贊同。他發表了演說，表明反對麥克馬洪總統想要解散眾議院的提案。左派對他歡呼。解散眾議院的投票結果是，一百四十九票贊成對一百三十票反對，但是重新選舉的結果，共和派取得了三百二十六席，其他派則取得二百席。麥克馬洪辭職下台。雨果獲得了莫大的成功。

一八七七年，雨果出版了《當祖父的藝術》。這本不朽之作獻給童年，也獻給他自己。他對幾個兒子和女兒阿黛爾（她剛被送進精神病院）非常暴虐，但是他誠心深愛幾個孫子。他非常照顧他

306 譯注：加里波底（Giuseppe Garibaldi，一八〇七－一八八二），義大利將領、政治家。一八七一年，他雖沒參選，卻因其在歐洲的盛名而當選了法國國民議會議員。後來國民議會以他國籍不符，取消他的當選資格。

307 譯注：羅什福爾（Henri Rochefort，一八三一－一九一三），法國作家、政治人物，支持巴黎公社。

們，跟他們分開時他總是很難過，會寫長長的信給他們。他喜歡自己人生呈大反比，樂得自己有兩個呈極端對比的面貌——一是讓這世界上的大人物生畏的可怕巨人，一是溫厚可親的老祖父。

「在我們這衝突、狂暴的時期，我是角鬥士，我和皇帝們開戰……
我四十年來都非常自負，是無法被馴服的，是飛揚跋扈的；
然而我這時卻被一個小孩子打敗。」

還有：「祖父的威權應該是和藹的。」

某些時候，他還聲稱蓄意忘了崇高和榮耀之事：

「……身為父輩何等悲傷、無止境
我不過是個面帶微笑、頑固的好老頭
這些親愛的小孩！我是個過度溺愛的祖父……」

所有他這些對孩童的殷勤，讓人忍俊不住，但事實上，他是可以以自己的人生為傲。我們也可以這麼想，為了實現自己的老年——不管是對他或對其他所有的人來說，老年仍是「無法成為真實的」——他借助於幻想。對此，他的想像力可豐富了。艾維哈德努斯已經是個老戰士，在他面前連各大君王也忍不住顫抖。雨果又創造了新的幻想：「我關節僵硬，傲然、穩重如岩。」身體衰頹讓老年人成為他身體的奴隸甚於以往。他將這衰頹岩化，而它使他從身體機能裡解放。然而，他尤其將自己視為神聖的人物：「律法的祭司」。他在詩劇《劍》中寫道：

「作為人民大眾中的老者，他是律法的祭司。
這是我們此地的習俗。大家都鞠躬以對
這莊嚴的祭司，即是老年」

我們在前面已經見到：老年和美一樣，都接近於上天。但是在他私心裡，他的想法更為激進；他認為老年人即是上帝本身。在詩中，小孫女珍說：「上帝，慈祥的老祖父，讚歎地聽著我說話。」要是上帝是慈祥的老祖父，那麼慈祥的老祖父就近乎上帝。由上帝創造的世界，跟雨果在他作品中所創造的世界相類似。他撰寫下面這首詩的時候，同時談到了這兩者：

「我並不請求上帝總是當心他的創造物
必須允許某些過度的想像與頭
在這麼偉大的詩人身上……」

自然的反命題和雨果在詩中的反命題是一樣的。上帝是個大詩人；老詩人是上帝。在一八七〇年所寫的另一首詩中，他表示：

「我的詩辛辣、狂熱、苦澀

……是上帝對你的恥辱作嘔」

一八七七年，他還寫了散文集《一樁罪行的始末》，但是到了一八七八年，在一次疾病發作以後，他不得不停止寫作。他的門生出版他的文集，裡頭都是些早年的詩作。從這一年開始，「這位老人的健康狀況以及他的心智都像下了一層階梯一樣。」阿爾封斯．都德[308]如此寫道。

六月二十八日那天以後，他的家人即刻帶他到格恩西島，有位當時在場的人描述道：「晚上，在紅色的客廳裡，有片刻他顯得衰弱不堪。他手扶著壁爐台，額頭靠在手上，彎著身，但人站著。他久久地站在那裡不動。」深受嫉妒心折磨的茱麗葉．德魯埃也折磨著雨果，以致在八月的一個晚上，他為此而哭了。他向來很節儉，同時又很慷慨。漸漸地，他變得吝嗇起來。他為自己賺到的大把金錢感到炫惑；在茱麗葉的懇求下，他給了她需要的一小筆錢。不過，他依然過得非常幸福。大家慶祝他七十九歲的生日就像在慶祝國慶日一樣；有六十萬人在他窗前遊行，甚至還為此立了一座凱旋門。不久，埃勞林蔭道改名為維克多．雨果林蔭道，七月十四日還辦一場敬賀他的遊行。即使中產階級也和他站在同一邊。這時，巴黎公社的社員終於獲得大赦。在他生日的幾天後，他來到參議院，所有議員都起立為他鼓掌。眾人如此向他隆重致敬，讓他眼裡噙著幸福的眼淚。他不像受到童年恨意折磨的安徒生，也不像內心受到不可克服的矛盾所撕裂的托爾斯泰，他跟自己和諧共處。這個尊榮、強有力的老年，他打從一開始就希望是如此；他的一生都以此為追求方向。他因此而榮耀滿滿。

他眼見茱麗葉過世，這件事深深觸動了他，甚至渴望自己的死期到來：「我到死以前，會變成怎樣呢？」

他還說：「我的人生經歷了這麼多的喪事，再也不會有節慶。」

他身體變得衰弱不堪。這時他的耳朵半聾，常常沉默不語、目光驚懼，完全不再寫作了。他到中午才起床，這時候的日子過得像是植物人。卡密爾．聖桑[309]寫道：「唉！什麼也阻止不了時間前進，這個原本那麼聰明的人開始有些錯亂的徵兆。」然而，他很平靜地面對自己死亡的到來。他的孫子表示：「他跟我們說起死亡，說他感覺到它平靜祥和地到來。他從來沒給我們死亡很可怕的印象。」

他對自己的榮耀心滿意足。他有一天說：「現在是讓我從世界倒空的時候了。」他自一八六〇年起就寫道：「我相信上帝，我相信靈魂。」死亡，會和上帝相見，也就是說另一個他自己；他開心、好奇地打算和上帝單獨面對面。他對一位女性朋友說：「我老了，我就要死了，我會見到上帝。見

308 譯注：阿爾封斯．都德（Alphonse Daudet，一八四〇—一八九七），法國寫實派小說家。

309 譯注：卡米爾．聖桑（Camille Saint-Saëns，一八三五—一九二一），法國作曲家，著名作品有《動物狂歡節》等。

了羅馬的防禦工事，還建造了法爾內塞宮，並為卡比托利歐山的廣場和王宮設計藍圖。一五四八年，他雕塑了布魯圖斯[312]的胸像。一五四九年，保利納禮拜堂的壁畫完成，米開朗基羅從此不再作畫，只從事雕塑和建築的工作。

一五四七年，他被任命為聖伯多祿大教堂的建築師。他無可奈何地接受了這項任務，同時受到憎恨他的「桑加羅派」[313]的煩擾，因為在很多情況下，教宗較喜歡米開朗基羅的藍圖甚於桑加羅的。桑加羅於一五四六年病故，但他的朋友對他仍然很忠誠。他們毀損伯拉孟特[314]未完成的作品，要求能夠全權處置的米開朗基羅破壞那些違反他原始構想的計畫。大家為此指責米開朗基羅暴虐、狂妄自大。為了讓人遵照他的想法施工，米開朗基羅整天待在工地現場。健康問題總是讓他很憂慮，他說：「我無法排尿的毛病，讓我病得很嚴重。我白天、夜裡都咆哮，不得休息，而且根據醫生的看法，我有結石的問題。」他重新瀕臨死亡。

在跟他親愛的朋友烏爾比諾共事二十五年後，烏爾比諾在一五五五年過世了。這時候米開朗基羅也只想要死去。他這一生，死亡的念頭總是縈繞著他。在他還很年輕的時候，在他的信中、詩裡，都會談到自己「死亡將臨」。他抱怨自己「不只是老了，而且是已經屬於死者的一員」。他在詩中描寫他怎麼感覺到自己的皮膚乾萎、變硬。老了以後，他試著克服自己的焦慮，試著把死亡看成解脫，會有天堂的大門向靈魂敞開。烏爾比諾死後，他就打從心裡渴望死去。他不只是失去了親愛的朋友，還失去上了年紀以後不可少的支撐。他寫信給一位友人說：「在他生前，他是我的生命，而在他死後，他教會了我死亡，不是帶著遺憾而是帶著渴望的死亡。」他還在一首十四行詩中寫道：

「……他的死
吸引了我快快往另一條路上去
為了到他等我的那個地方去，和他一起生活。」

同一時期，他在寫給瓦薩里的信上說：「我對什麼都不再感興趣，除了死亡。」他描寫自己是：

「可憐，蒼老，不得不為人服務
要是我不立即死去，我也是個完了的人。」

他又活了八年，但生命最後幾年非常陰鬱。他因為感覺自己老了、弱了、病了而痛苦。他寫道：「年歲的飛逝拋棄了我，我的鏡子也拋棄了我。」他在寫給瓦薩里的信上表示，年紀使他無法如他所願地嚴密監督聖伯多祿大教堂的工程。而工人總是不斷有新的藉口讓工程無法完工，以致他寫道：

312 譯注：布魯圖斯（Marcus Junius Brutus，前八五－前四二），晚期羅馬共和國的元老院議員，後來參與了謀殺凱撒的計畫。

313 譯注：桑加羅派（Secte de Sangallo），指義大利建築師小安東尼奧．達．桑加羅（Antonio da Sangallo le jeune，一四八四－一五四六）等人。桑加羅向來與米開朗基羅為敵。

314 譯注：伯拉孟特（Donato Bramante，一四四四－一五一四），義大利文藝復興時期的著名建築師，曾參與設計聖伯多祿大教堂。

「要是人會因羞恥或痛苦而死去，那我早就死了。」一五五八年，寫給阿曼納提[315]的信裡，他抱怨自己的老邁、抱怨自己眼力不佳：「我老了、瞎了、聾了，我跟我自己的手、我的人再也不協調。」他聽不清，有耳鳴的毛病。

米開朗基羅晚年尤其讓人感到悲傷的是，他對藝術的態度有所轉變。他向來非常虔誠，認為藝術唯一的目的就是為上帝服務，但是他也認為帶著愛來繪畫、雕塑，事實上仍是服務了上帝。根據他的說法，是上帝全心全意地引導著藝術家的手從事創作：藝術家，透過雕塑、繪畫來模仿造物的美，以向上帝表示敬意。這個他服膺了一輩子的信念，到晚年時卻動搖了。一五三八年，他聽說葡萄牙貴族一點也不看重繪畫時，他當時便答稱：「他們這想法有道理。」一五五四年在一首十四行詩中，他表明了他認為藝術只是沒有意義的活動，令他轉而不顧自己的救贖：

「那麼現在，這個瘋狂的熱情
讓我將藝術當偶像、當君王，
我知曉了這錯誤很沉重
對人來說，他的創作慾望是不幸的泉源。」

他在另外一首十四行詩中寫道：

「世界的瑣事剝奪了
那給予我用來凝視上帝的時間。」

他把這幾首詩寄給瓦薩里，並附上一封信表示：「當您八十歲時，您就會明白我的體會。」他稱他的雕塑是「我的傀儡」，覺得自己沒有完全獻身上帝、投身藝術是錯的。他認為自己錯將藝術看作神聖的使命，其實這只會損及他的救贖。這個醒悟，可以用他越來越強的宗教信仰來解釋，可以用他畏忌的死亡在迫近來解釋，也可以用他承受的種種憂慮、他的極度疲憊來解釋。

然而，他還是繼續工作。他為庇亞門做了傑出的設計。聖伯多祿大教堂的工程持續進行著，但是整體的設計、立面的計畫都無法按照他的構想進行，只有圓頂符合了他的夢想。他受痛風的折磨，晚上無法入睡。他在工作室裡徘徊、做雕塑，以年輕人的活力拿起雕刻刀在大理石上施作。他雕刻了他最完美的《聖母憐子》。有時候在夜裡，為了忘記自己的疼痛，他會騎馬在羅馬無人的街道上閒逛。他感覺自己在智性上也衰退了。他寫信給瓦薩里，表示：「我的記憶和大腦到別處去等我了。」他的詩裡，總是纏繞著死亡的念頭。一五六一年，八十六歲的他有一次昏厥了過去。他有很長一段時間很虛弱，而且人有點怪。不過，他仍然活力十足。一五六三年，他主要的合作人（米開朗基羅任命他為聖伯多祿大教堂的工程主任）被他的幾個敵手刺殺了。他們被關進監獄裡，卻指控米開朗

---

315 譯注：阿曼納提（Bartolomeo Ammannati，一五一一—一五九二），文藝復興時期義大利建築師、雕塑家。

基羅的一位好幫手加埃塔偷竊。米開朗基羅請求教宗介入，教宗讓人放了加埃塔。米開朗基羅後來任命加埃塔為工程主任，但理事會以納尼[316]來取代加埃塔，而這位納尼有心以自己為建築師。米開朗基羅與納尼對抗，最後還是爭取到讓加埃塔擔任工程主任。這時候，米開朗基羅已經八十八歲，不久後就因為在夜裡閒逛、著涼而去世，死前痛得動彈不得。他並未見到聖伯多祿大教堂的圓頂完工。

米開朗基羅老年時的矛盾是他堅信「藝術和死亡不能相容」——他在詩中經常這麼表達。他渴望獻身於救贖、祈禱、上帝，不斷抱怨自己疲憊不堪、滿懷憂慮、在信仰上犯了錯誤。他在創作「神聖事物」時便以信仰上的錯誤為代價，但他直到生命最後一刻仍然不斷創造、不斷為作品奮戰。他的信、他的詩，都顯得陰鬱、看破一切，卻也是在此時以聖伯多祿大教堂的圓頂、隆達尼尼聖殤達到了藝術的頂峰。

威爾第（一八一三—一九〇一）：「我在這世上再也沒什麼事可做」

儘管威爾第身體健朗，他還是無法真心接納老年的到來。他六十八歲時，大家在米蘭的斯卡拉廣場盛大為他豎立起雕像，但他對此事很不悅：「這表示我老了（唉，不幸這是真的！），我等於是只能被送進傷兵院的老兵……我為這場典禮感到遺憾，我只能感到遺憾。」在這之前不久，他改善了他過去的歌劇作品《西蒙．波卡涅格拉》，演出時獲得極大的成功。他重新修潤歌劇《唐．卡洛斯》，在七十一歲時親自參與排練，後來也獲得極大迴響。但他一點也不開心。「可憐的藝術家，很多人都說很羨慕他，但他是公眾的奴隸，而公眾大部分時候是無知的（這是最不傷人的說法）、任性的、不公正的。」

聞名全世界的威爾第在義大利被視為「國寶」。每一次他出現在劇院、音樂會、街上，群眾都會對他歡呼。但就像許多到了暮年的藝術家一樣，他對一切都不抱幻想。他的朋友博伊托[317]給了他《奧塞羅》的劇本，斯卡拉歌劇院總監法齊奧[318]催促他趕快為此譜曲。威爾第回答法齊奧：「那麼照您的想法，我真的該完成《奧塞羅》？但這是為了誰呢？為了誰？為了我自己嗎？但我才不在乎！為了觀眾嗎？那我更不在乎了。」

他長時間住在鄉下，有他親愛的妻子作陪，他照顧自己的土地、農場，還請人在此蓋了一所收容所。他到處旅行，看展覽，表面上看來日子過得愜意，但是他心中長駐著憂愁：「人出生、死亡，大部分時候都是無用地活著，然後我們到了生病、殘疾的年紀，然後就……阿門。」他常常憤慨地說：「工作這麼多，卻不得不死！」他失去了他最要好的朋友卡爾卡諾，在一封信上說：「到我們這個年紀，我們周圍每天都會挖出新的窟窿，讓人心裡一空！」他七十二歲那天，他在另一封信上說：「今天是可怕的日子：我七十二歲了。時間過得真快，儘管發生了愉快或悲傷的事，儘管有這些操勞、疲憊。以我們的年紀，我們感覺到有倚仗他人的需要。幾年前，我還認為只要有我自己就

316　譯注：納尼（Nanni di Baccio Bigio，約一五一二－一五六八），文藝復興時期的義大利建築師。
317　譯注：博伊托（Arrigo Boito，一八四二－一九一八），義大利歌劇劇本作家、作曲家。
318　譯注：法齊奧（Franco Faccio，一八四〇－一八九一），義大利作曲家、指揮家。

夠了，不需要其他人。真是自以為是！我開始明白我現在……很老了。」威爾第越來越常抱怨生理上、精神上覺得疲累，他對大自然剝奪了他的力量感到生氣。他又失去了另一位要好的朋友。

然而，在一八八四至一八八五年間（他七十二、七十三歲時），他勤奮地為《奧塞羅》譜曲。雖然他累壞了，但在把曲譜交給法齊奧時，他對自己的作品很滿意。他親自排練這齣歌劇。世界各地的知名人士都來參加首演，大家都對他喝采，而且《奧塞羅》在全義大利獲得空前的成功，只不過這創新之作讓觀眾有點失措。

一八八八年，大家歡慶威爾第第一部作品發表五十週年紀念。對於各種慶祝活動、各種頌詞、所有名家寫的頭條、所有對他偉大榮耀的見證，他都淡漠以對。在他看來，這不過是無用的騷動。他想藉這些活動做一些他覺得有用的事，像是蓋一間音樂家的休養院。他花許多時間在這件事情上。

威爾第一直想要創作喜歌劇。一八八九年，他開始寫《法爾斯塔夫》，但是他沒怎麼工作。他失去了他最後兩位好朋友：畢里歐利和穆齊奧[319]。法齊奧這時老而不中用了。威爾第在一八九〇年冬天這麼說，好朋友的死讓法齊奧「失去了平衡」，而他也太傷心以致無法作曲。不過，在一八九三年，這齣歌劇完成了。一月時，威爾第親自參與排練，每天排練六到八個小時。他這時已經八十歲，身體、精神狀況好得連他的醫生都感驚訝。龍布羅梭[320]寫道：「他的狀況是這麼不正常、這麼出奇，以致能干擾對老年這主題進行研究的人。」科拉多・里奇以讚嘆的口吻描寫威爾第：「雲一般的白頭髮連到他的白鬍子，形成了光輪。高大、挺直、瘦長的他一走動起來，大家都會回頭看。當他說起話來，當他在記起一些名字、日期時，顯得很有力，而他在陳述對藝術的看法時，頭腦很清晰。」

《法爾斯塔夫》贏得了成功。在米蘭、羅馬，大家都對他大大喝采。威爾第的名聲在巴黎也非常響亮，但是他的健康變差，時而會有些小小的病痛發作。他譜了幾首宗教性音樂，但受不了自己的身體狀況。「我老了，很老了，我很快就累了。」「雖然沒生病，但我有千百個煩惱。我的腿幾乎支撐不起我來，我幾乎不再走路。我的眼力變弱，再也無法久久閱讀。總之，又老又殘。」妻子的過世深深打擊了他：「我很孤單。悲哀，悲哀，悲哀。」

威爾第的《四首聖樂小品》在巴黎、然後在杜林演出，受到廣大的歡迎，但這不能掃除他的憂鬱。他在一九〇一年寫道：「雖然醫生告訴我我沒生病，但我還是覺得一切都讓我疲累。我再也無法閱讀、寫作。我看不清，更是沒什麼感覺，尤其我的雙腿再也撐不住我。我不再活著，像個植物人……我在這世上再也沒什麼事可做。」他不久後就被半身不遂擊垮，離開了世間。

❖

319 編注：穆齊奧（Emanuele Muzio，一八二一－一八九〇），義大利作曲家、指揮家，是威爾第的好友和唯一的學生。

320 編注：龍布羅梭（Cesare Lombroso，一八三五－一九〇九），義大利犯罪學家、醫生，曾以科學的角度來探討音樂家的生理、精神狀態與其音樂創作的關係。

露．安德烈亞斯—莎樂美（一八六一—一九三七）：「我這一輩子都在工作」

老年是從盛年延續而來，因而可以說老年並不特別引人注意。為了有個安穩的老年，老年人必須活在較有利的環境下。而且老年人之前的生活帶給他豐足的智識與情感體會，能使他抗拒年歲的壓力。露．安德烈亞斯—莎樂美就是個很好的例子。尼采、里爾克，以及其他許多人，曾經深愛著這位傑出的女性，而她到了五十歲以後成了佛洛伊德的弟子和朋友。她從年輕時就非常獨立自主。她工作勤奮，寫過幾本平庸的小說；她自己並未高估這些小說，出版後卻極受歡迎。好奇、活躍、倔強的她向來熱愛生命，在初識性慾以後（這時她已經三十五歲），便賦予性非常重要的地位，不只是在她的人生中很重要，也影響了她的世界觀。在她的著作《色情》中，她研究了性與藝術的關係。一九一一年，她初識佛洛伊德的學說，證實了她憑直覺所感受到的，於是她投身精神分析。六十歲時，她從事精神治療這一行，成果出色，讓她歡喜不已。她也寫了一些書，主題尤其是在精神分析方面。她的丈夫在一九二〇年去世（丈夫對她而言不是很重要），有幾年的時間她在經濟上遭遇了很大困難。她住在德國鄉下的一間大房子裡，有位老女僕照應她。她的工作、佛洛伊德的友誼（他們之間有無數的信件往來）、與安娜．佛洛伊德[321]的情誼充實了她的生活。她和佛洛伊德在某個重要的觀點上看法並不一致。她太喜愛肉體之歡，而不把性慾視為一個人自我的完成與提升。佛洛伊德從他身為男人、從他性生活的角度來看性，觀點則明顯悲觀多了。這個差異並不影響他們兩人的志同道合。她在七十歲時寫了《我感謝佛洛伊德》，公開向這位學者與他的為人致意，但她批評了佛洛伊德對「創作過程」（processus créateur）的看法；她一輩子都對這個主題非常感興趣。佛洛伊德誠摯地誇獎她的研究成果：「這是真正的綜述，能讓人期望藉由分析的解剖刀來改造人體的神經叢、肌肉、血管，從而重構為一個活生生的機體。」她對這番誇獎非常自豪。她寫道：「精神分析這工作總是讓我非常開心。就算我是個大富翁，也不會放棄這工作。」

她人生最後幾年，這樣的幸福遭到嚴重威脅。納粹崛起，而她是猶太人，還有尼采那位可怕的妹妹憎恨著她。她非常低調度日，並不擔心局勢，但她的身體頂不住了。她患有糖尿病，而且得了乳癌，必須割除。她在做完手術、從醫院回家以後才告知朋友此事。她在胸衣裡墊上墊子，笑著說：「尼采到底是有道理的。現在，我真的有個假胸部。」她對人生、對想法、對旁人仍一樣熱情。她表示，感覺自己和每個人在「龐大的命運共同體」裡結合在一起。她的慷慨大度、聰明才智讓她贏得了許多友誼。喜歡她的書的人（尤其是年輕女孩）常會來看她。特別是，向來非常看重男性友誼的她，這時仍然和兩名年輕男士保持著純精神上的緊密關係。她和一位哲學教授柯尼格有幾番長長的智性對話，與恩斯特．菲弗之間的友誼更是親密、深厚。他會向她述說自己的生活，並且聽取她的意見。她成了他不可少的朋友。她也很信任他，讓他繼承了自己所有的文學作品。她決定寫自傳，因為她認為她的歷史能鼓舞人心，因此公開自己的歷史是有益的。在人生最後幾個月，她患有尿毒症。菲弗每天來看她，和她說說話，為她讀幾頁她的《回憶錄》。她很高興能重新沉浸在過去裡。過世的前幾天，她訝異地喃喃說道：「我這一輩子都在工作。說到底，這是為什麼呢？」她的新朋

321 譯注：安娜．佛洛伊德（Anna Freud，一八九五—一九八二），奧地利精神分析家佛洛伊德的幼女，也從事精神分析，有出色的表現。

我們被迫放棄！然而，縱使我滿身榮譽，我卻從未做什麼以得到這榮譽。」

以前曾讓他熱情以對的人和事，這時他對這些變得比較不敏感。他在六十八歲時寫給蘭克一封信，向他保證自己的友誼：「儘管我現在是「從永恆的觀點」（sub specie aeternitatis）來看事情，儘管我現在不能再以和從前一樣的熱情對事情感興趣，但是影響我們關係的任何一點改變都不會讓我無動於衷。」一九二五年五月十日，他寫信給露：「我身上漸漸形成一層冷漠的硬殼；但我只是知道了這件事，沒有抱怨。這是一種自然的進展，一種開始成為無機物的方式。我想這就是人家所謂的『老年人特有的冷淡』。這應該和我假設存在的『生之衝動』與『死之衝動』之間關係的決定性轉折點有關……除此之外，我的人生猶可忍受。我甚至認為我為我們的工作找到了某種根本，但對此我還是先保留一陣子。」他要自己活下去的原因，絕大部分是為了他的家庭，但他在一九二五年十月十一日寫給普菲斯特說：「我很疲累，在辛勤多年之後這是正常的，而且，我想我真的是該休息了。這麼久以來，好好撐著結合在一起的各個機體這時卻傾向於解體。誰想強迫它們繼續撐著結合下去？」

在他所有的弟子中，他對亞伯拉罕的研究工作評價最高，也最倚靠他來讓精神分析有所進展，但亞伯拉罕在一九二五年十二月便去世了。佛洛伊德寫信給瓊斯[324]，表示：「我對他的絕對信任，給了我——就像給了我們大家一樣——某種安全感。我們應該繼續工作，繼續互相支持……工作應該繼續下去。相較於工作，我們所有人幾乎都不重要。」他擔心精神分析遭到抗拒：「世人敬重我的工作，但是直到現在為止，精神分析只被精神分析學家接納。」

他寫了一些論述，也開始寫自傳，但他得再動一次頗為重大的手術。醫生割除了他一部分的上顎、一部分的下頷，然後裝了一個很大的矯正器。矯正器會弄傷他，他有時不得不取下來。矯正器也使得他半聾，還妨礙他吃飯、說話。他只讓女兒安娜照顧他。除此之外，他還有心臟的毛病：「我身體的各種毛病，讓我不禁自問我還有多少時間可工作，特別是自從放棄抽菸這個美妙的習慣之後，我在智性上對事物的好奇心降低了。這一切都對我的未來投下惶惶然的陰影。」

一九二六年，他在和美國人威赫克[325]談話時說道：「說不定諸神在我們老了以後在讓我們日子不快時，他們會比較寬厚。最終，跟我們所承擔的各種重擔比起來，死亡似乎來得比較不難受。」他這時已無法再工作。一九二六年三月二十日，他寫信給瓊斯：「我的整體狀況讓我從此無法工作，我傾向於這麼想……」但他對他的理念的價值非常有信心。在寫給露的信上，他說：「當我們確信自己理念的價值時，所有的反對意見和支持意見都完全不重要了。」

委員會最後留存了下來，各成員集合起來慶賀他七十歲生日，但是他最出色的弟子和朋友費倫齊[326]漸漸遠離了他。在因斯布魯克國際精神分析大會上，他們兩人起了爭執。他一直為自己的身體狀況受到折磨，必須換一個新的矯正器。「我痛恨我的假下頷，它吞噬了我寶貴的力量。」他開始

324 譯注：瓊斯（Ernest Jones，一八七九—一九五八），英國精神病學家、精神分析學家，為佛洛伊德第一部傳記的作者。
325 譯注：威赫克（George Sylvester Viereck，一八八四—一九六二），美國詩人、作家，為親納粹的宣傳人。
326 編注：費倫齊（Sándor Ferenczi，一八七三—一九三三），匈牙利精神分析學家，在精神分析理論和治療技巧的實驗上貢獻卓著。

什麼兩樣。他總是在懷抱著野心與鄙視這世界的財物之間擺盪。他想要榮耀，卻揭露了自己的虛榮。他抱怨所有他碰觸到的東西都化為灰燼。他的慾望一旦滿足了，他就又陷入厭惡中。不管是抱著熱烈的態度，或是抱著醒悟的態度，他尋求的一向是自我的提升。他的老年符合了上述這個樣貌，但更顯暗沉。

他怪罪於波旁王朝，在他眼中他們刻薄寡恩。一八一六年任國務大臣的他，因為在《論依據憲章的君主制》批評了九月五日的敕令而被免職。他刊登在《保守派》報刊上的文章激烈抨擊德卡茲[332]。他終於讓德卡茲下了台。身為「極端君主制擁護者」的知名領銜人物，政府特許他出任法國駐柏林公使。一八二一年，他又被列入國務大臣的名單上，並赴倫敦出任法國駐英大使。接著他又擔任維羅納會議[333]的全權代表，這讓他滿心歡喜；後來他還出任外交大臣。但是路易十八和維萊爾伯爵[334]痛恨他；維萊爾伯爵在貴族院提出一項針對年金換算的建議法案時，夏多布里昂不僅不支持，還保持沉默。這項建議法案最後被撤銷。大家都認為他有意扳倒擔任部長會議主席的維萊爾伯爵，路易十八便驅走了夏多布里昂。為了讓他遠遠離開巴黎，便派他出任法國駐羅馬大使。滿心怨惱的他，認為朝廷沒聽他的意見會自失陣腳。一八三〇年，他又擔任國務大臣，但是他拒絕對路易－菲利普宣誓效忠。他說：「不幸的是，我不是這時代的產物，我不願意向路易－菲利普投降。」他辭掉國務大臣一職，也放棄了退休金。他對自己能光榮引退感到驕傲。他寫道：「我是支持『可能的』復辟的人，以各種自由來進行復辟的人。這個復辟把我當敵人看，結果它輸了。我必須忍受它輸了以後的命運。」不過，他還是把自己看作是受害者。柏格莉公爵夫人就曾表示：「他真是可笑，他總愛當不幸的人，而且都要別人憐憫他。」

他六十二歲了。長久以來，他就認為老年人應該放棄熱情和歡愉。一八二二年，他五十四歲時，他就已經這麼寫：「別在這塵世裡居留；讓我們在見到朋友逝去以前、在詩人認為值得一活的青春年歲逝去以前就先走一步吧……在我們和人建立情愛關係的年紀覺得喜悅的事，來到老年孤單的年紀則成為痛苦、遺憾的事。我們再也不希望春季、夏季回到這塵世，我們反而畏懼春夏的回歸……那些帶給你幸福的需要和慾望會殘殺了你。你還感受得到那些生命的魅力，但那已經不屬於你。那些在你左右品嘗著這些魅力而且鄙夷地看著你的年輕人，他們讓你嫉妒……你還可以愛人，但是別人再也不會愛你……看到所有新生的、所有快樂的，只讓你痛苦地回想起你過去的歡愉。」

一八二三年，他為一個和他相愛的女子寫了一首詩〈德莉〉：

「我感覺到愛情，但這愛情再也激動不了人
而榮耀，唉，只會讓名姓變年輕。」

332 譯注：德卡茲（Élie Decazes，一七八〇—一八六〇），法國政治人物，曾任警察大臣，積極鎮壓極端保皇派挑起的暴動。

333 譯注：維羅納會議（congrès de Vérona），是五國同盟（俄羅斯、奧地利、普魯士、法國和英國）在義大利維羅納召開的最後一次常規會議，會議決定鎮壓當時的歐洲革命活動。

334 譯注：維萊爾伯爵（comte de Villèle，一七七三—一八五四），法國保守政治人物，法王查理十世的部長會議主席。

他認為自己年紀太大了，再沒有女人會愛他。在他六十二歲時，有個十六歲的少女愛上了他，但他拒絕了她：「這讓我覺得羞恥已極，我的年紀竟然還讓人慕戀我，我覺得這真是可笑。我越是想要為這件怪事覺得驕傲，就越覺得羞辱，把這件事當作是嘲弄。」他在《愛與老年》一書解釋了他為什麼拒絕這位少女[335]。

他沒從政治圈退下來。他認為自己還能扮演重要角色，也就是能用他的筆為正統派[336]效力，他希望能夠拉下路易—菲利普。他寫「陳情書」、寫「公開信」。他歸附於貝里公爵夫人[337]，這使得他被捕下獄。不久後，法院對他不予起訴。在他的《公爵夫人被捕陳情書》中，他表示：「夫人，您的兒子是我的君王。」他在貝里公爵夫人公開宣布她在義大利祕密結了婚的第二天被移送法院，然後被無罪開釋。貝里公爵夫人請求他到布拉格在她被放逐的皇家親屬身邊為她的案子辯護：她想要保留法國公爵夫人的頭銜和她的名字。夏多布里昂接受了這個任務，也讓她保留了頭銜。接著，他到威尼斯見貝里公爵夫人，她又派他到布拉格去。她請他將一封信交給查理十世，要查理十世正式宣布他兒子已經成年。夏多布里昂照做了。他對查理十世這位已退位的君王感受很複雜：作為一個人，查理十世讓他心軟，但作為君主，則令他受傷。

他鄙夷自己所處的時代，他寫道：「一八三一到一八三二年間，人與事都很卑劣。」他表示自己比以往任何時候都更不抱幻想。他寫信給朋友奧當絲．阿拉爾[338]：「權力和愛情，我都不在乎，一切都讓我厭煩……我見識過更偉大的世紀，今日在文學上、政治上泅水而過的侏儒讓我再也沒感覺。」他在一八三四年六月寫信給一位朋友說：「我向來是您所見的那樣子，沒有信仰、沒有希望。

在這年頭，我很難有什麼『慈善』之心。社會逝去了，而且再也不會重生。」他在這一年出版了一部《世界的未來》論述，在當中預言文明會成廢墟。

正統派這時候已徹底失敗了，但是他繼續寫作攻擊路易—菲利普。這樣的態度讓他贏得了所有反對派的友誼，包括正統派、共和派、波拿巴派。他特別和阿爾芒．卡赫[339]交好。夏多布里昂到聖佩拉吉監獄去看他。在他死後，夏多布里昂還為他舉行葬禮。不過，雖然他和其他很多人很快就建立關係，但也很快就斷絕關係。一八三五年，他在一封寫給《日報》的信上為新聞自由辯護，但禁止攻擊皇家的法律依舊被官方採行。同一年，他在文學上也遭受挫敗：他的悲劇創作《摩西》在演出時被觀眾爆笑以對。這齣戲只演出了五場。

他的身體已經十分衰頹。德拉梅內[340]在一八三四年寫道：「我已經十年沒見到他。我覺得他變了，人也老了。他的嘴巴凹了，鼻子塌了，而且滿是皺紋，就像個死人的鼻子一樣，眼睛也深陷眼眶中。」他在這個已不再屬於他的世界裡迷失了。他苦澀地寫道：「過去的老年人沒這麼不幸；被

335 參見〈第二部〉六十五頁。
336 譯注：正統派（légitimiste）特指波旁王朝長系的擁護者。
337 譯注：貝里公爵夫人（Duchesse de Berry，一七九八—一八七〇），她的兒子亨利．阿圖瓦（Henri d'Artois）是正統派擁立的亨利五世。
338 譯注：奧當絲．阿拉爾（Hortense Allart，一八〇一—一八七九），法國女作家，和她同時代的著名作家多有交遊。
339 譯注：阿爾芒．卡赫（Armand Carrel，一八〇〇—一八三六），法國記者、史學家、評論作家。
340 譯注：德拉梅內（Hugues de Lamennais，一七八二—一八五四），法國神父、哲學家、政治理論家，是法國復辟時期最有影響力的知識分子之一。

年輕人視同外人的老年人再也不屬於這個社會。現在他們只是在這個世界裡脫隊的人，不只見到人們死去，也見到一些思維死去，像是原則、道德、事實、歡愉、痛苦、感受；一切都不像他所認識的那樣。他是人類中不同的人種，在人類中結束他的一生。」從來沒有老年人像他這樣坦白表現對年輕人的恨意。在他《愛與老年》的第二部中，他讓年事已高的荷內說出這樣一番話：「新的世代在我周遭呈現的幸福景象，在我身上引發了極其陰黑的嫉妒。要是我能夠殲滅他們，我就會帶著復仇與絕望的心去做。」這種對年輕世代的怨恨之情蒙蔽了他的雙眼，以致他在一八三四年寫的一封信中說，文學在法國已經徹底死絕。

他拒絕了查理十世提供給他的貴族院養老金。他很缺錢。一八三六年，他決定提前把《墓畔回憶錄》的版權賣給一家兩合公司，讓他可以舒適地住在巴黎巴克街上的一棟房子裡，離赫卡蜜耶夫人的住處不遠。他和赫卡蜜耶夫人的關係已經持續了好多年，他溫柔地愛著她。而她（很可能不是他的情婦）[341]也熱烈愛著他。他們兩人之間有很親密、誠摯的友誼。他的生活很規律。早上六點鐘起床，和妻子一起用早餐，然後和祕書工作一整個早上。下午，他去拜訪赫卡蜜耶夫人。他的情感生活過得並不快意。他和夏多布里昂夫人不和，有時甚至到了彼此痛恨的地步。從一八三五年開始，赫卡蜜耶夫人常常生病。她患了神經痛，這病幾乎讓她完全無法言語。夏多布里昂不和社交圈往來。有時候，茱麗葉．赫卡蜜耶夫人家裡會聚集一些朋友。從一八三四年起，夏多布里昂會在這些朋友面前朗讀《墓畔回憶錄》的片段，但他幾乎不接受別人的邀請。他說：「我再也不屬於這個世界。」這種流放的感覺在他身上很強烈：「而我，是個坐在空蕩蕩大廳裡的觀眾，觀眾席上沒半個人，燈光熄滅，我獨自一人坐在布幕低垂的舞台前，處在靜默與黑夜中。」他向來厭倦人生，這時更是厭倦已極。他在一八三六年寫道：「不論是誰，延長自己的生涯，他就會見到他的時日變冷，次日再也找不到他在前一夜的意趣所在。」他甚至再也不作夢：「沒有了未來，我也不再作夢。」「我只是在嘴皮子上笑；我很憂鬱，這是真正的病。」羅梅尼提到他：「這個可憐的人對人生厭煩已極；什麼都不能再觸動他，什麼都不能再讓他得到消遣。他對什麼事都不感興趣。世界對他來說越來越陌生。」他在《墓畔回憶錄》的「遺囑性前言」中說道：「沒有人要的這最後時日的厭煩，我們不知道拿它怎麼辦。在生命的盡頭是苦澀的年紀。什麼都不喜歡，因為我們什麼都不配。對什麼人都沒用處，對大家都是負擔。靠近他最後的宿處，我們只剩一步就到了。在無人的沙灘上，作夢又有什麼用？我們會在未來瞥見什麼樣的親切幽影？」

他遺憾而不甘心地賣掉了《墓畔回憶錄》的版權。這本書應該是在他死後才出版，他自己本來預料它會在他死後五十年才出版。不會更早。他悲傷地說：「我抵押了我的墓。」然而他還是竭力創作。一八三〇年起，他「擴增」了這本書的內容，使它更「完整」。他想讓它成為他所處時代的「史詩」。他重寫第一部，並把它放在寫於一八三三年十二月一日的「遺囑性前言」和結論「世界的未來」之間。一八三六年，他著手進行第二部。一八三七年，他在尚蒂利定居，並在此地創作《維羅納會議》，後來於一八三八年出版。這是一部為王朝復辟辯護的作品，但仍然批判了王朝復辟。他更在

341 基於生理上的因素，她似乎沒有和任何男人上床。

其中為自己辯解，說是他啟動了一八二三年的西班牙戰爭，他為此很自豪。他指責法國沉睡在和平中，勸說法國對英國發動戰爭，寫道：「要是我們不會對某些必要的犧牲感到驚慌的話」，打勝這場戰爭將會非常容易。他還是一樣有才華，因為他從來沒陳述得這麼好。但是《維羅納會議》這本書讓每個人都很不高興，像是共和派，甚至正統派。他的批評也惹惱了王室，從此將他視為敵人。

隨著時間過去，夏多布里昂對他所處時代帶著惡意的漠視越來越嚴重。他在寫給威內的信中表示：「我再也不相信政治、文學、名聲、人類情感。所有這些在我看來都無用，就像是最可悲的空幻之物。」帶著自戀、憂鬱情緒的他總是不斷在抱怨。他哀嘆自己過去的痛苦，他經常暗示自己即將臨近的死亡、自己的墳墓。他是受到厄運襲擊的人，而且不久就要喪亡，心中不無悲痛。他不斷地談到對現在和未來的厭惡。一八三九年，他寫道：「我對一切是那樣的厭惡，對現在和不久的將來是那樣的蔑視，那樣堅定相信從此作為公眾的人（而且是長達好幾世紀）足堪憐憫，以至於我羞於利用我最後的日子去講述過去的事情，描繪一個已經完結、人們不再理解其語言和名聲的世界。」

「在拿破崙之後是一片虛無。我們看不到帝國、宗教，也看不到野蠻人。文明達到了高峰，但這是一種庸俗的貧瘠文明，毫無建樹。因為我們只有通過道德才會產生生命，只有通過天國之路才能激發創作靈感，鐵路只不過是更快地把我們引向深淵。」

維托爾[342]在提到夏多布里昂時表示：「老年使他的心更加乾瘠、性格更加抑鬱。他還是很在乎自己的名聲，他不能原諒世界在他身後仍然存在。他對未來的看法非常悲觀，卻是含糊、不明確的，像在一個惡夢裡。」

一八四一年，他重新提到未來的虛無：「當今的文明崩解，並不是野蠻人引起的，它是自行失喪的。裝了文明的瓶子，沒有將文明倒進另一只瓶子裡。瓶子碎了，裝在其中的液體灑了一地。」

他不甘心屈服於老年：「年歲就像是阿爾卑斯山：我們才跨越前幾座高峰，就看見隨後有更多的高峰。唉！後來這些更高的山峰則是無人居住、貧瘠而白雪蒼蒼。」

就像很多老年人一樣，他動不動就會掉眼淚。他說他在寫信給貝里公爵夫人時，「掉了不少眼淚」；在查理十世身邊時，他的眼睛因感動而濕潤。他的理髮師寫道：「他會為一點小事掉眼淚。」但他以一層厚厚的冷漠外殼來武裝自己，不顯露出自己的易感。他的心向來冰冷；他成了一個自私的怪物。他對待赫卡蜜耶夫人很惡劣。她在一八四一年時對羅梅尼說：「夏多布里昂先生非常高尚，自尊心極強，行事非常細膩。他願意為他所愛的人做犧牲，但是說到敏感的心靈，他是一點也沒有。他讓我受了許多苦。」阿爾封斯・德・居斯丁表示：「夏多布里昂先生還不到七十五歲，但他什麼都缺，尤其是連自己都缺。每天晚上，他都對那可憐的女人（赫卡蜜耶夫人）做最後的訣別……這讓她哭得像個淚人兒……她憔悴、悲痛，不管是她或他們的朋友都拿這個被寵壞的老小孩沒辦法。」狄諾公爵夫人在一八四二年寫道：「巴杭特[343]也告訴我，他在布瓦修道院赫卡蜜耶夫人那裡見到了夏多布里昂先生。夏多布里昂先生變得脾氣很壞、不愛說話，對所有人事物都不滿意。赫卡蜜耶夫人要做的事並不容易，因為她得安撫他基於病態自傲而起的惱怒，並且在他再也不成功時，填補他

342 編注：維托爾（Baron de Vitrolles，一七七四—一八五四），法國貴族、極端保皇派政治人物。

343 編注：指巴杭特男爵（baron de Barante，一七八二—一八六六），法國政治家、史學家。

成功帶給他的感受。」

他在一八四一年完成了《墓畔回憶錄》，但他直到死前都一直都在修訂此書。一八四三年，在他告解神父的慫恿下，夏多布里昂開始創作《朗賽的一生》。他越來越把自己封閉起來。他寫很多信，尤其是寫給女人，但是他不再閱讀。巴朗胥寫道：「他不閱讀不是因為視力問題，而是他再也沒胃口。」在人際往來關係裡，他越來越不愛說話，也對什麼都不滿。他的健康不佳，從一八四〇年開始，他就深受風濕病和不斷咳嗽的折磨。從這個時期開始，他同代的人為我們描繪的他都是很陰鬱的，只有一個例外，那就是居斯丁在一八四〇年所描繪的：「夏多布里昂先生從來沒這麼有活力，也比他在年輕時代更為真實……自從他不再期望做些什麼以後，他反而變得更真誠……我比較喜歡他現在的樣子。」但是三年後，居斯丁卻覺得這個「真誠」很不得體：「老年讓這位大作家變得嫉妒、恬不知恥。他原先沒說的一切都說了出來。」同一年，巴朗胥擔心他朋友的健康：「夏多布里昂先生真的倒了下來……老年突然來到。」

不過，他還是能夠到倫敦，去和波爾多公爵[344]會面。這是他在老年時很開心的一大盛事。波爾多公爵對他非常熱絡，甚至坐到夏多布里昂的床邊。他們兩人單獨搭車閒遊，夏多布里昂感覺「開心，充滿希望」，但是他的歡喜之情是以眼淚表達出來，他寫道：「我哭得無法自抑。」居維里耶－弗勒希[345]在寫給朋友的信上說：「夏多布里昂真是可憐，他只知道哭……他那樣子比較像是隨著送葬隊伍的哭喪婦，而不是預告正統派即將坐大位的擁立者的樣子。他的眼淚讓他的朋友覺得絕望。」

一八四四年，夏多布里昂受到了巨大的打擊：艾彌．吉哈丹[346]買下他的《墓畔回憶錄》在《快報》

上連載的版權，搶在整部書可以正式出版之前。夏多布里昂一八三六年簽的合約中，並未預見到連載出版的可能性，也沒有任何條文可以禁止吉哈丹刊載它。夏多布里昂在未出版的前言中發出憤怒的呼喊：「不尊重我的意願，不敬重我的回憶，竟然零售我的理念。」這傷害了他作為一個作家的自主性，也傷害了他作為一個人的尊嚴。他重新修訂手稿，刪除了幾段內文，因為這些內文在連載的情況下顯得不得體。這部作品直到一八四七年才真正定稿。

一八四五年，夏多布里昂還有精力到威尼斯去，和波爾多公爵再次會面。但是他越來越沉默，越來越不動，也越來越陰鬱。一八四六年，曼紐爾[347]見到他時嚇了一跳：「他老了，非常老，老得像是羞於存在一樣，他衰頹得連人都變了形。」他誇大自己耳聾的情況，會連續幾個小時都不說話，坐在椅子上動也不動，就像是癱瘓了一樣。

有時候，他會回過神來。聖伯夫寫道：「噯！我們看到的那個坐在那兒不說話、神情鬱悶、對什麼都說不的人，這時又變得迷人、閃亮。」但是漸漸地，他又陷入僵固不動中。雨果在一八四七年寫道：「阿列希・德・聖皮埃斯特[348]今天早上見到了夏多布里昂先生，也就是說他見到了幽靈。

344 譯注：波爾多公爵（duc de Bordeaux，一八二〇—一八八三），即貝里公爵夫人的兒子亨利・阿圖瓦。一八四四年起，他成為法國正統派擁立的對象。
345 譯注：居維里耶—弗勒希（Alfred-Auguste Cuvillier-Fleury，一八〇二—一八八七），法國記者、文學評論家。
346 譯注：艾彌・吉哈丹（Émile Girardin，一八〇六—一八八一），法國記者，於一八三六年創辦廉價報紙《快報》。
347 編注：曼紐爾（Eugène Manuel，一八二三—一九〇一），法國詩人、政治人物。
348 譯注：阿列希・德・聖皮埃斯特（Alexis de Saint-Priest，一八〇五—一八五一），法國史學家、文人、外交官。

夏多布里昂先生完全癱瘓了。他不再走路，也不再有什麼動作。他只有腦子還活著。他滿臉通紅，眼神黯淡而悲傷。他挺直身子，發出了幾個無法辨別的聲音。」

夏多布里昂夫人在一八四七年去世。赫卡蜜耶夫人這時眼睛瞎了。有人把夏多布里昂帶到她床前，兩人只是默默地手握著手。他對世事已經不太有意識。一八四八年二月，艾斯圖梅伯爵[349]表示：「再沒有人比得上夏多布里昂那麼漠不關心，從前對政治是那麼熱情的他，現在對革命再也不在乎……當有人告訴他七月王朝垮台了，他只是說：『很好。這是應該發生的。』」他在六月革命結束後幾日去世。

拉馬丁（一七九〇—一八六九）：「我為我的不幸感到非常羞辱」

拉馬丁的例子可以說是一個典範，而且是很極端的例子。我曾說（而且我們也已經看到）是否平生得意到老年時就有好運道，或是平生失意到老年就有壞運道，這種事的前因後果一點也沒有確鑿的邏輯性。然而，這是拉馬丁在年輕時、盛年時犯下的錯誤，到了老年得為此付出高昂的代價。

拉馬丁年輕時喜愛金錢、奢華、社交、榮耀。作為詩人所征服的那些，對他來說並不夠。他的野心是成為政治圈的崇高人物。自戀、自負、自誇、好虛榮的他，日子過得像爵爺一樣，揮霍了好幾筆遺產。他曾經有一次落選法蘭西學院院士，後來還是在一九二九年當選院士。他在文學上的聲望很高。身為熱切正統派的他，一到法定年齡就參加競選以成為議員。第一次他並未當選，後來終於當選了。他厭惡成為右派或是中間派，他表示自己的席次在「天花板」，也就是超越黨派之上。

身為拉芒內的朋友（但拉芒內不支持他迂迴前進以達目的的政治立場），他希望能「縮小」社會的不公義。他發現了無產階級的存在，但是無產階級讓他感到害怕，建議世人別去煽動它。他說：「你會在無產階級中發現盲目、無意義、懦弱、殘酷，以及嫉妒比他們高一級的社會人士。」身為地主的他非常依戀自己的財物，他要的主要是維持社會秩序；但他對資本主義的發展、對商業社會懷有敵意。他攻擊銀行界人士、工業高度集中、金錢壟斷，這為他在富人之間樹立了許多敵人。大家都指責他態度搖擺不定。他在正統派的支持下當選了議員，在一八三四年為自由發言，接著他支持反動法令。

他激烈的反保守派的態度，讓他遭受了數次失敗——無法擔任議院主席——在一八四三年和資產階級君主制斷絕了關係，成了反對派。他很讚賞自己，認為自己什麼都知道，越來越相信自己在政治上前途遠大。他決定成為民主政治的使者。一位朋友對他說：「想想你太愛奢華、馬匹和賭博，害怕自己太喜歡受大家歡迎。」事實上，希望受到大家歡迎，是他最後熱愛的事。一八四八年，他以為屬於他的年代終於到來。反對派取得勝利，人民要求建立共和。他成了贏家，但是事實上，他深深擔心這會帶來社會動盪。他護衛共和，其實只是因為他把它看作是社會最保守的形式，但其實共和政體是以普選來為「民意火山」提供一個「出口」、一個「發洩的途徑」。就像在一八四八年，農民的選票勝過無產階級許多，而且他們顯然是投給了保守派，這等於是人民對上了「共和派」。創建共和之時，拉馬丁的目的在於保全社會秩序。就是靠著這種兩面手法，使得他贏得了二月的革

349　譯注：艾斯圖梅伯爵（comte d'Estourmel，一七八三—一八五二），法國政治人物。

命。共和派看他是創建共和的人，其他人則認為他是可以牽制共和派的人。就這樣，他在五十八歲這一年，被視為「大家的拯救者」。

二月二十七日，他寫信給他的姪女，表示：「正統派、天主教徒、共和派在我身上結合起來，就像是一個黨派一樣。」四月二十三日，他在十個省分以一千萬票當選了議員。他寫道：「在我眼中，我自己真是個奇蹟。不管到哪裡，都有人熱烈歡迎我。」但是他這種受歡迎的情況其實是建立在他模稜兩可的立場上，遲早會被看破。大家發現他根本不能在自己身上整合右派和左派；他既無法代表右派，也無法代表左派。他什麼都不是。

第一個感覺自己受到背叛的是右派。右派寧願拉馬丁獨攬大權，然後把右派的人馬安排在他麾下，以掃除共和派人士，並立即發動內戰，但拉馬丁不願這麼快就葬送了他為之驕傲的共和。他拒絕扮演負責清理的人，並且被提名為「五人執行委員會」的委員。從這時候開始，人人都討厭他：在「五人執行委員會」的五個席次中，他排名第四，僅高於勒杜伊－侯蘭[350]。勒杜伊－侯蘭被視為極端主義者，但拉馬丁支持他。右派的報刊和社交沙龍都起而攻訐他。大家指控他激起了五月十五日的事件，這一天有十五萬名巴黎人在幾個政治俱樂部的號召下進占國民議會。五月二十一日，在巴黎戰神廣場上，國民自衛軍不向他歡呼致意。然而，他準備大屠殺的政治主張使得人民都憎恨他。他讓「五人執行委員會」任命卡威涅克[351]擔任戰爭部長，並讓他獨攬大權。他在同年六月初同意關閉「國立作業場」[352]。當他瞭解到即將發生流血事件時，他要求大規模部署軍事力量，以避免暴動。但他並未取得這項部署的權力。他在六月二十四日隨同執行委員會的成員一起辭職。卡威涅克開槍射殺工人，並在幾個月的時間裡實行獨裁統治。國民自衛軍也參與了這個殘殺工人的行動。拉馬丁寫信給他的姪女華倫汀娜，說：「我再也沒有半根金髮了，我的頭髮全都發白了，就像冬天一樣。」他還寫道：「我作為政治人物和雄辯家的生涯都結束了。這個神經已經斷了。」他太過自以為是、太過輕率，因而沒能預見他的兩面手法勢必會導致這個災難性的後果：無產階級再也受不了靠著他們而建立的政治體制卻壓制他們的請求，富人階級也只能以血腥來鎮壓勞工的起義。

拉馬丁針對總統大選的談話贏得了熱烈掌聲，大家紛紛表示他將會在普選中獲勝，但是他只得到一萬七千九百一十票，卡威涅克得到了一百五十萬票，而路易．拿破崙．波拿巴得到了五百五十萬票。路易．布朗[353]寫道：「他晚上上床時，以為法國就在他床頭。他為自己沉醉地入了夢鄉；他夢見了獨裁。當他醒來時，卻只有他獨自一人。」這件事讓他整個老年都蒙上悲劇色彩，再也恢復不過來。他揮霍了兩、三百萬的繼承遺產、妻子的嫁妝，以及他的作品為他帶來的五、六百萬法郎收入。

一八四三年年底，他欠下了一百二十萬法郎，而且因為投資不當，債務益形擴大。他狂熱地投

350 譯注：勒杜伊—侯蘭（Alexandre Ledru-Rollin，一八〇七—一八七四），法國律師、政治人物。

351 譯注：卡威涅克（Louis-Eugène Cavaignac，一八〇二—一八五七），法國將軍。

352 譯注：國立作業場（ateliers nationaux），一八四八年二月革命後，政府在巴黎為失業人口設立了國立作業場。作業場的工人參與建設了蒙巴納斯和聖拉薩車站。但在作業場裡時常發生工人騷亂，引起新一屆保守議會的恐慌，因此決定將其關閉，引發工人抗議。隨之而來的鎮壓造成了五千多人死傷。

353 譯注：路易．布朗（Louis Blanc，一八一一—一八八二），法國政治學家、歷史學家、社會主義者。

入寫作，以便支付債主。幫他謄稿的妻子速度跟不上他所寫的。他創辦的幾份報紙，在十二月二日波拿巴政變時被掃除一空，讓他又賠了錢。他搬離大學路上的美麗公寓，住到一間比較樸實的房子，但是他仍保留了四處住所、一群僕人、好幾匹馬，買背心和皮鞋都是十幾件、十幾雙地買。法律執達員和他的債主不停地糾纏他。他認為自己有商業頭腦，從不聽別人的建議，而破產、倒閉接連而來。他在六十五歲時寫道：「我比前此以往都更處於混亂之中，懶於奮鬥、倦於人生。擺盪在希望和絕望之間，比單純的絕望更糟糕。我到了這種地步。」為了撰寫偉大人物的《名人傳》，他抄襲歷史書。大家把他看作「公眾代筆人」[354]，提到他時總說「他老年不再受到敬重」。大家在報刊上辱罵他，人們也嘲諷他。但他仍保持著接近妄想痴呆狀態的童稚傲氣，認為成功是他應得的，而他之所以遭受挫敗只是命運在報復他，事實上，世人和上帝唯一關照的人就是他。

他著手進行《文學談話》計畫，這套書自一八五六年開始刊出。他在前言中乞求大家捐助這個計畫：「歲月就像馬克白的鬼魂一樣雙手從我肩膀上指著前方，指給我看的不是冠冕，而是墳墓。上帝會很高興我沉睡其間。」一八四八年的事件仍縈繞在他心頭不去，他表示：「幸運的是那些被革命所戕害而在事功之中死去的人。死亡是他們的酷刑，沒錯，但死亡也是他們的庇護所。活著的酷刑，難道就不算數嗎？」

他的名聲還有其用處，因為在一八五七年時，福樓拜的朋友希望他能介入為《包法利夫人》辯護，但他迂迴地避開了這麼做。他越來越覺得生命是重擔。他說：「如果人生不是斷頭臺，就是犯人示眾柱。二十年來的精神垂危，和一秒鐘的砍頭之痛，哪一個比較好呢？」他不再作詩了，但他還是寫了著名〈葡萄藤和房屋〉詩作，當中寫到一位老年人茫茫然處在大家都將他遺忘的世界中，他回憶著過去：

「重擔重壓著你，喔，我的靈魂，
因為厭煩而回到舊時光的老床上……」

曾經很講究衣著的他，現在則穿著沾上菸草的磨損衣服到處晃蕩。他請求國家募款捐助他，卻感到非常羞恥，甚至說：「我寧願死去。」他還說：「我為我的不幸感到非常羞辱，以致我不敢去見朋友，因為深怕遇見了敵人。」說到朋友，他幾乎可以說沒朋友了。在法蘭西學院裡，大家都避免和他說話，他只單獨處在自己的角落裡。他在一份護衛他過去作為的聲明中苦澀地表示：「我犯下的罪就是為所有的黨派服務，並讓他們感到不快，同時在無政府期間阻止了他們肆意互相屠殺。」儘管他不斷地發表聲明，他要的捐助並沒有下來。他如此不堪地公開自己的遭遇，使得一名美國人建議他到美國待個兩年，從一個城市到另一個城市宣講他對「紅旗」[355]的想法。為了生存，他不得不砍掉他土地上的樹去賣，但是他拒絕賣掉土地。巴黎市政府提供他一間雅致的房子，就位於巴黎城門邊，但是他還是陷於絕境，深感絕望。他的妻子表示：「他時而深深陷入絕望中，真是讓我氣

354 譯注：公眾代筆人（écrivain public），原是指代人書寫信件、契約等書面文件的代筆人，在此則帶有貶意。
355 編注：在一八四八年六月發生在巴黎的鎮壓工人流血事件中，抗議群眾高舉紅旗，象徵工人運動是在鮮血中產生。

壞了！」

為了撫慰自己，他不斷地回想自己過去的政治生涯。他主張政治人物高於詩人，甚至懊悔自己曾經寫作。在他不想這些事之餘，他就只談錢，跟他談話的人都覺得很厭煩。一八六〇年，他終於願意賣掉他在米利的地產。立刻，債主就找上門：在十七天的時間裡，就有四百名債主上門。賣出米利的那一天，他走進姪女華倫汀娜的房間，手裡拿著一把常春藤，泣不成聲地說：「這是米利僅剩下來的。」後來他對一位朋友說：「好友，你要看看世界上最不幸的人嗎？那麼你就看我！」

他的妻子在一八六三年去世，他暗地裡娶了華倫汀娜為妻。一八六七年，他逐漸喪失理智。法蘭西第二帝國投票要給他一筆養老金，這讓他感覺受辱。五月一日，他疾病發作。他越來越把自己封閉起來，幾乎不再說話。一天晚上，在要上樓睡覺之際，他坐在一階樓梯上說：「這有什麼用？睡了覺，明天又有事要做，這有什麼用？真希望就此放過我！」一八六八年，他在鄉下常在用過晚餐後跑出房子，跑到田野上。他就在這一年去世。

他這段讓人極難忍受的老年經歷，有一部分源自他在年輕、盛年時的缺陷：輕浮、稚氣、任性、浮誇、愛現、自負、缺乏批評意識、缺乏遠見，但主要還是他在一八四八年的行為造成的惡果。那一年，他充分展現了他自己。為了贏得民心，他扮演了調解人的角色，但他其實只是個虛偽的人，掉進這個假裝扮演調解人的角色中。他是個右派，出於對金錢的愛好和喜歡揮霍金錢，也出於對貴族價值的尊重，以及想維持社會秩序的意願，卻宣稱自己是護衛共和的自由派，而這個共和事實上符合他反動派的企圖。他讓自己被所有的人討厭。本來就鄙夷他的富人階級羞辱他，因為他沒有成為乖乖聽他們話的工具。然而，他假裝護衛人民而利用富人階級來反對人民，而且最後是「工人的血讓他失勢」。

結論

老年並非人類存在的一個必然的結尾。就和身體一樣，老年甚至不代表「我們偶然性中的必然」，一如沙特所稱。有許多動物（就像蜉蝣）在生殖之後就死去，根本沒經過退化的階段。然而，我們從經驗中得知的普遍事實是，人類到了一定年紀之後身體會有退化的現象。這種進程無可避免。到了一定時間以後，我們的活動能力會衰退；往往，心智能力會減弱，對世界的態度也會跟著改變。

有時候，基於政治或社會的理由，老年會受到崇敬。有些人（譬如在古老中國的女人）能夠找到庇護，而不必忍受成人世界的嚴酷。另外有些人則沉迷於悲觀主義中，認為如果想要活下去的慾望是一種不幸的泉源，他寧願半死不活。然而，絕大部分的人都以悲傷或是以抗拒之心來迎接老年。和死亡比起來，老年更讓人厭惡。

事實上，和生命呈對立的比較是老年，而不是死亡。老年是生命的滑稽模仿。死亡將生命轉化為命運，從某個角度來看，死亡在授予生命絕對的面向之時解救了生命：「死亡使他又成為他自己」。死亡撤銷了時間。我們所埋葬的這個人，他最後的時日並不比其他時日來得更真實；他的存在成了一個整全的全體，每一個部分都被虛無所攫。維克多．雨果同時是也永遠是三十歲與八十歲。但是當他八十歲時，現在的經歷磨消了過去。無論在「現在」是衰退的情況下，或者「現在」是否定過去所是的情況下，這個「現在」的無上霸權都很令人沮喪。過去的事件、獲得的知識在一個熄滅的生命中保有它們的位置：它們都曾經存在。當回憶化為細屑，它們就淪入微不足道的暗夜中。更生命會像一個磨損的編織品一樣，一針一針地拆毀，只在老年人手中留下未成形的一團毛線頭。更糟糕的是，老年人漠不在乎的態度否認了他的熱情、他的信念、他的作為。因此就像是德．夏呂斯先生因為向他鄙夷的人脫帽致敬而失去他原本依存的身為貴族的高傲，就像是阿林娜．彼得羅夫納和她討厭的兒子和好。根據盧梭的說法，如果我們發現一切都是白費，如果我們不看重工作所得的結果，做這麼多事又有什麼用？米開朗基羅鄙視他的「傀儡」是件令人悲痛的事；要是我們在他老年時與他同在，我們便會和他一起悲傷地經歷到他的努力是一場空。一旦他死了，他老年時期的沮喪並不能否定他作品的偉大。不是所有老年人都是從生命裡卸職的人。相反地，很多老年人頑固地和生命奮戰。但是這時他們往往成為自身可笑的諷刺。他們的意志藉由一種慣性的力量堅持不懈，沒有理由，甚至沒理性。他們開始因為某個目標而想要。現在他們要，因為他們曾經想要。一般而言，在老年人身上，習慣、無意識行動、僵化取代了創造。艾彌爾．法蓋[356]這句話說得有道理：「老年是一齣一個人為了讓他人和他自己產生幻覺而演的連續不斷的喜劇，因此帶有滑稽的色彩——尤其是他演得很差。」

科學和技術沒有能力抹除的惡，像是痛苦、疾病、老年，在道德上便鼓吹我們應該平靜地接受

---

356 艾彌爾．法蓋（Émile Faguet，一八四七－一九一六）針對老年寫了一部很有力的論述《老年的十誡》。

這些惡。勇敢地承受我們這種衰頹的景況，是我們一種成長的方式。沒有其他願景的老年人，可以以勇敢承擔衰頹為願景——但這只是在玩文字遊戲。願景只應該和有所作為有關。承擔衰頹不算是有所作為。成長、成熟、老去、死亡：這幾個階段的時間進程早就注定。

為了讓老年不再是我們之前生命的滑稽模仿，只有一個解決辦法，那就是繼續追尋賦予我們生命意義的目標，像是為其他人奉獻、為群體奉獻、為某些作為奉獻、投入社會或政治的工作中、投入智性創造的活動中。

不同於一些道德家的建議，我們在老年時應該保持足夠旺盛的熱情，這熱情能讓我們避免再度自我封閉起來。當我們透過愛、友誼、憤慨、憐憫為別人付出時，我們的生命是有價值的。這時我們仍保有行動、表達的理由。我們經常建議別人要為自己的老年「做準備」，但這準備只涉及身邊存點錢、選擇退休地點、量力做自己有興趣的事。在老年來到之時，我們其實並未真正做好準備。最好是別太常想到老年，而要過著參與社會的生活，即使我們不再抱持幻想、對生命的熱情已冷卻，仍要繼續這麼做。

只是，這樣的可能性只會發生在極少數的特權階級身上，於是到老年時，特權階級和廣大民眾之間的鴻溝會加深。在比較這兩者時，我們可以回答這本書在一開始時提出的問題：在個人的衰頹中有什麼是不可避免的？社會該為老年的衰頹負什麼樣的責任？

我們在前面已經見過：從幾歲開始衰頹邁入老年，向來取決於一個人所屬的階級。今日，一名礦工到了五十歲就已見衰老，而特權階級人士有很多到了八十歲仍然身體健朗。勞動者的衰頹來得比較大也比較快。在他「倖存」的年歲中，他衰弱的身體會受疾病、衰殘所苦。至於一個有幸可以照應自己身體的老年人，他幾乎到死前都可以保持健康。

受到剝削的人到老年時，若不是處境悲慘，至少也是陷入貧困、孤獨中，住在不舒適的地方。這讓他們有種失勢的感覺，並覺得焦慮。他們沉陷在昏鈍之中，這對他們的身體機能有害。即使是精神疾病，也有很大一部分是因社會制度而來。

退休人員要是仍保有健康和清明的頭腦，他們一樣也會深受「無聊」所苦。他們不再能探取世界，也沒有能力再探取世界，因為在他的工作之外，他的休閒活動都是異化。體力勞動者甚至不知道怎麼殺時間。他鬱鬱寡歡、無所事事，這會導致他懶惰麻木，有害身心平衡。

在他存在於人世的期間，他遭受的損害更加徹底。要是退休人員為了他當前人生無意義而覺得絕望，那是因為他存在的意義向來都被人竊走。一項像「工資鐵律」[357]一樣不可改變的法律，只讓他可以過日子，而拒絕讓他證明自己的存在有意義。當他脫離了職業的約束，會發現周圍只是一片荒漠，讓他無法投入願景中，而這些願景原本可以使他的世界充滿了目的、價值、存在的理由。

這就是我們這個社會的罪行。它的「老年政策」是醜聞，但更加醜惡的是，在絕大多數人還處於年輕與盛年時，社會對待他們的方式。社會預先鑄造了殘害他們的悲慘處境，使得他們在老年時陷入絕境。由於社會這項錯誤，老年衰頹來得早、來得快，生理上受痛苦，心理上受折磨，因為他

357 譯注：工資鐵律（loi d'airain），是一條關於勞動市場的經濟學定律，指的是，長期而言，勞動者的工資永遠傾向於僅可維持最低生活水準所需的費用。

們兩手空空地進入老年。當受到剝削、被異化的人不再有體力時，就不可避免地成為「廢物」、「垃圾」。

這也是為什麼大家提出的減緩老年不幸的解方是如此微不足道。沒有任何一種解方能夠修補系統性的破壞，而在這種系統性的破壞之下，人人都是一輩子受害的受害者。即使我們照護老年人，我們也無法恢復他們的健康。即使我們為他們蓋了舒適的住宅，也無法創造讓他們的人生有意義的文化、趣味、責任。我的意思不是說現在來改善他們的生存景況完全是白費力氣，只是這並不能解決老年真正的問題：社會應該怎樣做，才能讓人到老年時仍活得像個人？

問題的答案很簡單：我們必須永遠將人當人看待。從社會讓不再勞動的人遭受什麼樣的命運，便揭露了這是個什麼樣的社會。

我們這個社會從來是將不再勞動的人看作「物」。我們這個社會向來只看重收益，所謂的「人道主義」不過是拿來當門面。十九世紀時，主宰階層把無產階級看作是野蠻人。工人的抗爭終於讓人以人道主義來看待無產階級，但也只有在他們有生產力的時候。老了以後的勞動者，社會會將他們看作是外來物種。

這就是為什麼老年的問題經常在一致的緘默中被掩埋下來。老年的問題，揭露了我們整個文明的挫敗。如果我們要老年人的景況真的有所改善，就必須重新創造人的景況，重新創造人與人之間的關係。一個人來到老年，不該兩手空空、孤獨以終。如果文化不是一種無活動力的知識，學到後便將它遺忘，如果文化是實用而活生生的，如果藉由文化，一個人便能探取世界，並在隨後的年歲中完成自我、更新自我，那麼一個人不管到哪個年紀都會是個具有活動力的有用公民。如果他沒在童年時被粉碎，被分離成像其他原子一樣封閉、孤立；如果他積極參與社會活動，像過個人生活一樣尋常又基本，那麼他就永遠不會感覺被流放於社會之外。

然而，不管在哪個時期、哪個地方，上述種種都不曾真正實現。即使社會主義國家比資本主義國家更接近於目標，但離目標仍然很遠。

在我剛剛提到的理想社會中，我們可以夢想老年是不存在的。就像在某些特殊的例子裡，有些老年人因年紀而體力變弱，但顯然沒有真正的衰頹，等有一天他生了自己不能承受的病，便在沒有衰頹的情況下死亡。這種情況下的老年，便符合了某些中產階級思想家的想法：老年不同於年輕時期或盛年時期，但仍然可以身心平衡，並擁有許多可能性。

但我們現在遠遠不是這樣的情況。社會只在乎我們為它帶來的收益，年輕人都知道這一點。年輕人在投入社會生活時所懷有的焦慮，和老年人被排除在社會之外時的焦慮一樣的。這兩個年齡層之間，日常生活的例行公事遮蔽了問題的存在。年輕人擔心這樣的社會機制終有一天會攫住他，所以有時他會試著護衛自己；而老年人被這個社會機制揚棄，再也無力反抗的他們只能終日以淚洗面。在這兩個年齡層之間，這個機制繼續運轉著，磨碎那些任由自己被磨碎的人，因為他們甚至沒想到自己可以逃離被磨碎的命運。當我們明白了老年人的景況之後，我們再也不會只是要求一個對老年人更慷慨的「老年政策」，不會只是要求提高退休金、建造舒適的住屋、安排娛樂活動而已。

該改變的是整個社會系統，要求改變的訴求也會更加徹底，那就是要改變人生。

附錄

APPENDICES

附錄一／百歲人瑞

我們有必要提一提老年人當中一個特殊的類別：百歲人瑞。一九五九年，在法國有六百到七百名百歲人瑞，他們絕大部分住在布列塔尼，大多不超過一百零二歲。在一九二〇到一九四二年間，他們最多活到一百零四歲。在百歲人瑞當中，女性多過於男性。德洛赫醫生在一九五九年所做的調查中，顯示了女人之於男人的比例高於八十%。在二十七名人瑞中，有二十四名是女性。她們曾分別從事非常不同的工作。她們都在三十年前或四十年前就已退休，她們住在鄉下，與孩子或孫子同住；其中有幾位是住在收容所或養老院裡。她們的丈夫多在二十到四十年前就去世。她們的收入都很微薄，人都很瘦，沒有人超過六十公斤。她們都很貪吃，但是都吃得很少。她們大多身體健朗，男性人瑞也是一樣，其中有一位在九十九歲以後仍然玩撞球。她們有些人會微微發顫，她們耳背、視力不佳，但是並不到聾了、瞎了的地步。她們晚上睡得好。她們白天忙著閱讀、打毛線，並會散散步。她們頭腦清明，記憶良好，性格獨立，心情平穩，開朗大方，很有幽默感，而且喜歡社交生活。有威儀的她們會把七十歲的人當作是年輕人。她們有時候會抱怨新世代，但是她們對年輕人的時代很感興趣，會想知道世上發生了什麼事。遺傳似乎是她們長壽的一大原因。她們沒有任何慢性疾病，先前也沒有任何疾病。她們似乎不畏懼死亡。整體而言，她們的行為不同於比她們年輕的老年人。是因為她們生理、心理都非常健朗，以致能夠存活到百歲？還是因為她們滿意自己能活得這麼老，而表現出平和的心境？

這項調查無法回答這個問題。

葛瑞夫．E．博德醫生將他二十年來針對四百名百歲以上的人瑞所做的一份研究報告提交「心理學東方學會」。他的結論和德洛赫醫生的結論並無二致：「大部分的百歲人瑞對未來有明確的計畫、對公共事物感到興趣、表現出年輕活力、有他們的癖好、有幽默感、胃口極佳、耐力極強。他們通常心智非常清明，很樂觀，而且一點也不畏懼死亡。」

在美國，針對百歲人瑞所做的觀察，也得到同樣結論：他們具有活動力，而且心情開朗。威謝爾觀察了兩名百歲人瑞，他們有活動力、開朗，而且看來健康良好。然而，在他們死後解剖時，卻發現他們有許多器官有病變。

一九六三年，古巴有一份報紙以整整一頁的篇幅來報導幾位超過百歲的人瑞。其中有一名曾是黑奴的人瑞特別引人注意，一位民族學家將他對過去的回憶錄音了下來。根據他所經歷的歷史事件，他果真是如他自己說的已經一百零四歲。他絕佳的記憶力（雖然對某些時期的記憶有點模糊）讓他能夠回想一生。他滿頭白髮，健康良好；雖然在採訪一開始時，有點戒心，但後來他以開放的態度接納了訪談者的問題，並回答得很詳盡。他的心智能力非常健全[358]。

偏僻地方有很多自稱是百歲人瑞的人其實很可能沒有一百歲：因為沒有出生證明，他們可以自己說已經一百歲了。但是那些真正超過一百歲的人幾乎總是些不凡的人。

358 參見米蓋．巴爾內所著《古巴的奴隸》，迦里瑪出版社。

附錄二／羅伯特・E・柏格：誰來照顧老年人？[359]

大約十個美國人當中就有一個是六十五歲以上，而且這個比例逐年增高。這些六十五歲以上的美國人有三分之二患有慢性疾病，像是高血壓、關節炎、糖尿病等，然而卻只有三萬所各式的機構照顧這些人，在五十名病人中，只有一位能得到病床。此外，絕大部分老年人的資格並不符合美國聯邦醫療保險暨醫療補助制訂的法律所要求的條件。超過六十五歲以上的老年人平均個人年收入是一千零五十五美元，有三十％的人（獨身或已婚）窮困度日。即使只是對老年人做最低限的照護，他的家人也得付出相當於一個月的薪水。

老年人照護機構的經濟問題其實反映了另一個更基本的問題，那就是在美國社會中，老年人的位置到底在哪裡？大部分的美國人認為，當老年人聚在一起時，他們日子會比較好過。我們覺得他們的醫療需求有其特殊性，如果將他們聚在一起，會受到比較有效的照應；而且當他們和同齡的人在一起時，他們的興趣、感受是受到保護的；如果讓他們遠離世界的壓力、遠離年輕人、遠離競爭，會讓他們比較快樂，也活得比較久。然而，所有這些假設在根本上就是錯誤的，只是我們可以很容易理解是基於什麼樣的壓力，才會讓我們這麼認為。我們過去曾經沒有能力面對老年人真正的問題，也就是重新適應社會的問題。一九六六年，一項針對住在紐約護理之家（nursing homes）、由社會保險局負責照應的兩千名病人所做的調查，得到了一個結論是，「要讓護理之家的老年人重新適應社會生活幾乎是不可能的，而且無利可圖……讓他們重新適應社會應該在更早以前就開始進行，而且要在護理之家以外進行。」我們習慣上總認為護理之家並非重新適應社會的所在，而是「處境艱難」的老年人的「最後依靠」。這些護理之家徵入住院友的辦法和經濟措施使得老年人重新適應社會（也就是維持病人的活動力）成為不可能。整天臥床的老年人會得到社會保險局更多的補助；他們比較不需要有人注意他們，但是他們極少能夠再回到自己的家。

美國迅速的工業化也剝奪了老年人在農耕社會中所具有的責任以及職能。他們成為沒有生產能力的人以後，很快就覺得自己不受歡迎。因此他們承受了和社會切斷關係的雙重壓力，因為年輕人認為他們有理由覺得老年人是不受歡迎的。高階幹部會比較早退休，因為他們一到五十幾歲，升遷會比較困難。工人會在養老村裡買下住所（以前是五十三歲才買，現在則降低到四十五歲），因為他們的成年子女和他們斷了聯繫。

這種加深了年輕世代和老年世代之間距離的心理壓力，更被另一個來源的動向以矛盾的方式加強了。那讓眾多美國人活得老成為可能的醫學奇蹟，也讓他們的老年變得更令人沮喪。現代醫學使得美國人的平均壽命從一九〇〇年的四十九歲提高到現今的七十歲，而且這時候，一個六十五歲的人能夠期望再活十四年——在一九〇〇年只能期望再活十三年。我們提高了整體的平均壽命，因此形成了一群人數更為眾多的老年人，只是我們並沒有提高老年人的平均壽命。更糟糕的是，我們對修補他們空虛的人生、依賴於人的人生什麼也沒做。我們還將他們醫療需求的重擔加諸他們和他們家人的肩上。

美國人的「解決方式」（護理之家、養老院、安養院、養老村）引發了下列問題：將老年人排除在社會之外真的對他們比較好嗎？我們將老年人排除在社會之外，隱藏了他們對醫療照應的重大需

359 文章刊載在一九六九年一月二十五日的《星期六評論》週刊。

求，讓公眾再也看不到老年的問題。

要是我們相信財金記者希勒維雅．波特所說的，那麼證券市場最創新的事物便是涉及「護理之家」的商業活動。在美國聯邦醫療保險的法案還沒投票通過以前，有些公司像是假日飯店、喜來登飯店都已經有設置連鎖護理之家的計畫，至少已經有七處護理之家得到民間投資客的投資，而且根據《商業週刊》報導，這項投資大為蓬勃。跟這個突然的發展比較起來，由聯邦政府資助的方案明顯落後了許多，因為他們只打算照顧極度貧窮的老人。另一方面，政府簡化了稅賦的手續，使得宗教團體能夠管理、經營老年人的住宅。因此，雖然這對他們的家人來說負擔仍然很重，但大家開始關注對老年人在醫療或社會方面的問題。

然而，一個錯誤扭曲了問題的根本。美國聯邦醫療保險只照顧到一小部分的老年人，也就是那些能夠請求出院後醫療照護至多一百天的老年人。根據法律（一九六七年社會保險法第十八條），對需要醫院資源照料的病人，但並非長期住院的病人，是由美國聯邦醫療保險支付。美國聯邦醫療保險的想法是，當老年人可以在離醫院很近的護理之家裡受到合宜的醫療照護時，就讓他們離開醫院，最終目的則是希望他們可以回家。對每個到護理之家的病人，美國聯邦醫療保險支付給護理之家一天十六美元（住宿費、餐費和醫療費用）。它並不試圖解決那些想要退出社會的老年人的問題。

連鎖護理之家（銀行、民間資金都試著買下連鎖護理之家）的發展，是為了回應一項明確的需要：提供短期照護和醫院護理。為滿足法案第十八條病人至多只能得到一百天照護的限制，這樣一個市場已經開放，此一事實使我們能夠猜測到在美國聯邦醫療保險介入之前護理之家的悲慘情況是什麼。為了回應美國聯邦醫療保險要求的條件，護理之家應該全天二十四小時都配有一名醫生、一名護理師；但因為護理之家是醫院的隨附組織，所以這並沒有問題。美國聯邦醫療保險要求護理之家聘用的物理治療師也只是錢的問題，因為並不缺物理治療師。至於在美國聯邦醫療保險法中提到的「舒適的起居環境」，指的就是護理之家。然而，護理之家這個說法被錯誤地使用了，新的名稱顯得有其必要。此後，這些地方便被稱為「醫療護理之家」（Maison de soins à orientation médicale）。

對老年人做長期照護或是臨終照護的「非醫療護理之家」（Maison de soins à orientation non médicale）——這個名稱顯得很矛盾——補足了市場。這些機構（包括那些被人正確地稱為安養院或養老院的地方）是社會保險法另一條法律條文的對象，即第十九條法律「美國聯邦醫療補助」（但往往和「美國聯邦醫療保險」混為一談）。這項立法的範圍更廣，涉及協調各州制訂的計畫。但是，事實上，對老年人來說，美國聯邦醫療補助沒有任何新意；在很多情況下，它並未改善每個州社會保險局計畫提供的照護品質。許多機構從之前的計畫中獲得了美國聯邦醫療補助相同的補助（平均每名病人每月三百美金），唯一的差異是華盛頓聯邦政府的金融補助更高。美國聯邦醫療補助只給了一些關於所有年齡層公民所需的醫療援助的基本指示，但此項援助也由收入來定義類別。在紐約州，人人都知道洛克斐勒州長在聯邦醫療補助框架內實施的計畫，這個計畫觸及了紐約州十分之一的人口。除了讓公眾意識到公共醫療所需的金額是天文數字之外，從一開始，醫療補助計畫還希望醫生和相關機構的醫療水準標準化，並讓這樣的標準化具有強制性。

但是醫療補助在管理一些機構時是沒有效率的——這些機構根據醫療補助的法令接受補助以照護老年人。病人是由社會福利局或是由M.A.A（老年人醫療救助）來負責，而病人由哪個機構來照護，則是由各州主管的辦公室來決定。

這是由於護理之家協會在起草醫療補助計畫的基本條款時施加壓力所造成的結果。好幾年以來，每一州負責的單位都遇到同樣的問題：如何強制照護老年人的機構採取某些標準？尤其是，有鑑於許多機構不符標準，而嚴格執行法律可能會使病人的情況惡化。因為一些機構不斷違反管理規章，有關當局在威脅這些機構關閉之時，機構負責人就只是聳聳肩說：「那我們該怎麼辦？讓病人流落街頭嗎？」

大約有三萬家機構為老年人提供長期照護服務，其中有超過一半以上不符合標準。在大部分的州內，法律規定應有一名有執照的護理師或是受過培訓的護理人員每天要八小時照護病人；這規定適用於照顧 M.A.A. 病人的機構。但是合格護理人員的水平和那些機構所照護的老年人的心理、醫療問題不相稱。醫院缺少有執照的護理師（雖然護理師的薪水不錯），這一點就讓人不禁臆測護理之家裡護理人員照護病人的水平了。護理之家有執照的護理師平均薪水是每小時二．四美元，沒有執照的護理人員平均薪水是每小時一．六五美元，而付給護理之家工作人員的平均薪水是低於每小時一．二五美元。「護士助理」這個詞已成為慣用語，並且在護理之家的行政部門使用，以解釋他們「低薪」的理由。如果負責查驗這些機構的部門發現它們並沒有照規定有合格護理師照護病人，就會給一段「寬限期」，直到它們有所改善。

某些養老機構就會好好利用這些超過一年的「寬限期」。俄勒岡州的健康局在表示「把這些照顧老年人的機構稱為『醫療護理之家』其實是愚弄大眾，因為在這些機構裡其實並沒有任何醫療護理」的時候，傳達了一個普遍存在的問題。

各州政府在拒絕重新整頓老年照護的服務時，也等於是幫著這些機構愚弄大眾。各州政府在支付給每位病人三百美元時，其實資助的是那些不符合標準的機構，並使得這些機構倍增。

醫學界另一端有個做法也一樣可恥，而且有害。那就是一些醫生往往就是護理之家的創建者或是負責人，他們會將自己的病人送到這些機構去，而不向病人說明這涉及了他們自己的利益。幾年前，消費者聯盟揭露了這個做法，將它視為「可恥的醜聞，應該很快引起美國醫學學會的注意」。但是美國醫學學會（A.M.A.）往往站在護衛「護理之家協會」的利益這一方。大家不僅沒有慎重面對這個問題，新的護理之家創建者甚至還公開拒斥這件事。「四季照護中心」是家股份有限公司，為了籌措資金，它是眾多將其股份賣給醫生的公司之一。在「四季照護中心」裡，有五十％的床位是由擁有股份的醫生送來的病人所佔據。

還有比這種利益衝突更危險的威脅是，醫療團隊施加於病人家屬、政府當局在經濟上與精神上的壓力。這股壓力使得護理之家被視為解決老年人問題的唯一辦法。讓老年人重新適應日常生活，似乎成不了有利可圖的投資。

有人會爭辯說，至少這些由醫生所主導的新機構正在提升這個行業在過去三十年間經歷的嚴重低水平。但是相應於一個新的機構——提供單人房、美容院、雞尾酒時間和物理治療——還有許多舊機構仍盡可能地省下錢，好讓州政府所提供的每人每月三百美元可以達到一定的利潤。

根據美國國家防火協會表示，在美國最暴露在火災風險中的地方就是護理之家。護理之家發生火災時，因為受害的老年人無力防衛而顯得特別可怕。美國國家防火協會還說，如果護理之家內到處都裝設滅火系統，火災的受害人數可以大大減少，甚至降到零。但是，在許多州裡，護理之家協會一致反對這樣的規定，他們的說法是裝設滅火系統是額外的支出，會導致許多護理之家關門大吉。在俄亥俄州歷史上最嚴重的一次大火，有六十三名老年人被燒死在現代的水泥建築中——然而，該州的護理之家協會成功反對了設置滅火系統的規定，但有了滅火系統或許便能讓這一類火災事故成為不可能。

另一個醜聞是，老年人的健康也受到了威脅。根據老年學家的說法，對非精神病患的老年人最危險的治療之一是強迫他不活動。基於美國聯邦醫療補助的補助辦法（其他像是比聯邦醫療補助更早存在的社會福利補助津貼也是如此），病人往往長期非必要地被留置在床上，只為了多領三到五美元的額外補助。病人臥床時，醫護人員也比較容易照顧他們；這樣病人也比較不會摔倒，因為若是摔倒，保險給付會很可觀；因此病人常待在床上！但是將病人留置在床上，會危及老年人的身體健康。在一般的養老機構中，因為醫護人員人手不足，他們不常幫臥床的病人翻身以避免可怕的褥瘡；褥瘡是開放性的傷口，不僅會引發疼痛，還非常難以治癒。藥品管理、分配不準確的事也很常見，要不就只為了給一點藥安撫病人，要不就為了省錢，這會引發難以解決的醫療問題——至少對那些不合格的醫護人員而言。當我們剝奪老年人的小小樂趣，以及構成生命本質的活動時——往往這些樂趣與活動可以使他們的生命具有目的——大眾並不知道這對老年人造成的傷害。例如，食物經常在次級的養老機構裡造成問題。即使是在各州一般認為品質較好的護理之家，每位病人每天的食物平均只有九角四分美元——為了得到州政府最大的補助，這個數字是由這些機構提供的。老年人並不覺得他們生活有目的，也從未實踐什麼，而且這樣的空虛被某些沒什麼道德的醫護人員所利用，他們會發揮他們的權威，或是在有虐待情事時為自己辯護，或是讓他們覺得自己很重要。在養老機構中，醫護人員也不在意病人的隱私，來探病的人很常聽到病人這麼抱怨。養老機構的負責人往往會帶領一群未來可能的客戶來參觀，他們從未對機構中的病人被迫展示在眾人面前的事做解釋，或是說抱歉。

最嚴重的惡習或許是對病人的不尊重。有時這種不尊重是故意的。大家都知道的「終身醫療」（Lifecare）契約只單純是一種保險，由病人或家屬提前支付一筆金額，以保障病人在世期間都有床位。但是不管他是活是死，這筆錢都落入了那些老人機構手中，要是病人死得早，它們更加得利。不過，護理之家很可能藉由粗暴對待、騷擾、日常凌辱老人等手段，讓病人不再有活著的慾望，而奪去他們的性命。即使「終身醫療」契約只是雙方合理的賭注，但老年人覺得自己是多餘的感受遲早會影響他們的健康。

儘管報紙上有許多文章討論，儘管在美國國會會議期間有許多證詞，儘管護理師、病人和家屬一直有種種說法，護理之家業界的第一個態度就是否認問題的存在，第二個態度是將任何突出這些濫權的文件視為在行政上找麻煩。當加州總檢察長發表了一份指控醫生、藥劑師、醫院和護理之家詐欺了醫療系統八百萬美元的報告時，這些團體的發言人宣稱這個指控沒有根據。「只有一小部分的人」似乎是有罪的。然而，每年藉由醫療系統平均補助每間護理之家十四萬美元的州政府表示，大部分這些養老機構會做沒有誠信的事（像是開假發票、帳目灌水等等）。

美國衛生及公共服務部（H.E.W.）在加州爆發醜聞以後，應允要重新審查美國聯邦醫療保險暨醫療補助的法律。這項審查很可能成為研究養老機構的社會與醫療問題的機會，而不單只是調查這些機構帳目不清的問題。

因此我們希望立法機關、聯邦機構能夠檢視可以取代這些養老機構的解決方案。在另一個類似的領域，也就是在智能障礙的照護領域裡，已經開始「脫離機構化」了。在英國的波頓鎮有四分之三的人口是成年智障人士，符合了他們的病情所需的孤立狀態，但他們畢竟還是避開了醫院和心理治療機構的封閉氛圍。在美國最近一次的講座中，這個問題的專家要求政府停止再付給這類安置病人的專門機構津貼，因為這項做法有損於人們研究其他形式的治療。

關於替代的解決方案，我們可以雙管齊下，一是更強調老年人重新適應社會，二是把老年人當人看待，而不是當病人看待。為了取得廣泛成功，必須讓老年人重新適應生活（社會的、心理的、生理的）是和「臨終照護」一樣是有利可圖。僅限於短期重大醫療照護的美國聯邦醫療保險就這個方向跨出了第一步。但是不幸的，這種新的精神被淹沒在醫療補助所制訂的含糊條件下。

鼓勵老年人重新適應社會最簡單的辦法有可能是，將美國聯邦醫療保險或醫療補助的補助金直接支付給相關的老年人，而不是給照護這些老年人的養老機構。補助金可以撥付給病患的家屬，讓他們支付特定的醫療費用（在受到醫療監督之下），以及支付老年人在家中應得的某些照護（當這些老年人身邊沒有成年家屬可以照料他們時）。居家照護老年人的這種辦法，或許看起來比在養老機構的群體照護來得沒效率，但事實是「homemakers」已大獲成功。Homemakers 這家以營利為目的的有限公司目前已在十幾個大城市成立了機構，他們以低於護理之家或是養老院的收費，提供照護，或是提供居家協助。在某些鄉鎮中也有慈善團體提供類似的服務。

重要的事實是美國聯邦醫療保險只有在緊急時才提供居家照護，而美國聯邦醫療補助則只提供一天四小時的居家照護。有太多需要有人幫助、需要有人關心的老年人，掉進了州政府的規定或是聯邦政府的規定的陷阱裡，理由是這些規定是根據各機構僵滯的需要而設立的，並不符合每個老年人各種不同的需要。目前，美國衛生及公共服務部正在研究一種相較於美國聯邦醫療保險的「中間」形式，這種形式考慮到比起出院後康復期間更為廣泛的醫療需求。由於我們是如此投入在養老機構，這種觀點至少給了我們一點希望。

應該在一九六九年實施的美國聯邦醫療補助修正案，指出了美國國會並非沒意識到現行制度的缺陷。雖然該修正案的實施是由各州政府來決定，但預計所提供的服務將不再局限於養老機構提供的照護，另一方面，對這些機構在資格水平上的要求會更高——護理之家的所有權人應為公眾所識，還有藥物支出應受查驗，所提供的照護都要同等於美國聯邦醫療保險所規定的。所有依附於美國聯邦醫療補助的養老機構，都應在一九六九年十二月三十一日以前採行消防安全規定。

為了使裝備不足的養老機構不再構成威脅，有必要在每一州嚴格執行美國聯邦醫療補助的條款。

護理之家協會應該瞭解採行這些法律（就像將加州總檢察長的報告公諸大眾）只會對它們有助益，而不會有害。在一個以競爭和利益為基礎的社會中，對優良護理之家的需求並不會消失。同時，兩千萬的美國老年人都需要人以正義、人道、尊重的態度照護他們。這種基本的需求不能永遠不被滿足。

英國衛生部醫療服務主任查爾斯・布樹表示：「我們的哲學是，老年人想要留在他們自己家中，活在他們的私人物品和回憶中。不管他家是不是舒適、是大是小，這都不重要。我們認為他們應該住在家裡……只有在家裡，他們才感到安全、有信心。大家很容易相信這是專門機構的問題，但是我認為這個解決方案有點像是把舊車當廢鐵賣。」

（法蘭斯華絲・奧立維，英文法譯）

《星期六評論》公司版權所有，一九六九年

附錄三／社會主義國家老年勞工的景況

在法國、希臘、義大利、葡萄牙、土耳其，受雇者分擔支付的社會保險費用（比雇主分擔的部分少）是冰島、蘇聯的兩倍；而在人民民主專政國家中，除了匈牙利是要勞工分攤社會保險費用以外，這項費用完全是由社會及公共組織來支付。在這些採行計畫經濟的國家，他們的老年政策是整合在計畫整體中，並沒有因特定利益而受到限制。老年人理當比在資本主義國家受到更好的照護。不幸的是，事實並非如此。

我的訊息來源有多種。有時根據的是官方報告，有時則是根據某些特定人士提供的資料。不管根據的是官方報告或是私人資料，我們都很難評估其正確性。我對我在此處提供的訊息持保留態度。

蘇聯

根據官方資訊，以下是蘇聯的情況。

六十歲以上的老年人人數有兩千萬，約佔人口總數的十％。自蘇維埃政權建立以來，一九三六年的憲法就確立了社會保險的權利。這個社會保險逐步擴大實施，並且越來越加明確。在一九六四年以前，集體農莊的成員並不享有這項權利，他們是靠著互濟局得到保障。一九六四年，一項特別的社會法案針對他們而創立。（農業）合作社成員、藝術家、家庭雇工也都享有特別的社會福利制度。所有的受薪階層都享有一般的社會福利制度。工作資歷二十五年的六十歲以上男性，和工作資歷二十年的五十五歲以上女性，都可支領退休金；而從事繁重工作的勞工，工作資歷二十年的五十歲以上男性，和工作資歷十五年的四十五歲以上女性即可支領退休金。工作年限超過至少十年者領取的社會福利金也會隨之增加。政府的退休金預算在一九五五年時為二十九億盧布，但它根據一九五六年的一條法律提高了；到一九六五年時，預算提高到了一百零五億盧布。

薪水越低，計算退休金的係數就越高：月薪三十五盧布，能支領的退休金是百分之百；月薪超過一百盧布，能支領的退休金只有一半。可支領的退休金上限是一百二十盧布。支領退休金的人有權利工作，領取一百盧布以下的月薪。他們的工作受到社會保險局的監管：約有二％的退休人員仍然工作（包括集體農莊的成員）。

根據傳統，老父母和子女同住，即使在大城市也一樣。因為住宅不足的問題，在所有社會主義國家中都鼓勵子女與父母同住。在社會主義國家，絕大部分的女人都工作。通常女人比男人來得早退休，以便領有退休金的祖母代替母親照顧家庭。我認為這種解決辦法有其弊病。祖母代替母親照顧家庭並不會得到什麼報償；她只是不確定權力的代理人。要是年輕夫婦要搬到遠方去住，祖母無法跟隨，她也就無法和子女同住。至少老年人不會孤獨度過晚年。

此外，在蘇聯，老年人也可以獨自過活；他們住在傳統的住屋或是「老人之家」。近年來，許多老年人都被安置在特別公寓的低樓層住宅中。在大城市的城郊有許多養老院。這些養老院大多稱不上舒適，但是提供了許多文化活動、休閒活動。和我們比起來，蘇聯的老年人比較不會感受到被社會、被家人拋棄。

在蘇聯，公民在政治上、社會上的連結較為緊密，許多老年人並不被排除在團體之外，他們仍保持活動，要不就在共產黨內，要不就在他們的社區或他的家庭中等等。

整體而言，蘇聯的生活水準比法國低。但是和法國比起來，退休人員領取的退休金和他以前的工資差距較小；他們的日子過得遠比我們收入低的退休人員來得好。

這景象也許描繪得過於樂觀。我們不能忘記在蘇聯，以及在大部分的社會主義國家，正式薪水只佔勞工實際收入的六十％左右。他們的退休金是根據他們正式薪水來計算的。為了瞭解退休人員的真正景況，我們必須知道「打黑工」是不是能讓老年人收支平衡。要不然他們的生活水準會大大降低。

匈牙利

我從匈牙利收到的報告如下。

就像在世界上其他地方一樣，在匈牙利，老年的問題除了涉及相關的每個人之外，也涉及整個社會。一堆老年的問題主要由兩方面組成，一是和年齡深切相關的各種問題，另一則是和社會如何對待老年人的各種問題。因此，後者是根據不同國家而有所不同。匈牙利的具體特徵描繪如下。

最近這二十五年來，根據人口統計圖的顯示，表明了匈牙利人口有老化的傾向。這種老化傾向源自於兩方面的原因，一是出生率不高，再來是平均壽命延長。

我們知道在一九五〇年代初期出生率暴漲之後，隨後的十年出生率則大幅降低；一九五四年，出生率創下了千分之二十三的紀錄，到一九六二年時就降到了千分之十二點九。儘管最近這三年，一反逐年下降的出生率而有上漲的趨勢，在一九六八年時達到了千分之十五，但之前的下降趨勢還是讓人口傾向老化。

同時，從絕對意義上來說，匈牙利的人口已經老化了，這種現象很大程度上可歸因於過去二十五年來所採取的社會、經濟、衛生、文化等措施，這些措施延長了平均壽命。事實上，在一九四一年時，匈牙利人的平均壽命是男性五十四．九歲、女性五十八．二歲。而現在，男性的平均壽命是六十七歲、女性是七十一．八歲。因此，自二次世界大戰結束之後，六十歲以上老年人口的人數和比例均大幅提高。在一九四一年，超過六十歲的人數有九十九萬七千四百人，佔人口比例十．七％；在一九四九年，人數則達一百零七萬三千人，佔人口比例十一．六％；在一九六〇年，則提高到一百三十七萬二千七百人，佔十三．八％；在一九六八年，最新的人口統計數字是超過六十歲的有一百六十八萬五千人，佔人口比例十六．四％。

按照匈牙利人口老化的進程，中央統計局的人口研究小組預估到一九七五年時，六十歲以上的老年人口比例會超過十八．五％。即使出生率再次上升，這種老年化的進程也會繼續下去，因為一代一代的平均壽命勢必會再延長。因此，在今日，老年男性和女性的長壽機會平均數如下表：

歲數（年）	男性平均壽命（年）	女性平均壽命（年）
60	＋ 15.88	＋ 18.33
70	＋ 9.75	＋ 10.99
80	＋ 5.27	＋ 5.76

在匈牙利也一樣，老年人的三大主要問題是經濟、疾病和孤獨。社會主義國家為緩解這些問題有以下幾項作為：一方面是，運用社會福利制度，

再方面是，藉由整體的社會政策。在這方面，我們必須強調，和二十五年前的景況比起來，現在有很大的變化和進展。一般而言，一些原則的調整很徹底。實際上，在過去，社會福利局根據勞工的不同類別，在數量與質量上社會福利資源分配不均而有不公平待遇的現象。新的法律則漸漸隨著社會主義的實施，設立了更平等、無差別的「同質」社會保險政策。新法律的施行在兩方面看到了實際的改變與進步，其一，受惠於社會福利政策的人數不斷地增加，就連農民也受惠，這些農民在一九四五年解放以前不享有任何社會保險；其二，隨著匈牙利的經濟越來越鞏固，社會福利的金額也持續地顯著提高。

在今日，九十七%的匈牙利人（也就是說幾乎所有的人）享有社會保險。然而，這個九十七%的統計數字需要從兩個角度進行解釋。首先是從演進的角度來看；事實上，在一九三八年，享有社會保險的比例只有三十一%，然後到一九五〇年的四十七%，再到一九六〇年的八十五%，受惠的比例不斷提高。第二個角度是從三%的人未受惠的數字來看，它涉及的尤其是過去從事自由業的老年人，他們沒把退休的問題放在心上；儘管今日他們也未領取退休金，但在他們生病時或是有需要時，還是享有某些社會補助、免費的醫療照護、免費的藥物，包括住院也免費。因此，匈牙利便符合了社會主義國家的展望，大家共同享有社會福利。

至於經濟收入的問題，絕大部分的老年人（有四分之三）受到年金與退休金「同質法律」的保障。少於四分之一的老年人並未受惠於這項同質法律，因為他們並未享有權利，不過政府會支付固定的救助金給他們，除非他們的家庭經濟處境良好，可以照應他們。關於這個範疇的老年人，我們還要補充一點是，固定受益於政府救助金的受益人人數達到了十五萬人，即使是那些由家庭負責照應的老年人，他們也享有社會保險的醫療、住院補助。

如果年金與退休金的法律稱為「同質法律」，那是因為這項法律保障了所有的勞工享有平等而相同的權利。事實上，在解放之前，退休金制度是根據對社會階級的不公平待遇而設計的，賦予了某些社會階級特權，但這也引發了不滿。實行社會主義的匈牙利，它第一項年金與退休金的同質法律最早創立於一九五二年一月一日，第二項同質法律（根據第一項發展而來）則是在一九五四年十月一日頒布；至於創立於一九五九年一月一日、現在仍在施行中的第三項同質法律修訂了前兩項，並擴大了受惠人的權益。

這項養老暨退休制度的基本特徵如下：它涉及了勞工、雇員、腦力工作者、農業和工藝合作社的成員，以及私人工匠，也就是說涉及了社會的各個階層。它還將其福利擴大到被保險人的家庭成員，也庇護了老年人和殘疾者。這項制度特別涉及了老年人，但如果退休金領取者死亡，他之前所照顧的寡婦、親人、祖父母則可支領他的退休金。

目前，受薪者的退休年齡是女性五十五歲、男性六十歲；農業合作社成員的退休年齡則是女性六十歲、男性六十五歲；至於那些在有礙健康的環境中工作了二十五年的男性、工作了二十年的女性，他們支領老年年金的年齡提前了五年。年金暨退休金的法律詳細列舉了這些有損健康的工作；它定義了各自類別之間的差異，例如，為那些在大氣壓力超過一定單位的環境下工作了十五年的人提供了特殊優遇。

退休金的金額是根據工作年資以及平均薪水而制訂的。在一九六九年時，要支領全額的退休金，必須工作滿二十四年；而從一九七〇年開始，則延長到工作滿二十五年；至於那些能證明至少工作了十年的人（也就是他們的工作年資低於可以支領全額退休金的年限），他們能支領部分的退休金。全額或部分退休金的計算方式是根據兩項因子，一是基本退休金，二是補充退休金。基本退休金是按平均工資的五十％給付，補充退休金的計算（部分退休金的計算也是如此）則是看自一九二九年一月一日以來的服務年資，每一年等於一％的基本退休金。

在過去十年中匈牙利年金和退休金制度的規模可以透過下表顯示，即受益人數增加，和國家承擔的預算增加：

儘管匈牙利的年金與退休金制度是世界上最進步的制度之一，但我們知道它還是有問題待解決。例如，過去和最近建立的退休金數額之間存在著顯著的差異，即使過去的退休金已經提高了好幾次。同樣地，根據相同系統計算的退休金則在不同時期出現了差異；事實上，由於名目薪資定期的提高，現在計算的退休金數額高於先前計算的數額。

在這些問題之外，還有其他的問題，讓有關當局非常憂心。因此，最近，在政府與工會中央委員會的會談中，論及了

年度	支領年金和退休金的人數（以千計）	預算（以百萬福林計）
1959	623	3722
1960	636	4427
1961	796	5080
1962	912	5737
1963	983	6421
1964	1046	6992
1965	1101	7712
1966	1156	8711
1967	1213	9514
1968	1269	10339
1969	1319	—

一九六九年和前幾年的物價上漲降低了退休金的實際價值——儘管退休金貶值的幅度不大；因此工會中央委員會的祕書長要求政府採取相關措施，以保障退休人員的購買力。新的法律、有關當局的措施，以及最近私人公司的創舉大大地顧及了老年人的利益與需求。因此，最近頒布的有關農業合作社運作的法律，規定了不得將人因年老或因喪失工作能力而從合作社成員中除名。此外，無論合作社原則上的工作如何，老年人和殘疾者都不能被剝奪享受其土地收益。

最近，公共衛生部長頒布法令，指明要增加常態性的社會救助，並改善因戰爭而成為殘疾者的津貼。老年工人以及教師，即使是退休之後也能在之前的工作場所繼續工作，或是在地方議會設立的社會就業中心工作；他們被分派去做較輕省的工作，他們的工作時間明顯減少，這些工作一般可讓他們每月賺取五百福林——某些工作甚至可賺到八百福林——這補全了他們低額退休金的不足。在德布勒森（匈牙利東部），梅迪科工廠（這家工廠供應了全世界評價很高的醫療設施、手術器材）在今年甚至提撥了紅利給已經退休的老年勞工。在科奇（匈牙利西部），農業生產合作社會免費替老年社員在他們的土地上耕作，並將其土地上的收穫免費為他們送到家中。

老年的另一大問題就是疾病；預防疾病、照護病人是由匈牙利公共衛生組織負責，醫護人員的醫學專業甚至在國外受到認可。在匈牙利，每個人都享有社會保險的醫療津貼，無論是作為受益人，或是作為被保險人的家庭成員，即使不是這兩者，窮苦的老年人也享有社會保險的醫療津貼。這些津貼包括免費醫療照護、住院和手術的費用，病人則需要負擔一點點藥物的費用，還有病人所用的器材、包紮的敷料、藥水、假牙、輪椅、助聽器等也是。雖然統計數據沒有按年齡層來分列醫療津貼，但可以推斷老年人的需求也一樣得到了滿足。

目前——更準確地說是根據一九六九年底的資料——在匈牙利，計有二萬一千八百六十五名醫生，也就是說每一萬個居民有二十一．三名醫生；醫療區域的數量為三千五百四十九處，每二千八百九十五個居民就有一名醫療區醫生提供非專科的諮詢。醫院、療養院、浴療機構的床位計有八萬二千四百六十五床，等於每一萬個居民有八十．三個床位；在醫院裡，每一百個床位，約有十名醫生、三十六名護理師和其他醫院助理照顧。值得一提的是——特別是在和老年人相關的方面——從一九五二年起，全國各地都實施了癌症篩檢；多虧一九六八年創建的網絡，六十個癌症篩檢站做了五十一萬次的預防性檢查。與此同時，老年人在藥物消費方面的比例相當可觀，在一九六八年時，金額達到了三十四億八千八百萬福林。

在談及醫療保健這個話題時，有必要提到屬於老年學的研究人員。事實上，我們不能忘記這些老年病學家的工作，他們在短時間內，對老年狀態的研究、襲擊老年人的疾病，以及對這些疾病的治療方法取得了顯著的成果。在匈牙利科學院老年學委員會的支持下，專門從事這一學科的年輕醫生積極做研究；其研究在國家長期研究計畫的「老化的生物基礎以及其社會影響」項下進行。最近，在布達佩斯已有老年學研究所展開研究活動。匈牙利製造的藥物 Gerovit（基礎代謝刺激劑，加速血液循環加速器且富含多種維他命）已經在許多國家得到了認可。

至於第三個問題，也就是老年人孤獨的問題，可用以下的統計數字來做說明。略多於四分之三的老年人是和家人一起生活。其中有三十三．九％是夫妻共同生活；七．九％是和同居人以及他們的孩子住在一起；五．五％是和他們的同居人、他們的孩子以及孩子的孩子生活在一起；七．五％是單獨和孩子住；十一．八％是單獨和他們的孩子，以及孩子的家人生活在一起；一％是和他們的孫子、孫女生活在一起；六％是和其他親人一起生活；二％是和其他認識的人住在一起。然而，有四分之一超過六十歲的老年人是獨自過活，而且沒有其他家人的濟助。大部分獨自過活的老年人都是處在這樣的境地裡，因為他們從沒有過小孩。另外有一小部分的老年人，因為子女不孝或子女自私而棄養他們。有些退休的老年人不得不處在孤獨中，因為他們的孩子遷居國外。因此，我們可以估計將近有四十萬老年人是處在絕對的孤單中，社會有責任來減輕這些老年人的孤獨感。

事實上，匈牙利社會努力試圖糾正這個情況。該國目前有二百四十二所養老院（由國家、市政委員會或教會管理），照護了二萬五千五百二十名老年人。養老院的院友只負擔了三分之一的住宿費、飲食費和其他費用。不過，相關當局打算提高老年人負擔的費用，但這當然僅限於經濟狀況相對寬裕的老年人。事實上，在過去，老年人住進養老院主要是因為他們收入低，而現在，住進養老院的首要原因是孤獨，以及有許多老年人無法照顧另一半生活所需。

這些養老機構大部分都能好好承擔起他們的任務，提供了優良的住房、食物、醫療照護；可以作為典範的例子是，斯格德老人院（斯格德是匈牙利南部的城市）、布達佩斯的工人運動退休勞工之家和老年演員養老院，以及在賴恩法盧（多瑙河畔的河濱度假勝地）的教會改革之家。各地的養老院裡都有圖書室、電視、收音機、客廳和遊戲間。然而，這些養老院的床位仍不足以滿足所有申請入住的人；目前，約有六千名老年人等著搬進這些養老院。

我們所稱的「以房養老契約」同樣也是為了舒緩孤獨和生計的問題。通常，這指的是擁有房產的老年人和面臨住房不足危機的年輕夫妻簽訂「以房養老契約」。根據這項契約，年輕夫妻承諾照顧擁有房屋的老年人，他們並因此擁有部分住房的使用權，並且在老年人死後，年輕夫妻便可從此擁有整間房屋。為了保護老年人的利益，也為了避免年輕人濫用權利，匈牙利政府最近授權市政委員會在簽訂契約之前監管情況，然後確保雙方嚴格遵守契約。

然而，即使是在社會主義國家中，老年人面臨孤獨的問題也不容易解決。事實上，有許多老年人出於情感方面或經濟方面的理由而自主選擇獨自過活。在配偶死後，在只留下美好回憶的婚姻之後，有很多老年人無法再締結新的婚姻關係，其次，他們往往留戀自己的房子，留戀自己喜歡的物質處境。因此有四十％的匈牙利退休老年人住在鄉下自己的房子裡，而且我們發現有六十八．九％的鄉下房子通常比匈牙利境內的其他房子住房率來得高；這個住房的優勢使他們選擇了孤獨。

就這樣，國家和社會努力支持老年人。在許多地方，愛國人民陣線的地方組織和匈牙利婦女全國委員會都已經設立了老年之家或是老年俱樂部，可讓老年人在那兒消磨白日的時光；目前有二百五十處老年之家或老年俱樂部，有七千名男女老年人可在那裡享受免費的福利。現在還設立了社工人員的網絡，他們會定期探望老年人，提供護理。最後，老年人在電影院、體育場享有優惠，可觀賞他們選擇的表演，而且他們在各城鎮和布達佩斯享有交通優惠卡，以優惠價格搭乘電車或巴士。

羅馬尼亞

在羅馬尼亞，第二次世界大戰以前並沒有任何社會保險系統。戰爭結束後，我從布加勒斯特的一位醫生那裡得到了以下評註，我將之公諸讀者面前，但不做任何保證。

必須從兩個截然相反的角度上來考量這個問題：一是，所謂領取「社會」退休金的人，也就是說，那些事實上沒權利領有退休金的人，因為他們沒有在國家機構工作若干年。二是，領有國家退休金的人。

◆第一個類別

一，物質資源降到最低。他們每月只領約三百列伊（九十法郎）的「老年津貼」。不用說也知道，這個數額微不足道（它約等於一雙皮鞋的價格）。然而，那些還有能力做事的人可以從事某些工作，雖然這些工作的階層極低，而且薪資極低。他們一旦有了工作，便不再領取「老年津貼」。不過，這項工作可以使他們達到申請退休金所需的年資（二十五年），只要這些年來他們一直在國家機構工作。但是這樣的情況極為少見，一個老年人極少能夠在達到合法退休年齡之後再工作二十五年。如果獲得此項退休金，它是根據所收到的最後一份薪資計算。

這類「社會」退休金領取者，是由無法證明自己在一九四四年八月二十三日之前領有薪水的人所組成的，也就是大大小小的生意人、有私人診所但不在政府所屬醫院工作的醫生、擁有自己工作室的工匠等等。

所有這些被視為從事經營活動的職業類別的人，不管是在物質上或是社會上，都過著極為不穩定的生活。

◆第二個類別

二，鄉間的退休金。三年前，政府在注意到其集體化政策成功之後，決定為那些無法透過工作保障收入的農民提供退休金，這些農民可能是因為他們生病了，或是喪失了工作能力，或因為年紀過大。他們現在每月領取四十列伊（十二法郎）的退休金；但是根據麵粉的品質，一塊麵包就值二或三列伊，而一公升的油就值十二列伊。

領取退休金的農民不享有免費醫療，也不享有住院免費（領取退休金的其他類別的人，如果他們的退休金不超過每月五百五十列伊，則享有藥物免費）。

因為工作機會會優先落在年輕人身上，所以老年人完全無法保證能夠留在退休之後找到的工作崗位上。這也適用於在退休年齡來到之時已經在工作崗位上的人：一到這個時刻，即使老年人的生理、心理狀況還能夠勝任工作，他們還是會因年輕人在做他們工作時會做得一樣好而被辭退。這種情況不僅無差別地發生在工人身上、腦力工作者身上，甚至也發生在科學家身上。

從另一方面來說，老年人參與社會生活是相當常見的現象。共產黨員繼續在他們所屬的黨組織中從事他們的活動，他們在某些宣傳活動和某些監察活動中（像是監察醫院裡的設施、監督公共食物分配等等）很有用。

不屬於共產黨的人也能在某些帶有社會性質的活動中有所用處。某些類別的老年人可以為「老人之家」所收容，享有住房、三餐和醫療照護。收容的標準是根據當事人的家庭狀況和健康狀況（殘障優先）。因病床的數量不足，所以選擇的標準非常嚴格。但這類選擇往往有政治性考量，經常有徇私的狀況發生。此外，著名女醫生阿斯朗經管了一所老年病學院，住在這裡的老年人也屬於某種菁英階層。

從倫理學的角度來看，老年人的問題更顯得微妙。社會革命的教訓，以及社會在創造過程中的行動與鬥爭的口號（「所有老的、舊的都應該消失，所有新的都應該佔有一席之地」），在世代的關係之中產生了嚴重的影響。因此，人們惡意地看待老年人，通常認為他們對國家的改革無用。

◆領有國家退休金的人

在政府機構工作了二十五年的這些人，退休以後享有較好的處境：他們所領取的退休金非常接近他們最後所領的薪水。

然而，最受青睞的類別是屬於政治幹部的人：社會安全部門，還有像是軍人。這些人比其他人更早支領退休金（不管是哪一類別的人，退休年齡固定在男性六十歲、女性五十五歲）；但是他們可以在領取退休金（金額很高）的同時佔有另一個職位，並領取薪水。

捷克斯洛伐克

在捷克斯洛伐克，人口呈現老化。三十年前，只有十％的人超過六十歲，時到今日，則有十七％。然而，勞動人口卻因為在學期間延長而減少了。男性的退休年齡訂於六十歲，但要有二十五年的工作資歷。要是工作資歷越長，所支領的退休金也就越高。退休金約是最後五或十年薪資的五十％；要是勞工有三十五年的工作資歷，退休金便達七十五％。至於女性，要是她沒養育小孩，退休年齡訂於五十七歲；要是她養育一個小孩，則是五十五歲；要是她養育兩個小孩，則是五十三歲；養育三個或三個以上的小孩，則是五十二歲。礦工、飛行員，或是其他從事危險工作的勞工可以在五十五歲申請退休。不管是哪個行業的人，即使到了退休年齡，如果還有能力工作，就可以工作，不過只能領取半額的退休金（當然還要加上薪水）。由於擁有特殊技職的勞工人數不足，所以政府鼓勵這樣的勞工延後退休年齡。有很多腦力工作者、幹部，他們要到五十歲才獲得專業技能（因為他們在成年時仍然繼續進修），所以他們服務的年限可以比較長。這一個類別的老年人比較幸運，因為社會需要他們。

對沒有專業技能的體力勞動者來說，他們的處境並不相同。他們的體力在五十歲以後便減弱了，而且要是延遲退休，他們的薪水會往下調。因為他們對自己的工作並不太熱衷，而且這些工作讓他們疲累，所以他們都渴望休息。尤其是女性：她們到了五十五歲都很高興能夠留在家中，協助她們的孩子，照顧她們的孫子。至於那些從事自由業的人，有很多在退休之後會投入他們喜歡的活動，而且可以發揮很大用處：他們會進入公共服務部門，提供計畫、提供諮詢服務。

一九六四年的法律在修訂一九五六年的法律（一九五六年的法律也修訂了一九四八年的法律）時，提高了八％的退休金，但這項調漲還是一樣跟不上物價高漲。五年前[360]，有報紙討論到了老年人的處境：老年人抱怨他們沒擁有任何權利，即使他們在多年的勞動生涯中其實是擁有這些權利的。他們對退休生活的反應基本上和法國人的反應一樣：沒從事任何活動讓他們難以忍受；他們覺得自己是無用之人；他們會在從前工作的地方晃來晃去，看別人工作。往往——特別是在他們個人的生活有困難的時候——他們會生病，甚至死亡。又或者是他們會自殺：隨著年紀增長，自殺的比率也越高。

在醫院裡，有七十％的老年人沒有人照顧。他們痊癒以後，家人不會來接他出院。儘管捷克斯洛伐克的病床數是全歐洲最多的，但依然十分不敷使用。

住房的問題對所有人都是個大問題；年輕夫妻和老父母同住，有時候夫妻分別住在自己的父母家裡。三代同堂也很常見，但這往往讓大家都過得不快樂。

公共的照護服務、醫療服務，以及居家清潔服務都做得不好。當老年人生了病、變衰殘，而且他們要上班的孩子忽視他，這時其實沒有人可以照顧他們。

即使成年人接受了上述這種情況，年輕人卻覺得這太不像話。自一九六八年一月起，也就是從「新道路」的新經濟計畫開始以來，年輕人在全國發起抗議活動，引發了大家對老年處境的關注。一些原本被忽略的地方組織開始發展起來。大家更加照顧老年人。這時設立了公共食堂，好讓老年人能去用餐。也成立了一些俱樂部，好讓老年人去做些消遣。老年人上劇院、上電影院有特價優惠。靠著年輕人的努力，社會意識到了老年問題的嚴重性，並尋求解決之道。

南斯拉夫

南斯拉夫的例子很有意思，因為它們從社會主義經濟過渡到一種越來越重視利潤的經濟（自一九六〇年以來）。老年人的處境也感受到了這種改變。

南斯拉夫社會尖銳地意識到老年的問題，社會上有很多對老年問題的討論，而且施行了保護老年人的幾項措施。直到一九六五年一月一日，支領全額退休金的條件是，工作三十五年的五十五歲男性，和工作三十年的五十歲女性。根據法律規定，他們原則上可以支領平均月薪七十二%的退休金（但是在斯洛維尼亞只可支領六十二%）。對參與第二次世界大戰的人而言，戰爭時期的工作年資要以雙倍計算。那些自一九四一年起參與戰爭的人，有權利支領相當於他們最後薪水的退休金。退休金的高低

360 寫於一九六八年十一月。

差並不大，因為薪水（正式申報的薪水）的高低差不大：最高的退休金只有最低退休金的三倍半。國家的決定是要讓老年人過還不錯的日子，雖然就預算來看是不可能的。國家的負擔很沉重：因戰爭而嚴重危害健康的男性人數眾多，全國有一百萬名支領退休金的人，而受薪勞工則只有四百萬人。勞工和國家一樣都要繳交退休保險金，但這些錢不存放在特殊的基金裡，而是用來投資：工廠、建設等等。

自從一九六〇年以來，和世界經濟連結在一起的南斯拉夫經濟，根據資本主義國家的物價而調整物價，它試著使其生產力與世界市場的生產力保持一致。於是，它試著縮減「不必要」的開支，特別是那些涉及照護非勞動人口的開支。政府提高了退休年齡：男性要到六十歲（工作四十年）才退休，女性則到五十五歲（工作三十五年）。原則上，退休金提高到薪水的八十五％。但事實上，在斯洛維尼亞，退休金只有薪水的五十九％。

就這一點來說，世代之間起了衝突。老年人聲稱他們貢獻了自己的力量，創造了國家今天所享有的繁榮；他們要求分享利益。這是大家欠他們的。他們認為除了他們以外，大家的生活都變好了，這是很不公平的。他們不只要求在物質上和勞動者享有同等水平，而且也要參與政治。他們在執行法律的政府組織中擁有代表席次，但他們希望能夠參與制定法律的議會，希望能夠參與處理地方預算和社會問題的地方議會。他們有自己的組織，也就是殘疾者和退休金領取者管理委員會。這個管理委員會隸屬於社會保險議會。所有人都是工會會員。報紙是他們重要的抗爭工具。在斯洛維尼亞，《退休者》月刊比起其他刊物，銷售量都高出十一萬冊以上。

在不同的共和國[361]境內，老年的問題也有極大差異。在以鄉間為主的共和國裡仍維繫著父權文化：男人管女人、老年人管年輕人。大家對老年人都非常崇敬。數個世代共處在同一個屋簷下。在斯洛維尼亞、克羅埃西亞，有嚴重的住房問題。在斯洛維尼亞，有四十二所養老院、三千個床位，也有三十三處提供消遣的老人之家。在貝爾格勒，從這個角度看，情況令人遺憾。一九六八年四月十四日有一篇文章寫道，養老院裡只有六百個床位。「在貝爾格勒，當個老年人真是艱難。此地蓋了很多一房或兩房的公寓，老年人卻很難取得這些公寓。通常，他們沒地方可住……」

大致上，大家認為老年人在物質上的情況讓人滿意，但在心理上和精神上卻非如此。有很多老年人健康不佳，因為他們經歷了戰爭、監獄、集中營。大部分的老年人並未融入社會，社會遺棄了他們。參加過戰爭的老年人，他們的問題特別難解決。

在五萬名曾任軍官的人當中，有八十%的人來自鄉下，他們加入反抗戰爭後使得他們無法求學，也無法學得一技之長，因此落得沒有文憑、資歷。他們原本受雇於行政部門，但現在更夠格的年輕一輩接替了他們，大家不再需要他們。他們變得尖酸刻薄，而且不斷追索自己的權利。有人告訴了我這樣一個例子，一位前任軍官從四十二歲起就支領退休金，他妻子在書店工作，家務則是由他來照料。還有人告訴我一位四十八歲上校的例子，他在一九四一年加入反抗軍（這時從軍的人，十個當中有九人死在戰場上），而且他有四個孩子。他在一家工廠擔任門房，工廠老闆過去是保皇派，這位上校得鞠躬哈腰地對他行禮。過去的反抗軍成了社會主義的敵人。即使是那些沒那麼極端的例子，還是讓人覺得很受挫：黨是一切，個人則什麼都不是。有很多人拒絕遵行黨的紀律，他們在社會上便一無所有。他們失去了活著的理由。

361 編注：當時的南斯拉夫實行聯邦制，由六個共和國組成。

附錄四／老年人性生活的幾個統計數字

根據金賽報告，男性的性慾頂峰大約是在十六歲。年輕時，對單身男性而言，交合的平均次數約是每週二到三次，對已婚男性而言，則是四到八次。到了五十歲，無論是單身或已婚男性，平均數會降到每週一．八次；到了六十歲，則降到一．三次；到了七十歲以後，則降到〇．九次。金賽的研究，調查了超過六十歲的八十七名白人男性、三十九名黑人男性。在六十五歲，射精的平均次數是每週一次，七十五歲是每週〇．三次，八十歲則是每週低於〇．一次。六十歲的男人當中，約有六％的人完全沒有性活動，到七十歲則約有三十％，隨後並依年齡遞增而漸減。不過，也有些例外的情況。有一名七十歲的白人男性平均每週射精七次，有一名八十八歲的黑人男性和他九十歲的妻子每週做愛一到四次。到了七十歲，有四分之一的白人男性是性無能；到了七十五歲，性無能的人數更達到了二分之一。在七十一歲到八十六歲之間，有些人會自慰，而且在七十六歲到八十歲之間，有些人會夢遺。

還有遵循金賽調查報告的其他調查，雖然調查幅度沒金賽的那麼廣。在一九五九年，《性學》雜誌針對六千名登錄在「名人錄」上的人發出問卷，有八百名六十五歲以上的人回覆：七十％的已婚男性有規律性生活，平均每個月做愛四次；即使是在七十五歲到九十二歲族群中的一百零四名男性，也有半數表示他們都還能正常射精，有六名表示每月有八次性接觸；他們有四分之一的人會自慰，或是從年輕時就自慰，或是從六十歲以後才這麼做；絕大部分男性（即使是超過七十五歲）仍有晨間勃起。

一九六〇年，G．紐曼醫生和C．R．尼可勒斯醫生在美國北卡羅來納州研究了二百五十名年紀在六十到九十三歲之間的男女兩性白人、黑人。這項研究持續了七年。其中有一百四十九人已婚，並和配偶共同生活。他們性生活的次數各不相同，從兩個月一次到一週三次都有。在七十五歲以後，這個數字大大的降低。黑人的性生活來得比白人更活躍，男人比女人更活躍，中低階層的人比高階層的人更活躍（這一點說不定可以說明為什麼黑人比白人活躍——黑人大多屬於中低階層）。那些性生活曾經很豐富的人，到老年仍會持續，其他人則反之。至於那獨身或喪偶的一百零一個人，其中只有七人仍有性生活。女人的性生活之所以較不活躍，很可能跟他們的丈夫年紀都比她們大有關。

一九六一年，在美國費城，佛里曼醫生調查了七十四名平均年齡七十一歲的男性。七十五％都還有性慾，但只有五十五％的人能滿足性慾。射精的次數也各不相同，從每週三次到兩個月一次都有；至少有四十二％的人表示，到了六十歲，他們的慾望降低了，二十五％成了性無能。到了八十歲，有二十二％的人表示還有性慾，但只有十七％人有性接觸，三十六％的人會做春夢，二十五％人會對視覺刺激有反應。

在一九六三年法國的一份書面報告中，德坦醫生提供了詳盡的調查。根據德坦醫生的說法，六十歲到七十歲之間的老年人，他們在性方面的表現和成年人並無不同。這有賴於他們過去的性能力。體力勞動者比腦力勞動者在性方面來得更活躍。單身漢或是鰥居很久的人，和已婚的老年人在性方面的表現也不一樣。已婚的老年人因為習慣、有伴侶刺激，性生活便能維持新近喪偶的人往往會成為性無能。做愛的頻率大約為六十歲是每週一次，七十歲是每兩週一次。自慰則相當頻繁，和做愛的正常頻率相當。在七十歲到八十歲之間，已婚男人還是有性生活，雖然較為減緩。鰥夫則必須壓抑性慾望，有些鰥夫會自慰。

中法名詞對照

§ 一畫 §

《一個孤獨漫步者的遐想》 *Les Rêveries du promeneur solitaire*
《一樁罪行的始末》 *L'Histoire d'un crime*
《一罈黃金》 *L'Aululaire*

§ 二畫 §

丁卡族 Dinka
丁托列托 le Tintoret
《九三年》 *Quatre-vingt-treize*
《人道報》 *L'Humanité*
《十一月枝枒》 *Rameaux de novembre*

§ 三畫 §

《丈夫學堂》 *L'École des maris*
《三重婚禮》 *Le Triple Mariage*
《三塊錢一天》 *Trinumus*
凡妮莎 Vanessa
《土地》 *La Terre*
大廈谷 Gran Chaco
大衛・波米斯 David Pomis
《大廳堂》 *La Grande Salle*
《女牧牛人》 *La Vachère*
小川族 Creek
小克拉納赫 Lucas Cranach le Jeune
《小車子》 *El Cochecito*
《小拇指咖啡廳》 *Café du Petit Poucet*
小耐兒 petite Nell
《小資產階級》 *Les Petits Bourgeois*
《小纖維》 *Fibrilles*
〈不幸之人的幸福〉 Le Bonheur des malheureux
〈不報復〉 Pas de représailles

§ 四畫 §

《中部郵報》 *Le Courrier du Centre*
互滲 participation
《內心回憶新錄》 *Nouveaux Mémoires intérieurs*
《內心回憶錄》 *Mémoires intérieurs*
內米 Nemi
內克爾夫人 Mme Necker
《公民大會婦女》 *L'Assemblée des femmes*
《公爵夫人被捕陳情書》 *Mémoire sur la captivité de la duchesse*
《公斷》 *Épitrepontes*
《凶宅》 *Le Revenant*
《凶年集》 *L'Année terrible*
切爾克斯人 Tcherkesse
《化學簡史》 *Brève histoire de la chimie*
厄克里翁 Euclion
厄忒俄克勒斯 Étéocle
厄拉莉公主 l'infante Eulalie
厄俄斯 Aurore
厄洛斯 Éros
厄斯塔胥・德襄 Eustache Deschamps
厄爾朗傑男爵 baron Erlanger
《反與正》 *L'Envers et l'endroit*
《天體力學》 *Mécanique céleste*
孔布 Émile Combes
孔曼吉 Comminges
《少年》 *L'Adolescent*
尤大 Judas
尤金・勒諾爾曼 Eugène Lenormand
尤維納利斯 Juvénal
尤彌爾 Ymir
巴夫洛夫 Ivan Pavlov
巴比塞 Henri Barbusse
《巴克基斯》 *Les Bacchides*
巴克街 rue du Bac
巴里耶醫生 Dr. Balier
巴杭特 Barante
巴舍拉 Gaston Bachelard
《巴門尼德篇》 *Parménide*
巴洪 Paron
巴約 Bayeux
巴朗胥 Pierre-Simon Ballanche
巴格里維 Baglivi
巴斯岱 Bastaï
巴斯底德 Roger Bastide
巴徹勒 Batchelor
巴爾托洛梅亞 Bartolomea
巴爾托羅 Bartholo
巴爾東 Hans Baldung
巴瑪慕 Bamamour
巴赫斯 Maurice Barrès
巴羅阿爾多 Baloardo
《心理學日誌》 *Journal de psychologie*
心理學東方學會 Société orientale de psychologie

卡普 Carp
卡塔赫納 Carthagène
卡雷勒 Carrel
卡爾凡・提林 Calvin Trillin
卡爾卡諾 Carcano
卡爾斯巴德 Carlsbad
卡爾龐提耶 Carpentier
卡蜜爾 Camille
卡薩琳 Catherine
卡薩諾瓦 Giacomo Casanova
卡蘿 Caro
《古巴的奴隸》 *Esclave à Cuba*
《另一個美國》 *L'Autre Amérique*
史坦納和道夫曼 Steiner et Dorfman
史特拉汶斯基 Igor Stravinsky
史塔林諾 Stalinon
史蒂芬・褚威格 Stefan Zweig
《四首聖樂小品》 *Pezzi sacri*
《失敗的人們》 *Tous ceux qui tombent*
尼古拉・沃爾孔斯基 Nicolas Volkonski
尼可馬侯 Nicomaro
C.R. 尼可勒斯醫生 Dr. C. R. Nichols
尼克拉托斯 Nicératos
尼祿 Néron
尼爾斯・波耳 Niels Bohr
尼赫魯 Jawaharlal Nehru
左拉 Émile Zola
左翼聯盟 Cartel des Gauches
《巨人》 *Le Colosse*
布瓦爾上校 Colonel Bouvard
布伊雍公爵 Duc de Bouillon
布克哈特 Burckhart
布利 Buri
布利塔尼庫斯 Britannicus
布希安娜小姐 Mlle Bourienne
布希翁人 Bushong
布里耶赫 Bourlière
布里農 Fernand de Brinon
布拉強—瑪爾居斯醫生 Dr. Blajan-Marcus
布洛克 Bloch
布倫美爾 George Brummel
布朗基 Louis Auguste Blanqui
布朗琪 Blanche
布朗—塞加爾 Brown-Séquard
布朗熱熱潮 Boulangisme
《布匿人》 *Le Carthaginois*
布庸公爵 Duc de Bouillon
戈拉爾 G. Gorer
《戈洛夫廖夫家族》 *Les Golovlev*
戈德斯坦 Goldstein
扎扎 Zaza
扎諾畢歐 Zanobio
《文學談話》 *Cours familier de littérature*
《日記隨筆》 *Journal en miettes*
《日報》 *La Quotidienne*
比利 Billy
比哈爾 Bihar
《比較文學期刊》 *Revue de littérature comparée*
火地島 Terre de Feu
〈父親的耳光〉 Le Soufflet du père
《父親阿瑪勃勒》 *Le Père Amable*

§ 五畫 §

《世界的未來》 *L'Avenir du monde*
以弗所 Éphèse
《以愛還愛》 *Love for Love*
加布里埃爾・尚德 Gabriel Jeantet
加利埃尼 Joseph Simon Gallieni
加里波底 Giuseppe Garibaldi
加里恩努斯 Gallien
加埃塔 Gaeta
加爾迪 Francesco Guardi
包厘街 le Bowery
包斯威爾 James Boswell
包爾 Bor
卡丹 Catin
卡扎里 Cazalis
卡比托利歐山 Capitole
卡戎 Charon
卡米爾・聖桑 Camille Saint-Saëns
《卡西娜》 *Casina*
卡利庫特 Calicut
卡拉朵斯 Carathos
卡拉斯案件 l'affaire Calas
卡明斯 Cummings
卡威涅克 Louis-Eugène Cavaignac
卡恰圭達 Cacciaguida
卡洛琳 Caroline
卡珊德拉 Cassandre
卡約 Joseph Caillaux
卡桑德赫 Cassandre
卡斯特勒 Alfred Kastler
卡斯納 Casnar

§ 六畫 §

《老婦和少女的反情慾》 *Antérotique de la vieille et de la jeune*
《老婦頌》 *Ode à une belle vieille*
老普林尼 Pline l'Ancien
考德里 Cowdry
《自由人報》 *L'Homme libre*
《自由的戲劇》 *Théâtre en liberté*
《自我折磨的人》 *Héautontimoroumenos*
自閉性記憶 mémoire autistique
《色情》 *Die Erotik*
色諾芬 Xénophon
艾格蕾 Églé
艾勒薇爾 Elvire
艾曼紐耶爾・貝爾勒 Emmanuel Berl
艾斯寇菲爾—蘭比歐特 Escoffier-Lambiotte
艾斯圖梅伯爵 comte d'Estourmel
艾登 Anthony Eden
艾維哈德努斯 Eviradnus
艾德諾 Adenauer
艾德禮 Clement Attlee
艾蓮娜・維克多 Éliane Victor
艾彌・吉哈丹 Émile Girardin
艾彌・坎恩 Émile Kahn
艾彌爾・法蓋 Émile Faguet
《艾薩蒂絲》 *Alceste*
行會 la Corporation
《西東詩集》 *Divan*
西哥德人 Wisigoths
西格馬林根 Sigmaringen
西勒努斯 Silène
西莫尼德斯 Simonide
西塞羅 Cicéron
《西蒙・波卡涅格拉》 *Simon Boccanegra*
西蒙娜與安德烈・史瓦茲—巴爾 Simone et André Schwartz-Bart
西德尼 Sidney
西諾萊利 Signorelli

§ 七畫 §

亨利・尚梅 Henri Jeanmaire
亨利・詹姆斯 Henry James
亨利・龐加萊 Henri Poincaré
亨妮希安娜小姐 Mlle Henissienne
伯里克利 Périclès
伯拉孟特 Donato Bramante
伯特蘭・羅素 Bertrand Russell
佛里曼醫生 Dr. Freeman
安潔莉卡 Angelica
《年紀與成就》 *Age and Achievement*
托巴族 Toba
托比 Tobie
托卡德羅廣場 Trocadéro
托洛斯基 Leon Trotsky
托斯倉斯基 Trostchansky
《托爾克瑪達》 *Torquemada*
托瑪索・卡瓦列利 Tommaso Cavalieri
《有兩個丈夫的女人》 *La Femme à deux maris*
《有罪的母親》 *La Mère coupable*
朱貝爾 Joseph Joubert
朱里烏斯・波呂克斯 Julius Pollux
朱勒・華 Jules Roy
朱勒・葛雷維 Jules Grévy
朵哈麗亞 Doralia
朵洛赫絲 Dolorès
朵爾托 Françoise Dolto
《死者的對話》 *Dialogues des morts*
《死皇后》 *La Reine morte*
《灰色的瀉湖》 *La Lagune grise*
牟斯 Mauss
米什萊 Michelet
米丘 Micion
米利 Milly
米南德 Ménandre
米哈波 Honoré de Mirabeau
《米特里達特》 *Mithridate*
米勒修 Milesio
米隆 Milon
米歇爾・克里蒙梭 Michel Clemenceau
米榭爾・萊里斯 Michel Leiris
米蓋・巴爾內 Miguel Barnet
米諾・達・菲耶索萊 Mino da Fiesole
米諾特 Minot
《老化的問題》 *Problems of Ageing*
老加圖 Caton l'Ancien
《老古玩店》 *Le Magasin d'antiquités*
《老年人的未來》 *A Future for the Aged*
《老年人的保健》 *Gérontocomie*
《老年自殺》 *Suicide in Old Age*
《老年的十誡》 *Les Dix Commandements de la vieillesse*
《老年保健》 *Gerocomica*
老艾伯夫 Au Vieil Elbeuf
《老婦》 *Col tempo*

希貢涅 Sigogne
希勒狄緒 Hildich
希勒維雅．波特 Sylvia Porter
《希勒薇亞》 *Sylvia*
希博 Théodule-Armand Ribot
希爾凡 Sirven
希魯克族 Shilluk
庇亞門 la Porta Pia
忒提斯 Téthys
《忘恩負義》 *L'Ingrat*
《快報》 *La Presse*
《我父親的一生》 *La Vie de mon père*
李維史陀 Lévi-Strauss
杜．巴爾克 Du Parc
杜．貝萊 Joachim du Bellay
杜．穆蘭．德．拉．巴爾岱特 Du Moulin de La Barthète
杜布伊 Dupuis
杜邦盧 Dupanloup
杜杭先生 M. Durand
杜哈 Tura
杜勒 Albrecht Dürer
杜梅齊爾 Dumézil
杜奧蒙碉堡 Fort de Douaumont
杜雷尼 Turenne
杜赫努 Tournoux
杜赫奈爾河堤路 quai de La Tournelle
杜霍波爾派 doukhobors
沃侯諾夫 Voronoff
沃爾維汗河 rivière Wolverene
《沉睡的波阿斯》 *Booz endormi*
《沙中的狗》 *Le Chien ensblé*
沙托布里昂 Châteaubriant
狄匹撒斯 Dipsas
狄米亞 Déméa
狄更斯 Charles Dickens
狄耶哥．蘭內茲 Diègue Lainez
狄福 Daniel Defoe
狄德羅 Denis Diderot
《狄摩西尼》 *Démosthène*
狄諾公爵夫人 duchesse de Dino
《私生女》 *La Bâtarde*
芒特 Mantes
谷崎潤一郎 Tanizaki
貝夫諾格林 Bethnal Green
貝克特 Samuel Beckett
貝利撒留 Bélisaire
《克力同篇》 *Criton*
克尼多斯 Cnide
克瓦塞 Croisset
克利希 Clichy
克呂尼的歐登 Odon de Cluny
克里昂 Cléon
克里特 Crète
克里斯提尼 Clisthène
克里蒙梭 Georges Clemenceau
克拉東 Craton
克拉納赫 Cranach
克法洛斯 Céphale
克洛諾斯 Kronos
克勞狄烏斯 Claude
克勞岱爾 Paul Claudel
克斯特 Crest
克萊芙 Clèves
《克萊采奏鳴曲》 Sonate à Kreutzer
克萊斯特 Karl Kleist
F. 克萊蒙 F. Clément
克雷夫 Clèves
克雷佩林醫生 Dr. Emil Kraepelin
克雷梅斯 Chrémès
克羅托內 Crotone
《克麗齊婭》 *La Clizia*
利布爾納市 Libourne
《利西翠妲》 *Lysistrata*
利希瑪科斯 Lysimaque
利奇博士 Dr. Leach
利奧泰 Hubert Lyautey
《刪除》 *Biffures*
《君士坦丁堡的古代文明》 *Antiquités de Constantinople*
《吹牛軍人》 *Miles gloriosus*
呂希曼醫生 Dr. Runciman
呂諾市 Luneau
呂贊特 Ruzzante
J. W. 坎貝爾 J. W. Campbell
《坎特伯利故事集》 *Contes de Canterbury*
坎達斯文茲 Khindaswintz
宋妮雅 Sonia 即蘇菲
《巫魔夜會》 *Sabbats*
A. 希于薩 A. Ciusa
希戈涅 Sigonio
希瓦羅人 Jivaro
希里歐諾人 Siriono
希果玻尼 Luigi Riccoboni

《到耶路撒冷朝聖》 *Le Pèlerinage à Jérusalem*
《制盔俏女郎的追悔》 *Les Regrets de la belle heaulmière*
叔本華 Arthur Schopenhauer
《囹圄人報》 *L'Homme enchaîné*
《夜晚的呼喚》 *L'Appel du Soir*
奄蔡人（阿蘭人） Alains
《奇想集》 *Les Caprices*
《奇跡錄》 *Le Livre des merveilles*
奈維克 Nerwik
奈歐布黛 Néouboudè
妮儂・德・朗克洛 Ninon de Lenclos
孟德族 Mende
定言令式 impératif catégorique
尚・波侯塔 Jean Borotra
尚・藍貝爾 Jean Lambert
尚萬強 Jean Valjean
尚蒂利 Chantilly
居勒曼 Guillemin
居斯塔夫・厄維 Gustave Hervé
居維里耶－弗勒希 Alfred-Auguste Cuvillier-Fleury
岡圭朗 Georges Canguilhem
岡特的約翰 Jean de Gand
帕夫拉戈尼亞 Paphlagonie
帕布斯 Pappus
帕布羅・卡薩爾斯 Pablo Casals
帕耳開三女神 Parques
帕拉塞爾蘇斯 Paracelse
帕泰伊寇斯 Pataïcos
帕爾馬 Parme
帕聶茲 Pagniez
《性反應》 *Les Réactions sexuelles*
《性學》 *Sexology*
拉・巴賀 La Barre
拉厄耳忒斯 Laërte
拉卡納 Joseph Lakanal
拉古薩共和國 Raguse
拉布魯耶 Jean de la Bruyère
拉伯雷 François Rabelais
拉克洛 Pierre Choderlos de Laclos
拉希維 Pierre de Larivey
拉芒內 Félicité Robert de Lamennais
拉辛 Jean Racine
拉佩胡斯 La Pérouse
拉厚克 Pierre Laroque
貝里公爵夫人 duchesse de Berry
貝季紐醫生 Dr. Pequignot
貝居安會院式住宅 béguinages
貝杭森 Bernard Berenson
貝格爾米爾 Bergelmir
貝絲提亞 Bestia
貝當 Philippe Pétain
貝爾福 Arthur Balfour
身分查驗辦公室 Office d'identification
身體圖示 schéma corporel
車特考夫 Tchertkov
邦武赫 Bonhoure
《邪惡的老婦人弄髒了循規蹈矩的女人》 *La Male Femme qui conchia la prude femme*
里奇歐 Riccio
里昂醫學科學院 Académie de médecine de Lyon
《里昂醫學期刊》 *Revue lyonnaise de médecine*
里維埃新城 Villeneuve-de-Rivière

§ 八畫 §

《乖女孩回憶錄》 *Mémoires d'une jeune fille rangée*
《乖戾的慈善家》 *Le Bourru bienfaisant*
《事物的力量》 *La Force des choses*
亞伯・科罕 Albert Cohen
亞伯拉罕 Karl Abraham
亞伯特・胡澤 Albert Rouzet
亞里斯多芬 Aristophane
亞斯納亞・博利爾納 Iasnaïa Poliana
亞瑟・克拉克 Arthur Clarke
《亞瑟之死》 *La Mort d'Arthur*
《亞歷山大大帝之歌》 *L'Alexandriade*
佩呂斯 Prus
佩希布雷克托勉 Périplectomène
佩希拉 Périlla
佩里城 Prairy City
佩脫拉克 Pétrarque
《佩斯弗赫傳奇》 *Perceforest*
佩魯奇 Andrea Perrucci
佩諾克 Pennock
《來自安寇納的女人》 *L'Anconitana*
《兩兄弟》 *Les Adelphes*
兩合公司 société de commandite
《兩老婦》 *Les Vieilles*
《兩個朋友》 *Les Deux Amis*

南泰爾　Nanterre
《哀怨集》　*Les Tristes*
品達　Pindare
哈克尼　Hackney
哈波波爾　Charles Rappoport
哈康　Racan
哈爾特萊男爵　baron Hartley
奎利　Grailly
奎恩　Guyenne
奎勒　Gruhle
奎維多　Francisco de Quevedo
威內　Vinet
威立　Vili
威洛比　Willoughby
威勒美　Willemer
威勒默　Wilmot
威勒醫生　Dr. Wille
威斯巴登　Wiesbaden
威爾第　Giuseppe Verdi
H. G. 威爾斯　H. G. Wells
威瑪　Weimar
威赫克　George Sylvester Viereck
威謝爾　Visher
《帝王功勛》　*La Geste du roi*
《律令》　*La Loi*
《思想的黃昏》　*Au soir de la pensée*
《政治篇》（柏拉圖）　*Le Politique*
《政治學》　*La Politique*
《故事詩》　*Contes*
施曼娜　Chimène
《星期六評論》　*Saturday Review*
《春天》　*Le Printemps*
柏格莉　Broglie
柏格森　Henri Bergson
查姆森　André Chamson
查勒・杜潘　Charles Dupin
查理・明希　Charles Munch
查理曼　Charlemagne
查塔姆　Chatham
查爾　Charles
查爾斯・布榭　Charles Boucher
柯丹　Cottin
柯尼格　König
柯洛　Jean-Baptiste Camille Corot
柯爾納侯　Cornaro
柯羅諾斯　chronos
《泉》　*La Source*
阿格里皮娜　Agrippine
阿留申人　Aléoute
《阿偉龍省與塔恩省的農民記事》　*Mémoire sur les paysans de l'Aveyron et du Tarn*
阿康蒂斯　Acanthis
阿曼納提　Bartolomeo Ammannati
阿斯朗醫生　Dr. Aslan
阿斯塔波沃　Astapovo
《阿達莉》　*Athalie*
阿雷蒂諾　Pierre Arétin
阿爾布安　Albuin
阿爾弗雷德・卡普　Alfred Capus
《阿爾托納的被監禁者》　*Les Séquestrés d'Altona*
阿爾芒・卡赫　Armand Carrel
阿爾貝托　Alberto
阿爾封斯・都德　Alphonse Daudet
阿爾封斯・德・居斯丁　Alphonse de Custine
阿爾納　Arnal
阿爾基羅庫斯　Archiloque
阿爾琴　Alcuin
阿爾諾勒夫　Arnolphe
阿爾薩斯－洛林　Alsace-Lorraine
《阿爾薩斯時事報》　*Dernières nouvelles d'Alsace*
阿瑪維瓦伯爵　comte Almaviva
阿維森納　Avicenne
阿諾伊　Jean Anouilh
阿黛爾（雨果女兒）　Adèle
阿蘭　Alain
阿蘭達人　Aranda
《青年雕像和年輕神祇》　*Kouroi et Kourètes*

§ 九畫 §

《侯貝爾・盜匪頭子》　*Robert, chef de brigands*
侯茲耶　Rauzier
侯斯坦　Rostan
侯圖　Rotrou
《俄塞博・藍巴爾》　*Eusèbe Lombard*
保羅・杜侯　Paul Turot
保羅・杜美　Paul Doumer
保羅・固爾邦　Paul Courbon
保羅－愛彌・維克多　Paul-Émile Victor
保蘭　Jean Paulhan
南比夸拉族　Nambikwara

烏爾河　Our
烏爾麗克　Ulrique
烏鴉族　Crow
特伊西亞斯　Tirésias
特昂東　Tréanton
《特洛伊婦女》　*Les Troyennes*
特雷特澤斯　Tretzès
特羅布里恩群島　îles Trobriand
特羅菲莫維奇　Trophimovitch
班　Ben
班・薩多克　Ben Saddok
班巴哈族人　Bambara
班特勒—芬克　Bentler-Fink
班圖語系　Bantou
琉善　Lucien
真納　Muhammad Ali Jinnah
神意審判　ordalie
神聖教務會議　saint-synode
《神話與史詩》　*Mythes et Épopée*
《神靈附身的年輕女子》　*Théophoroumène*
《笑面人》　*L'Homme qui rit*
納夫普利翁　Nauplie
納尼　Nanni di Baccio Bigio
納瓦霍人　Navajo
納肖爾　Nascher
納菲爾德　Nuffield
納菲爾德基金會　Nuffield Foundation
納爾特　Narte
納穆爾　Nemours
《紐約世界報》　*New York World*
紐康　Simon Newcomb
G. 紐曼醫生　Dr. G. Newman
《純然理性界限內的宗教》　*La Religion dans les limites de la simple raison*
索克勒斯基　Sokolski
索勒博格上校　colonel Solborg
索福克勒斯　Sophocle
索維　Sauvy
索赫　Soret
索羅維恩　Maurice Solovine
能動性　dynamisme
茱蒂特・克拉黛爾　Judith Cladel
茱蒂絲・高提耶　Judith Gauthier
茱麗葉・德魯埃　Juliette Drouet
茹昂多　Marcel Jouhandeau
茹費里　Jules Ferry
《衰老》　*Le Vieillissement*
徐圖美　Chitumé
恩里科・丹多洛　Enrico Dandolo
恩斯特・菲弗　Ernst Pfeiffer
《料想不到的障礙》　*L'Obstacle imprévu*
旁遮普　Penjab
《旁觀者》　*Spectator*
《時報》　*Le Temps*
朗斯　Lens
《朗賽的一生》　*La Vie de Rancé*
柴爾德　Child
格里布伊　gribouillisme
格里農夫人　Mme Grignan
格拉古兄弟　Les Gracques
格恩西島　Guernesey
格勒諾勃　Grenoble
格雷戈里一世　Grégoire Ier
格賴埃　Gnée
格羅寧根　Groningue
桂妮薇兒　Guenièvre
桂爾契諾　Le Guerchin
桑加羅派　Secte de Sangallo
桑納托斯　Thanatos
桑喬二世　Sanche II
《桑斯教堂的內部》　*L'Intérieur de la cathédrale de Sens*
H. 桑德宏　H. Cendron
泰伊絲　Thaïs
泰坦　Titan
《泰阿泰德篇》　*Théétète*
泰倫提烏斯　Térence
泰勒豐斯　Téléphos
泰奧法尼斯　Théophanas
泰奧格尼斯　Théognis de Mégare
泰奧菲爾・德・維奧　Théophile de Viau
泰德・梅雷迪斯　Ted Meredith
《浮士德 II》　*Le Second Faust*
《海上勞工》　*Les Travailleurs de la mer*
海克力斯　Hercule
海爾・塞拉西一世　Haïlé Sélassié
涂爾幹　Émile Durkheim
涅柔斯　Nérée
涅斯托爾　Nestor
烏拉尼德　Ouranide
烏拉諾斯　Ouranos
烏娜　Oona
烏塔　Uta
烏爾比諾　Urbino

§ 十一畫 §

陸斯陶諾一拉寇　Georges Loustaunau-Lacau
麥加拉學派　mégariques
麥克馬洪　Mac-Mahon
麥克凱伊　McCay
麥斯特斯和強生　Masters et Johnson
麥瑟琳娜　Messaline

§ 十二畫 §

E. 傑于　E. Gehu
傑山　R. Gessain
傑宏德　Géronte
傑法　Gustave Geffroy
傑哈・范・斯韋騰　Gerard Van Swieten
傑斯特　Geist
傑爾森　Jean de Gerson
傑歐凡夫人　Mme Geoffrin
凱尼茲　Louis-Charles Caigniez
凱洛斯　Kairos
凱基利烏斯　Caecilius
《勝利的光輝與痛苦》　*Grandeur et misère d'une victoire*
勞合・喬治　David Lloyd George
勞族　Lao
博內梅爾　Eugène Bonnemère
博伊托　Arrigo Boito
博馬舍　Pierre-Augustin Caron de Beaumarchais
博雷利　Borelli
博諾姆　Bonhomme
喀里多尼亞的快樂繆思　Joyeuses Muses de Calédonie
《喔，美好的日子》　*Oh les beaux jours*
喬久內　Giorgione
喬凡尼・貝里尼　Giovanni Bellini
喬凡尼・帕皮尼　Giovanni Papini
喬治・勃蘭岱斯　Georges Brandès
喬治・康多米納　Georges Condominas
喬治・瑪耶醫生　Dr. Georges Mahé
喬叟　Chaucer
堤豐　Typhée
富昂　Fouan
富爾米　Fourmies
提布爾　Tibur
提阿瑪特　Tiamet
提香　Titien
提班　Thébain
梵・鄧肯　Kees Van Dongen
梵樂希　Paul Valéry
《清醒的戀人》　*The Conscious Lovers*
《理想國》　*La République*
畢多　Buteau
畢克　Pic
畢克塞雷庫爾　Guibert de Pixerécourt
畢克羅教授　Professeur Bickerlow
畢里歐利　Prioli
畢洛哈　Bilora
畢倫　Birren
畢傑斯　Burgess
畢塞特赫　Bicêtre
畢嘉勒　Pigalle
《異國情調是日常》　*L'exotique est quotidien*
《第二次土氣的對話》　*Deuxième dialogue rustique*
《第十首諷刺詩》　*Dixième Satire*
《終局》　Fin de partie
荷內　René
荷內・布賀拉瑪希　Renée Burlamachi
荷內・本傑明　René Benjamin
荷馬　Homère
莉莉安・P.・瑪爾丹　Lillian P. Martin
《莎士比亞，我們的同代人》　*Shakespearre, notre contemporain*
莎拉・伯恩哈特　Sarah Bernhardt
莎夏　Sacha
莫里亞克　Mauriac
莫里斯・雪佛萊　Maurice Chevalier
莫里斯・賈斯陶　Maurice Jastrow
莫杭　Edgar Morin
莫杭丹　Morantin
莫泊桑　Guy de Maupassant
《莫洛伊》　*Molloy*
莫朗　Morand
莫格　J. M. Mogey
莫雷　Morley
莫爾內　Mornet
莫爾加尼　Morgagni
莫爾淦　Morgan
莫爾達克　Henri Mordacq
《處世智慧錄》　*Aphorismes sur la sagesse dans la vie*
《處死》　*La Mise à mort*
通過儀禮　rite de passage
陶貝勒　Traubel

《會話字典》 *Dictionnaire de la conversation*
《會談》 *Colloques*
楊格 Young
楚科奇人 Chukchee
溫尼伯湖 lac Winnipeg
溫澤勒・歐拉 Wenzel Hollar
瑞亞 Rhéa
瑞許 Rush
當下化 présentifier
《當祖父的藝術》 *L'Art d'être grand-père*
〈碎片〉 *Éclats*
《群魔》 *Les Démons*
《義人的罪行》 *Le Crime des justes*
聖巴多羅買 Saint Barthélemy
聖巴爾提勒彌 Saint-Barthélemy
聖扎加利亞教堂 saint Zacharie
聖加侖 Saint-Gall
聖皮耶神父 abbé de Saint-Pierre
聖安端 Saint-Antoine
聖一艾弗爾蒙 Saint-Évremond
聖伯夫 Charles-Augustin Sainte-Beuve
聖伯多祿大教堂 basilique de Saint-Pierre
聖伯多祿鎖鏈堂 Saint-Pierrre-aux-Liens
聖佩拉吉監獄 Sainte-Pélagie
聖佩新娜 Sainte-Périne
聖依西多祿 Saint Isidore de Séville
聖彼得斯堡 Saint Petersburg
聖阿芒 Saint-Amant
聖保羅一德一逢斯 Saint-Paul-de-Vence
《聖徒阿勒西行傳》 *La Vie de saint Alexis*
聖特羅佩 Saint-Tropez
聖湯瑪斯・阿奎那 saint Thomas d'Aquin
聖奧梅爾 Saint-Omer
《聖瑪爾庫拉大火》 *L'Incendie de S. Marcuola*
聖維克托的于格 Hugues de Saint-Victor
聖德田 Saint-Étienne
聖諾伯特 Saint Norbert
聖一瓊・佩斯 Saint-John Perse
葛拉費妮夫人 Madame de Graffigny
葛瑞夫・E・博德醫生 Dr. Grave E. Bird
葛羅斯特 Gloucester
〈葡萄藤和房屋〉 La Vigne et la maison
蒂夫族 Tiv
《蒂博一家》 *Les Thibault*
《蒂邁歐篇》 *Timée*
《詩與真實》 *Poésie et vérité*
《詩興》 *Toute la lyre*
雅庫特人 Yakoute
《雲》 *Les Nuées*
馮・納布洪 von Neubron
《黑色筆記》 *Le Cahier noir*

§ 十三畫 §

塔列朗 Talleyrand
塔涅耶夫 Taneïev
塞內卡 Sénèque
塞文地區 Cévennes
塞伊 J. B. Say
塞吉 Serge
《塞多留》 Sertorius
塞畢佑 L.-H. Sébillotte
《塞維亞的理髮師》 *Le Barbier de Séville*
塞維涅夫人 Madame de Sévigné
奧丁 Odin
奧代・德・杜爾內布 Odet de Turnèbe
奧古斯特・孔德 Auguste Comte
奧布省 Aube
奧克西塔尼女人 Occitanienne
奧利維・德・拉・馬爾胥 Olivier de la Marche
奧姆塞 Georges Wormser
奧登斯 Odense
奧菲斯 Orphée
奧塞提亞人 Ossète
奧當絲・阿拉爾 Hortense Allart
奧爾良的于格 Hugues d'Orléans
奧爾格勒 Orgel
奧爾維耶托 Orvieto
奧維德 Ovide
奧德修斯 Ulysse
惹內 Jean Genet
《愚行》 *Les Disparates*
愛伊醫生 Dr. Ey
愛克曼 Johann Peter Eckermann
愛努族 Ainu
愛奧尼亞 Ionie
愛爾蘭皇家科學院 Académie irlandaise
《愛與老年》 *Amour et vieillesse*
愛德加 Edgar
愛德森 Adson
愛德蒙 Edmond
愛默生 Ralph Waldo Emerson
《新科學的對話》 *Dialogues des sciences nouvelles*

《歌謠集》 *Romancero*
《演説》 *Orazioni*
漢斯 Reims
《熙德》 *Le Cid*
《熙德之歌》 *Romancero du Cid*
瑪・墨澤斯 Ma Moses
瑪希愛勒・郭緒薛 Marielle Goitschel
《瑪希雍・德洛姆》 *Marion Delorme*
瑪侯 Clément Marot
瑪夏 Macha
瑪格麗特・S・戈登 Margaret S. Gordon
瑪答寇族 Mataco
瑪爾基安 Martian
瑪爾維 Louis Malvy
瑪德蓮・法朗克 Madeleine Franck
瑪歐 Mahaud
瑪麗・多爾摩 Marie Dormoy
瑪麗・波拿巴 Marie Bonaparte
瑪麗・梅西耶 Marie Mercier
瑪麗安娜 Marianne
碧勒伊 Brylhil
福耳庫斯 Phorcys
福煦 Ferdinand Foch
《福爾彌昂》 *Phormion*
福樓拜 Flaubert
《精神病的社會學》 *Sociologie des maladies mentales*
維 Vie
維尼 Alfred de Vigny
維吉尼亞・吳爾芙 Virginia Woolf
維多利亞公寓 Victoria Plaza
維托爾 Vitrolles
維托麗亞・科隆納 Vittoria Colonna
維克多・雨果 Vicotr Hugo
維克多・威特考斯基 Victor Wittkowski
維利耶・德・利爾—亞當 Auguste Villiers de L'Isle-Adam
維杜絲提亞 Vetustilla
維昂 Boris Vian
維勒魯瓦 Villeroy
維庸 François Villon
維萊爾伯爵 comte de Villèle
維爾納 Werner
維維亞尼 René Viviani
維聶 Vignat
維薩里 Vésale
維羅納會議 Vérona
（薩姆爾・）詹森博士 Dr. Samuel Johnson
《誠心所願》 *Ainsi soit-il*
賈克・伊維 Jacques Yver
賈克・莫罕 Jacques Moran
賈克曼—賈多 Jacquemin-Jadot
賈克琳・侯格 Jacqueline Roque
賈柯芭・馮・維勒德 Jacoba Van Velde
賈科梅蒂 Alberto Giacometti
賈基諾 Louis Jacquinot
《跟阿拉伯奴隸兵的戰鬥》 *La Charge des Mamelukes*
路易・布朗 Louis Blanc
路易・庫普蘭 Louis Kuplan
《路易十四與兩千萬法國人》 *Louis XIV et 20 millions de Français*
路得 Ruth
《農民史》 *Histoire des paysans*
《農神吞噬其子》 *Saturne dévorant un enfant*
《逼婚》 *Le Mariage forcé*
過渡 Übergang
達朗貝爾 Jean le Rond d'Alembert
《達朗貝爾之夢》 *Le Rêve de d'Alembert*
達爾朗 François Darlan
達爾讓庫爾先生 M. d'Argencourt
雷定三世 Célestin III
雷翁・比內 Léon Binet
雷曼 Lehman
雷彭醫生 Dr. Repond
雷奧多 Paul Léautaud
雷蒙・龐加萊 Raymond Poincaré
雷諾 Paul Reynaud

§ 十四畫 §

圖克曼和洛吉 Tuckmann et Lorge
圖拉 Toula
圖路斯 Tullus
《圖像學研究》 *Essais d'iconologie*
《圖騰與禁忌》 *Totem et Tabou*
《墓畔回憶錄》 *Mémoires d'outre-tombe*
《夢》 *Les Songes*
實在性／實在 réalité
實踐—惰性 pratico-inerte
《寧靜而死》 *Une Mort très douce*
《對老年與死亡的沉思》 *Réflexions sur la vieillesse et la mort*
《槍決》 *Les Fusillades*

德希學校　Cours Désir
德杜許　Philippe Néricault Destouches
德佩茲　Louis Marie Desprez
德坦醫生　Dr. Destrem
德拉克洛瓦　Delacroix
德拉梅內　Hugues de Lamennais
德波特　Desportes
德侯比得　Theuropide
德洛爾　Delore
德洛赫醫生　Dr. Delore
德夏奈爾　Paul Deschanel
德桑提　Desanti
〈德莉〉　Délie
德斯赫伯　Teshub
德雷教授　Professeur Delay
德雷菲斯　Alfred Dreyfus
德爾卡塞　Théophile Delcassé
德墨阿斯　Déméas
德魯萊德　Paul Déroulède
德謨克利特　Démocrite
《憤世嫉俗與懊悔》　*Misanthropie et repentir*
《摩西與一神論》　*Moïse et le monothéisme*
摩爾　Moore
《撒謊者》　*Pseudolus*
《數學的論說與論證》　*Discours et démonstrations mathématiques*
樂樂族　Lele
《歐仁妮》　*Eugénie*
歐及布威族　Ojibwa
歐文・潘諾夫斯基　Erwin Panofsky
歐宏特　Oronte
歐貝爾多　Oberto
歐里庇得斯　Euripide
歐拉　Leonhard Euler
歐特維爾　Hauteville House
歐普提納修道院　(monastère d')Optina
潘興　John Pershing
《熱情三部曲》　*Trilogie de la passion*
熱魯茲　Jean-Baptiste Greuze
《編年史》（主教奧托）　*Chronique*
《編年史》（泰奧法尼斯）　*Chronographie*
蓬托斯　Pontos
《衛戍官》　*Les Burgraves*
衛塔里斯　Vitalis
《論老年》（波伊斯）　*On Old Age*
《論老年》（西塞羅）　*De Senectute*
《論依據憲章的君主制》　*De la Monarchie*
《與人相關的事》　*Le Rapport aux hommes*
《與多毛的愛努人共處》　*Alone with the Hairy Ainu*
蒙田　Montaigne
蒙彼利埃醫學院　l'école de Montpellier
蒙拜伊　Montbailli
蒙特里沙爾　Montrichard
蒙特威爾第　Claudio Monteverdi
蒙特朗　Henry de Montherlant
蒙塔隆貝爾　Montalembert
蓋倫　Galien
蓋埃諾　Jean Guéhenno
蓋爾芒特親王夫人　princesse de Guermantes
裴高雷西　Giovanni Battista Pergolèse
豪威爾　Howell
赫卡蜜耶夫人　Mme Récamier
赫西俄德　Hésiode
赫克托爾　Hector
赫利孔　Hélicon
赫里歐　Édouard Herriot
赫拉　Héra
《赫庫芭》　*Hécube*
赫雪爾　William Herschel
赫爾曼・布洛赫　Hermann Broch
赫魯利人　Hérules
《鄙視一位變老的女士》　*Le Mépris d'une dame devenue vieille*
《魂斷日內瓦》　*Belle du Seigneur*
齊卡沃　Zicavo
齊瑪諾夫斯卡　Szymanowska

§　十五畫　§

《劍》　*L'Épée*
《墮落的費萊蒙》　*Philémon perverti*
德・夏呂斯先生　M. De Charlus
S. 德・格拉西亞　S. de Grazia
德・馬思　De Max
（尼古拉斯・）德・斯塔埃爾　Nicolas de Staël
德・聖一厄偉爾特夫人　Mme de Sainte-Euverte
德卡茲　Élie Decazes
德布勒森　Debrecen
德米特里　Démétrios
德利耶　André Theuriet
德努齊耶　Denuzière

§ 十八畫 §

§ 十六畫 §

§ 十七畫 §

蘿絲．博賀　Rose Beuret
《顯貴的盲人》　*L'Illustre Aveugle*
讓薩克鎮　Gensac
《靈台集》　*Les Quatre Vents de l'esprit*
《鑰匙》　*La Confession impudique*
《驢的喜劇》　*L'Asinaria*
《纜繩》　*Rudens*

§ 十九畫 §

《懲罰集》　*Les Châtiments*
懷特利村　Whiteley Village
瓊斯　Ernest Jones
羅什福爾　Henri Rochefort
羅扎諾伯爵　comte Lozano
羅加諾　Locarno
羅米利　Romilly
羅伯特．E．柏格　Robert E. Burger
羅伯特．伯恩斯　Robert Burns
羅伯特．舒曼　Robert Schuman
羅狄克　Rodrigue
羅拉特法　lois Rowlatt
羅杭．艾納克　Laurent Eynac
羅哈斯　Fernando de Rojas
羅海姆　Roheim
《羅馬漫步》　*Promenades dans Rome*
羅得　Loth
羅梅尼　Loménie
羅莎希朵　Rosarito
羅傑．培根　Roger Bacon
羅塞利諾　Bernardo Rossellino
羅雷丹總督　doge Loredano
贊德人　Zande
《關於宇宙多樣性的對話》　*Les Enretiens sur la pluralité des mondes*
龐托姆　Brantôme
龐克拉斯　Pancrace
龐波尼烏斯．梅拉　Pomponius Mela
龐塞．德萊昂　Juan Ponce de León

§ 二十一畫～ §

蘭多爾　Landor
蘭克　Otto Rank
蘭斯洛　Lancelot
護理之家　nursing home
《辯士篇》　*Le Sophiste*
《辯證理性批判》　*Critique de la raison dialectique*
露．安德烈亞斯－莎樂美　Lou Andreas-Salomé
《饗宴》　*Le Banquet*
《魔鬼》（喬凡尼．帕皮尼）　*Le Diable*
《魔鬼》（赫爾曼．布洛赫）　*Le Tentateur*
《孿生兄弟》　*Les Ménechmes*
（愛德蒙．德．）龔固爾　Edmond de Goncourt

論老年 {第二部}

西蒙波娃繼《第二性》之後，再次打破西方千年沉默的重磅論述

La Vieillesse

作　　者　西蒙·德·波娃 Simone de Beauvoir
譯　　者　邱瑞鑾
特約編輯　吳佩芬
封面設計　賴柏燁
內文排版　高巧怡
行銷企畫　蕭浩仰、江紫涓
行銷統籌　駱漢琦
業務發行　邱紹溢
責任編輯　林淑雅
總 編 輯　李亞南

出　　版　漫遊者文化事業股份有限公司
地　　址　台北市103大同區重慶北路二段88號2樓之6
電　　話　(02) 2715-2022
傳　　真　(02) 2715-2021
服務信箱　service@azothbooks.com
網路書店　www.azothbooks.com
臉　　書　www.facebook.com/azothbooks.read
發　　行　大雁出版基地
地　　址　新北市231新店區北新路三段207-3號5樓
電　　話　(02) 8913-1005
訂單傳真　(02) 8913-1056
初版一刷　2020年08月
初版四刷 (1)　2024年07月
定　　價　台幣899元

國家圖書館出版品預行編目 (CIP) 資料

論老年 / 西蒙. 德. 波娃(Simone de Beauvoir) 著 ; 邱瑞鑾譯. -- 初版. -- 臺北市 : 漫遊者文化出版 : 大雁文化發行, 2020.08
2 冊 ; 14.8 x 21 公分
譯自 : La vieillesse
ISBN 978-986-489-397-3(全套 : 平裝)
1. 老年
544.8　　109009992

ISBN　978-986-489-397-3（平裝）